江苏省教育科学规划"十三五"重点资助课题"ł
创意课程实施研究"研究成果

项目化学习

初中化学学习方式的变革

CHEMISTRY

符爱琴 / 著

辽宁大学出版社
Liaoning University Press

图书在版编目（CIP）数据

项目化学习：初中化学学习方式的变革/符爱琴著
. 一沈阳：辽宁大学出版社，2021.10
（名师名校名校长书系）
ISBN 978-7-5698-0508-6

Ⅰ.①项…　Ⅱ.①符…　Ⅲ.①中学化学课－教学研究
－初中　Ⅳ.①G633.82

中国版本图书馆 CIP 数据核字（2021）第 175428 号

项目化学习：初中化学学习方式的变革
XIANGMUHUA XUEXI：CHUZHONG HUAXUE XUEXI FANGSHI DE BIANGE

出　版　者：辽宁大学出版社有限责任公司
　　　　　　（地址：沈阳市皇姑区崇山中路 66 号　　邮政编码：110036）
印　刷　者：北京米乐印刷有限公司
发　行　者：辽宁大学出版社有限责任公司
幅面尺寸：170mm×240mm
印　　　张：17.25
字　　　数：320 千字
出版时间：2022 年 4 月第 1 版
印刷时间：2022 年 4 月第 1 次印刷
责任编辑：李珊珊
封面设计：徐澄玥
责任校对：于盈盈

书　　　号：ISBN 978-7-5698-0508-6
定　　　价：45.00 元

联系电话：024-86864613
邮购热线：024-86830665
网　　　址：http://press.lnu.edu.cn
电子邮件：lnupress@vip.163.com

核心素养时代需要育人方式的改变，而育人方式改变的关键是学科学习方式的改变。项目化学习是国际上一种比较成熟的学习方式，它以项目为载体，旨在培养学生关键能力，非常值得我国中小学教师去研究和应用，以学科为基础，将其进行本土化的改造。

符爱琴老师以江苏省"十三五"重点资助课题"指向关键能力的初中化学创意课程实施研究"为契机，带领团队，立足初中化学教学，力争通过真实情境中的问题解决，为学生创造更多的学习机会，寻求学习方式的变革。她们以项目化学习为抓手，进行初中化学创意课程实施，是对初中化学学科课程的改进、拓展、创新和补充，是国家课程校本化实施的一种探索。经过六年多的努力，她们创设了众多真实有趣的情境，形成了一系列的项目化教学实践案例。课程是学生生命成长的"跑道"，是学科赖以育人的蓝图。学校课程旨在提供满足学生成长需要、社会发展需要的课程服务，初中化学创意课程实施亦然。近年来，该研究团队又在前期研究成果《初中化学主题式教学——学习方式的变革》的基础上做了进一步的持续研究，从课程视角对原先的教学案例进行了彻底的改造，形成一个个可以独立实施的项目化学习课程。

此书《项目化学习：初中化学学习方式的变革》集中体现了该研究团队的研究成果。以关键能力的培养为统领，聚焦初中化学核心知识，渗透其他学科，形成多个创意项目情境和主题；以课程资源的建设为手段，立足实际，围绕项目主题形成一个个完整、独立的课程资源，以主题式教学和项目化学习方式进行创意实施。《项目化学习：初中化学学习方式的变革》关注化学与生活的关联，重视学生在生活世界中的体验和生活经验，为学生提供充分的自由表达、主动探究和生成体验的权利和空间，促使学生在解决真实情境的问题中建构学习化学的意义。

　　教师既是教学实践者又是课程开发者和研究者。初中化学项目化学习的实践不仅为学生的学习提供引导和支持，而且极大地影响着教师教学内容的选择和教学方法的设计，有效促进教师由知识教学向能力培养的转型，从而极大地提高了行动研究的意识和能力，同时探索未知的过程反过来会避免重复教学带来的烦琐、平庸感，提升教学价值，这使得教师的教学观念和成就感有了进一步转变。

　　探索无止境！项目化学习本身是一个系统，需要在课程标准、教材、教学与评价各个层面或方面有一种一致性的顶层设计，笔者非常期待该研究团队的探索能够为这种一致性设计提供更多的实证证据，为推进中小学生学习方式的变革做出更大的贡献！

　　　　　　　　　　　　　　　　　　华东师范大学课程与教学研究所教授

目录

第 一 章

初中化学项目化学习概论

一、为什么选项目化学习

"指向关键能力的初中化学创意课程实施研究"选择了一个重要的切入口，那就是从项目化学习入手实施探索，指向学生关键能力的培养。

新课程倡导以学习者为中心，从"教会学生知识"转向"教会学生学习"，从"关注学科"转向"关注人"的发展。但反思我们的教学实际，当前学生的课堂学习广泛存在着一些亟待解决的问题，即主要面临三大困境：

1. 虚假学习

他们坐在那里，看上去在认真听课，有时他们假装自己听懂了，不断地点头，但事实上他们没有提出自己的问题，没有学习的主动性，他们只想知道标准答案是什么，只是在配合老师的教学，不知道自己所学的知识到底有什么意义。

2. 机械学习

多年来，学习化学知识常常被异化为简单的"接受"过程，师生之间采用最简约的方式完成"讲记背练"，学生的学习往往受制于教师的讲授；教师重视知识整理和习题训练，轻视学生的自主探究和实践活动，学生分析、解决实际问题和合作交流的能力得不到应有的锻炼。在教学过程中，教学方式单一，无意义的学习较多，学生被动学习，学过的知识很快就忘记了，死记硬背、机械训练的状况普遍存在，背化学方程式、背概念成为常态；学生更偏向于进行以知识教学、识记理解为主的浅表学习、被动学习，教师偏向于进行灌输式的教学，将探究实验变为验证性实验，缺乏体验，缺乏探究、实践和创新。

3. 竞争性的学习

家长和学生认为分数是最重要的，而同伴的学习和自己无关，同伴和自己在学习上是一场你输我赢、你赢我输的零和竞赛。由于缺乏深度的对话、讨论和合作，没有机会展现社会性技能，他们很少有体会到同舟共济的机会。

究其原因，从五个维度进行分析：

（1）从教学目标的角度看

以知识体系的传授为逻辑起点，较少考虑学生的学习需求，对知识进行打包、压缩，在学生的自我学习需求几乎没有启动的情况下，直接"喂给"学生。

（2）从教学内容的角度看

很多教科书的知识与学生的生活有一定的差距，较少考虑学生的立场、视角，难以激发学生的学习兴趣，对教学内容区分、筛选和归纳不够，让学生大量刷题。初中化学学习时间短，但是学习内容多且碎，因此多数教师带领学生以讲、练、做的形式进行，学生被动进行记忆和习题训练，其间不乏重复机械的操练，学习由考试驱动，而非源于满足认知的需要及解决问题的需要，这些知识没有形成一定的知识网络，没有在真实情境或问题中运用，而是零散而非结构化保存的惰性知识，造成知识内容碎片化。

（3）从教学进度上来看

每节课的教学进度几乎都与学生的学习进度之间有较大落差，教师的教学进度完成了，但是学生并没有跟上，学习进展缓慢，积压了很多难以解决的学习任务。课堂对话简单化为师生的一问一答，且缺乏深层的智慧挑战，一个个分析性问题被肢解成了学生不需要思考并能应和的机械性问题。这种对话模式下，将学生完整的思维肢解成零散的碎片，教师关注学生的答案而忽视让学生解释思维过程；教师为维护"权威"主宰着教学进程，剥夺了学生的话语权；教师因提问目标指向不明而无法启动学生的思维；教师因不了解学情，使学生不会倾听与表达，导致师生对话处于浅层，无法深入问题的内核，学生的思维能力和表达能力无法得到有效的培养。

（4）从教学设计的角度上看

教师往往从如何教学的角度上进行"教学设计"，而较少从促进学生学习的角度上进行"学习设计"，教师教学内容往往是多、杂、快，很多时间被浪费在已有知识的不断重复上，而真正核心的、有难度、有挑战的课题则往往没有时间进行充分的思考和解决。

（5）从教学方法上看

以教师讲授为主，学生几乎不主动参与，所有过程都是由教师支配，学生只负责被动接受的教学方法，让学生的学习能力不断衰退，自主思考和探究过程对于很多学生来说是一件"苦差事"，他们宁可坐等老师或者"学优生"给出现成答案，思考的惰性使学习无法深入，真正的学习能力得不到提升。化学课堂存在着科学探究的泛化现象，将学生活动简单地等同于科学探究活动，认为科学探究活动是有固定程序的。只要有学生的活动，皆美其名曰"科学探究"。知识的产生突如其来，学生不知道知识是如何产生的，更不知道知识的产生是为了解决什么问题，从而导致了学习方式变革的表面化。教师在实际应用中往往将复杂的探究活动简单化和程序化，强调程式化的探究步骤和方法。这样的做法，并不能使学生真正理解科学探究的含义，学生误认为进行科学探究就是严格按照老师所呈现的步骤来获得结论，使学生学到的科学与本来面目大相径庭，在程式化的探究过程中，又进一步强化了探究学习方式的表面化。

简单知识和经验的叠加不能自觉转换成能力，只有在结构化的知识和类别化的经验基础上，通过正确的化学学科的认识方式才能形成学科能力。因此，我们需要在常态的课堂教学中进行变革。

那项目化学习能否帮助我们改变这些困境呢？通过几年的实践研究证明，项目化学习在一定程度上解决了上述问题，本书第七章进行了详细阐述。

从人才培养和学科育人的角度而言，学科育人，创新人才的培养不仅在于书本理论，更在于实践型人才的培养，将创意创新转化为生产力。项目化学习具有内源性、整合性、实践性以及创生性，是深度学习的一种重要的实践模式，项目化学习是以真实的事件或任务为学习目标，能促成学生状态、学习内容、学习方式、学习结果等方面的变革，能有效培养学生的关键能力，有效提升学生的科学素养。

从教师群体的视角来看，项目化学习是一种新的学习方式。在"项目化学习设计：学习素养视角下的国际与本土实践"中，夏雪梅认为，项目化学习探索未知的过程会避免重复教学带来的烦琐、平庸感，学生学习的投入和思维的碰撞会带来的内在奖赏，命题、课程和评估的变化会引发对项目化学习的关注，项目化学习在课时不变的情况下可以提升教学价值。

在新的学习模式下，项目化学习有利于教师突破原有的思维和内容局限，探索新的教学方法和教学模式。初中化学创意课程实施旨在打破常规教学、变革学习方式，让化学学科教学走进生活，让化学学习生活化、真实化、探究化、创意化，故学科项目化学习是最佳的研究方式。

其次，从学生群体的视角来看，项目化学习更有趣味性、有体验性、有动力，促使被动学习走向主动学习。认知神经科学、实证研究已经证明，好的项目化学习可以促进学生大脑发育，对不同类型的学生，特别是学业不良的学生产生了积极的影响，让学生学习更专注，更具有主动性和投入性；从化学学科的学习来看，能让学生对关键概念的理解更为透彻、持久，更容易在新情境中进行概念迁移，有利于化学学科关键能力的培养。

再次，从学校课程建设的视角来看，项目化学习可以突破原有课程的结构、内容，是新课标理念下课程的创新和优化。具体来说，化学是一门实验课程，科学的探索不是止于验证性的实验，更应是真实问题解决下的实践活动。项目化学习强调体验性、互动性，让学生在具体情境中建构知识，在解决问题的过程中培养信息提取、模型认知、证据推理、创新探究等能力，尤其是实践能力和创新能力，促进学科知识的深度理解和应用，学习方式、思维角度的转变；项目实践又是对学科知识的实践拓展和检验，将理论与实践深度融合，体现"做中学"的理念。

初中化学创意课程实施围绕现实生活中的真实情况，这与项目化学习的情境性要求相互吻合；创意课程实施过程要求学习资源易得，项目化学习强调教学资源的充分利用；创意课程实施过程注重技术知识的支持，项目化学习以理论知识为支撑，以活动为载体展开；创意课程实施注重学习者的沟通与交流，项目化学习要求以小组为单位，注重组内合作、交流、沟通、反思与评价。

实施项目化学习，有其历史的必然性。项目化学习是在审视和批判传统教学的基础上发展起来的一种学习方式，它克服了传统学习过于文本化和单一化的局限，注重学生综合性学习和实践能力的发展，着力培养学生的创新思维和综合能力。

有多位学者提出了自己的观点，皆认为项目化学习有重要意义和独特价值，本研究认同以下十个观点：

（1）项目化学习使学生从单纯的文本式学习走向体验式学习；

（2）项目化学习使学生从规定的标准化学习走向个性化学习；

（3）真实而复杂的学习情境让知识的习得成为意义化的建构；

（4）科学而自由的学习时空让学生经历更优质的学习过程；

（5）开放而多样的研究成果和作品呈现让真正的学习素养自然生长；

（6）课堂教学中的项目化学习，可以提升学生的创新意识、发展学生的创新思维、帮助学生获得创新方法、培养学生的创新精神和塑造学生的创新人格；

（7）项目化学习的意义有助于提升学生的学习兴趣；

（8）项目化学习的价值在于围绕挑战性的学习主题，提出问题，深度参与探究，有助于培养学生深度学习能力；

（9）有助于发展学生的学科核心素养和学科能力、项目式学习对学生发展的价值，是基于这种教学活动产生的历史渊源。

（10）有助于培养实践型、创新型人才，同时发挥社会化教育资源价值。

二、国内外研究现状

1. 项目化学习的研究现状

自"项目学习"这个概念提出以来，美国在20世纪20年代至30年代便将"项目学习"广泛运用于中小学的教学当中。比如美国马萨诸塞州的哈德森高中，在物理、化学、社会、公民教育等学科的教学过程中都不同程度地采用了基于项目的学习方式。此外，德国、丹麦、新加坡等国的高等教育和职业技术教育领域，教师也大量地采用了项目教学的模式。20世纪70年代，美国伊利诺斯大学的查德等人在《激活幼儿的心智：项目教学互动》一书中提倡"将项目教学活动引入学前儿童的教育中"，并在实际运用中取得了很好的效果。

同时国外的职业教育也在积极探索将"项目学习"运用到教学中。其中德国便是将"项目教学"运用到职业技术教育过程中较成功的国家。1972年，德国的某些学校"将项目课程作为一门'新课程'列入课程表当中，并提出'项目周'的倡议和实施方案，积极进行项目教学的实践"。

2003年7月，德国联邦政府职教所制定了"以行动为导向的项目教学法"的教学方法，并以此来促进德国"双元制"教育取得成功。"项目学习"在国外已经发展得如火如荼，成为指导学生学习的基本形式。他们以来自各行各业的真实案例为素材，通过情境创设，在师生互动、合作分工中完成项目，通过分享、交流、反思以获得能力和素质的提升。

国内对"项目式学习"模式的相关研究始于20世纪末21世纪初，其中在我国的发展经历了引入阶段、融合阶段和发展阶段。

项目化学习的英文名称为Project-Based Learning，简称"PBL"，其在我国学术界存在几种译法："项目化学习""项目式学习""项目学习""项目教学法""基于课题的学习""基于项目的学习"等，见表1–1。

表1–1　项目化学习的相关说法与比较

项目学习	项目式学习	项目化学习
对一个特殊的将被完成的有限任务而言，它是在一定时间内，满足一系列特定目标的多项相关工作的学习掌握。	一种动态的学习方法，通过PBL学生们主动地探索现实世界的问题和挑战，在这个过程中领会到更深刻的知识和技能。	又称"基于项目的学习"，也就是人们常说的PBL。基于真实情景，问题化驱动的项目化学习。
项目学习，对学生来说是参与了一个长期的学习任务。要求他们扮演现实世界中的角色，通过工作来研究问题、得出结论，就像成人工作一样。他们常会遇到社区或真实世界中的问题，使用科技手段研究、分析、协作和通信。	锻炼了创造力，团队合作力和领导力，动手能力，计划以及执行项目的能力。除此以外，对项目的选择也让中小学生更早和更深入地面对和解决现实生活中的问题。这些能力则是中国应试教育下的孩子缺少的应对来自世界、面向未来挑战的能力。	在不确定性的学习中，学生在学习的过程中深入自主，全情投入；学生拥有解决问题、批判思考、创新思维、沟通表达、团队协作的未来社会需要的能力，这正是孩子面对充满了不确定的未来世界的生存能力、生活能力和工作能力。
所有项目都是真实的；每个项目都是独立的，都由项目确立、项目实施、项目结束和项目结果评估等阶段构成；项目实施活动所给予同学们的，不仅是将来做事所需要的知识和能力，而且可能就是同学们将来所要做的事情本身。	学习者自我驱动和自我定义的目标和产出；学生们在返回大组讨论时要做好独立的、自我引导的学习；在老师指导下通过讨论，在一个小组，通常8~10人，完成学习；关键材料、实验室数据、照片、文章、视频等；七步法帮助指导项目式学习的整个过程；符合成人学习理论的基础；小组里的每一个人都要扮演一个角色；允许通过合作来获取知识；强调团队合作和沟通，解决问题，鼓励个人承担责任并分享所学到的知识。	巴克教育研究所八大黄金准则：1.重点知识的学习和成功素养的培养；2.解决一个有挑战性的问题；3.持续性的探究；4.项目要有真实性；5.学生对项目要有发言权及选择权；6.学生和教师在项目中进行反思；7.评论与修正；8.项目化成果的公开展示。

项目化学习、项目学习和项目式学习在本质是一致的，旨向认知能力、合作能力、创新能力和实践能力等关键能力的培养。

通过查阅相关资料，总体来说，"项目式学习"模式越来越多地融入中国各学段的教学过程当中。中国学者对"项目化学习""项目式学习"的研究整体上呈现出上升的趋势，其文献发表年度趋势如图1-1所示。

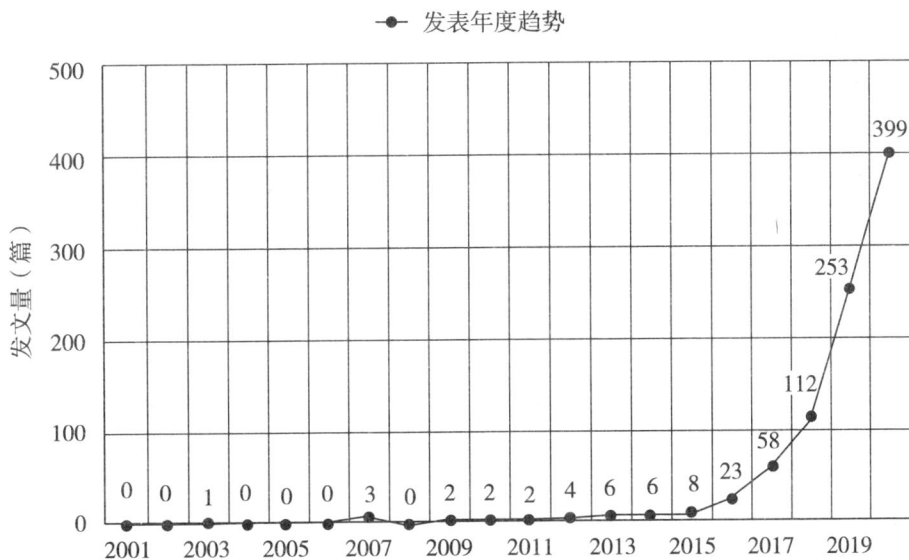

图1-1　截至2020年主题包含"项目式学习"的中文文献发表年度趋势

就国内的研究而言：第一，在学科结合上。"项目化学习"模式与具体学科相结合的研究很多。第二，在模式的流程设计上。国内的学者根据不同的学科都设计了具有针对性的操作流程，但是过程过于强调学生学习的主体性，并没有深入剖析学生的身心发展规律和各学段的教学目的。第三，在设计评价的环节。国内学者的评价环节大多都是作为操作流程的组成部分，从多主体和多对象的角度审视"项目式学习"模式的价值，但是并没有建立操作性强、适用性高、可反馈的评价体系。

上述研究成果对我们课堂教学带来了很大的启示：

通过研究国内外有关项目化学习的案例发现，基于学科的项目化学习案例越来越受到重视，学科关键能力的培养要依托具体的学科课程和教学作为载体，离开具体学科的拓展型课程或探究型课程缺乏可持续性，在我国新的教育背景下，聚焦学科的核心知识、关键概念和能力的项目化学习研究是国家课程改革的可行道路之一；学科项目化学习不违背或削弱学科味，反而是对学科能力和本质的深化，运用项目化学习可以同时达到强化化学学科学习和促进学生学会学习，培育学生创造性、批判性思维的目的，提升学科关键能力。

2. 对关键能力的文献研究

"关键能力"一词起源于德国的职业教育，从20世纪开始，各个国家和组织都纷纷开始效仿德国，提出符合自身发展的关键能力。许多专家和学者较为认同迪特·梅滕斯提出了关键能力的概念，即"那些与一定的专业技能直接相关的知识和技能，它包括在各种不同场合和职责情况下做出判断的能力及胜任不可预见的变化的能力"。对关键能力的研究，主要侧重在关键能力、学科关键能力的内涵、要素、体系构成、培养、测评和建构等方面。

从德国、英国、新西兰、澳大利亚和丹麦等国关键能力的内涵来看，各国对关键能力内涵、要素的理解和表述有所不同，但其精神具有相通性，几乎每个国家都提到的能力有语言表达交流的能力、数学能力、人际交往能力、学会学习的能力和创新能力。

所谓"关键能力"是指对于每个人的个人发展和社会发展都至关重要的能力。所谓学科关键能力，是指学科诸多能力中处于中心地位、最重要、最有价值、最具决定性作用的能力，是学生认识和探索未知世界、获取化学知识技能、形成思想的必备能力。关键能力指学生应具备的、能够适应终身发展和社会发展需要的关键能力。《关于深化教育体制机制改革的意见》（2017）认为，针对不同年龄段学生，要注重培养支撑终身发展、适应时代要求的关键能力，在培养学生基础知识和基本技能的过程中，强化学生四大关键能力的培养，具体为认知、合作、创新和职业能力。

尹金金（2006）等人提出关键能力的特征，即普适性、可迁移性、工具性、持久性、价值性和难以模仿性等特征。梅滕斯还将关键能力分为基础能力、职业拓展性要素、信息获取和加工能力、时代关联性要素。

我国重视能力培养的转变始于发布《国家中长期教育改革和发展规划纲要（2010—2020年）》，提出教育要"坚持能力为重，优化知识结构，丰富社会实践，强化能力培养，着力提高学生的学习能力、实践能力、创新能力"。中共中央办公厅、国务院办公厅印发《关于深化教育体制机制改革的意见》中提出要"注重培养支撑终身发展、适应时代要求的关键能力",强调了培养四种关键能力:认知能力、合作能力、创新能力和职业能力。2017年年底发布的《普通高中化学课程标准》指出"学科核心素养是学科育人价值的集中体现,是学生通过学科学习而逐步形成的正确价值观念、必备品格和关键能力"。其中,关键能力是核心素养的重要组成部分。

随着基础教育课程改革的不断深入,指向关键能力培养的核心素养理念不断地渗透应用于教学实践中。各国将关键能力的培养以不同方式、不同程度融入学科课程教学,落实在课堂教学设计和实践中。学科关键能力的构建,主要集中在框架模型建构、思路、方法、策略等的研究。这十多年的历程中,从必备知识到关键能力,再到更高水平的能力,背后是无数教育实践者的一次次探索。

化学学科关键能力应与化学核心素养相关联,基于化学特定的认知或特定的活动将能力发展目标具体化。王后雄、司马兰等把"智力—知识—技能—科学方法"能力理论与化学学科特点相结合构建出观测与实验能力、化学学习能力、化学思维能力、科学探究能力、实践与创新能力的化学能力结构。王祖浩、杨玉琴根据化学学科的特殊要求将化学学科能力归结为模型思维能力、实验探索能力、定量研究能力、符号表征能力。陆军依据化学学科的特点、学习过程的主要活动以及化学知识与有关方法的关系,将化学学科归结为观察能力、实验能力、问题解决能力和思维能力四个方面。王磊、支瑶通过概括化学学科的认识活动和问题解决活动,认为化学学科能力包括3个能力主层和9个能力亚层:学习理解(辨识记忆、概括关联、说明论证)、应用实践(分析解释、推论预测、简单设计)、迁移创新(复杂推理、系统探究、创新思维)。高中化学关键能力是指在众多化学学科能力要素中处于中心位置、最重要、最有价值、能起决定作用的能力,它的价值不在于"全面"而在于"关键",学生在高中化学学习过程中应当逐步获得,它是化学核心素养的重要组成部分。杨季冬、王后雄通过对24名专家进行调查,确定高中化学关键能力的构成要素为化学表征能力、实验与探究能力、化学方法和分析能力、化学信息处理能力、发现与提出问题能力、证据推理与论证能力、模型认知能力。

社会对人才的培养要求,引领着基础教育课程改革方向,从最初的3种学习能力(接收吸收整合信息能力、化学实验与探究能力、分析解决实际问题的能力）到人的4个关键能力（理解与辨析能力、分析与推测能力、归纳与认证能力、探究与创新能力），再到5个核心素养（宏观辨识与微观探析、变化观念与平衡思想、证据推理与模型认识、科学探究与创新意识、科学精神与社会责任），从必备知识到关键能力，再到更高水平的能力即核心素养。这十多年的历程中，我们到底做了什么？"学案教学""问题导学""自主学习""小组合作""体验探究""展示交流"，这些改革的关键词，背后是无数教育实践者的一次次探索。概念的转换、模式的形成必然带来了教育空间结构和时间秩序的重构。

单旭峰则根据化学学科的特质将"关键能力"细分为"信息获取与加工能力，证据识别与推理能力、模型建构与认知能力、实验操作与探究能力"。

江合佩在单旭峰提出的4大关键能力的基础上，总结了关键能力与必备知识、核心素养之间的关系，以及关键能力3个维度的划分、化学学科关键能力4个维度的划分，其相互关系如图1-2所示。

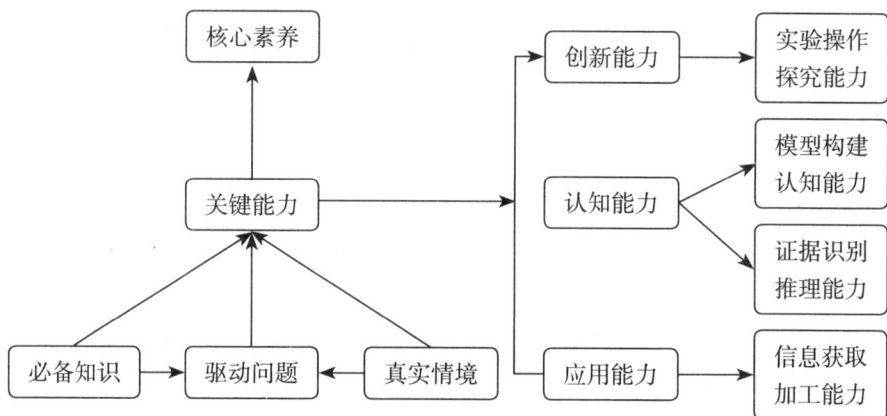

图1-2 关键能力的分类

鉴于以上研究，我们更认同单旭峰对化学学科关键能力的分类，江合佩对学科关键能力的研究，为初中化学关键能力的测评和培育提供了理论支撑。

本研究中，重点在培养创新和实践的关键能力，激发学生好奇心、想象力和创新思维，养成创新人格，鼓励学生勇于探索、大胆尝试、创新创造、践行知行合一，通过信息获取与加工、证据识别与推理、模型构建与认知、实验操作与探究，积极动手实践和解决实际问题。

（1）信息获取与加工能力

"信息获取与加工能力"是指学生通过对自然界、社会、生产、生活中的化学现象的观察，以及对实验现象、实物、模型的观察，对图形、图表的阅读，获取有关感性知识和印象，并进行初步加工、吸收、有序储存；从试题提供的新信息中，准确提取实质性内容，并与有关知识块整合，重组为新知识块的能力。

（2）证据识别与推理能力

证据识别与推理能力要求学生能基于证据对物质组成、结构及其变化提出可能的假设，通过分析推理加以证实或证伪；建立观点、结论和证据之间的逻辑关系。

（3）模型建构与认知能力

模型建构与认知能力要求学生通过科学方法认识研究对象的本质特征、构成要素及其相互关系，建立认知模型，并能运用于预测变化规律、化学现象或物质结构等，揭示现象的本质和规律。

（4）实验操作与探究能力

实验操作与探究能力要求学生了解化学实验研究的一般过程，掌握化学实验的基本操作技能；能根据实验操作和过程，分析实验目的或预测实验结果；描述实验现象，处理、分析实验数据和结果，得出相应结论。

关键能力的培养离不开指向关键能力的课程。课程改革以培养学生的核心素养和关键能力为最终目标，必然也要依托具体的课程与教学得以落实。当前初中学校亟待形成立体化校本课程体系，构建有特色的课程群，为培养学生的关键能力提供有力支撑。这需要深入探索初中学生关键能力培养与国家课程建设之间的关系，借力课程体系改革，进行国家课程内容整合及创新、课程群形成以及特色课程重构来完成关键能力的培养。

三、项目化学习的概念

项目化学习来源于杜威的"做中学"，以建构主义学习理论、认知学习理论为理论基础，让学生面对复杂、真实问题，运用已有的学科认知角度，通过驱动性问题组织、引导、展开教学活动。

在项目化学习中，教师和学生在学习中的定位与功能发生改变。学生

"学"的本质强调以学生为中心，教师"教"的本质强调以培养学生个体的能力为导向。项目化学习的"教"与"学"的核心是探究式的学习方式，在对真实问题的解决中由学生个体建构自己的知识体系。

"项目化学习"中的"项目"一词，是管理科学的概念在教育领域的延伸和具体运用。国内也有许多学者定义了"项目化学习"的概念。早在2002年，刘景福和钟志贤就将"基于项目的学习"定义为："以学科的概念和原理为中心，以制作作品并将作品推销给客户为目的，在真实世界中借助多种资源开展探究活动，并在一定时间内解决一系列相互关联着的问题的一种新型的探究性学习模式。"

张文兰等人指出，近年来，一些学者将"项目学习"定义为："以真实情境中的问题为任务驱动，将学习内容以项目任务的形式呈现，学生通过充分利用学习资源开展知识学习、拓展学习、合作探究与作品创作，从而获得更全面的学科知识和能力提高的学习过程。"

朱耕深认为所谓的"项目式学习"就是让学生通过团队协作的方式创造出某一项指定要求的"产品"或者完成某一项明确的"任务"，在这个完成的过程中实现相关章节的知识的教学。

尹逊翠指出项目式学习的最显著的特点是"以项目为主线、教师为引导、学生为主体"。并且项目式学习强调学生自觉主动地学习知识，从参与项目开始，从动手实践入手，注重学生学习的自觉性、主动性、积极性的调动，改变了传统教学中师生之间的角色关系，学生从"配角"转变为"主角"，而相对应地老师则由"主角"转变为"配角"，促进了教师与学生之间角色的对换，有利于加强学生自主自学能力以及创新创造能力的培养。

目前，学术界对项目化学习的内涵尚未有统一的界定，学者们持有的观点不一，国内外比较有代表性的几种定义见表1-2。

表1-2　项目化学习的内涵

学者	观点	内涵
国外学者	项目化学习是一种教学模式	基于项目的学习是一种新型教学模式，它所关注的是学科核心概念和原理，要求学生从事的是问题解决，基于现实世界的探究活动以及其他一些有意义的工作。它要求学生主动学习并通过制作最终作品的形式来自主地完成知识的意义构建。

续 表

学者	观点	内涵
国外学者	项目化学习是一种教学方法	基于项目的学习是运用复杂真实的生活项目——这种项目是逼真的，同时又是与课程内容紧密相关的来促进和提供学习经验的一种教学方法。
	项目化学习是一种教学策略	基于项目的学习是使学生在现实世界中进行工作，从而来促进学习的一种教学策略。
国内学者	学生通过活动获取知识	基于项目的学习是以学习、研究学科的概念和原理为中心，通过学生参与一个活动项目的调查和研究来解决问题，以构建起他们自己的知识体系，并能运用到现实社会当中去。
	学生通过一系列任务，得到训练和提高	学生通过亲自调研、查阅文献、收集资料、分析研究、撰写论文等，将学到的理论知识和现实生活中的实际问题紧密结合，得到综合训练和提高。最后，学生还要在课堂上介绍自己的研究情况，互相交流，并训练表达能力。

由表1-1可知，国外学者把"项目化学习"视为教学模式、教学方法、教学策略，第一种界定较为详细，第二、第三种界定较简单。第四种和第五种是国内对"项目化学习"比较典型的两种界定，他们都强调学生通过亲身参与来解决问题、构建知识，前者较为简单概括，后者较为详细。

总体来说，学界对"项目化学习"的界定各不相同，但是其主要内容却相差不大，都着眼于学生主体性的发挥，通过跨学科的知识学习与运用，在合作交流中内化知识，从而解决生活中的实际问题。

项目化学习是学生在一段时间内，通过研究一个可行的、具有挑战性的、多学科交叉的项目，应对一个真实的、有吸引力的和复杂的问题、课题或挑战，运用多种认知工具和信息资源，通过小组协作、探究学习，完成一个具有实际意义或具有一定社会效益的作品，从而掌握重点知识和技能，培养学生批判性思维、问题解决能力、与他人协作能力以及自主探究学习能力。

项目化学习是一种教学模式。通过设置或模拟问题情境，可以是模拟职场，学生扮演某种角色深入社区、工厂、企业等，完成项目的过程便是职业化训练的过程。鼓励学生自主利用相关学习资源，让学生成为"项目"的管理者，自己去计划、分工、行动。教师把实际生活中的"项目"作为教学材料，让学生主动参与其中，达到知识建构和能力培养的目的。

项目化学习也是一种学习模式。学生亲自经历项目的全过程，教师只是扮演观察者、引导者、辅助者，甚至可以是同伴的角色。但这并不意味着教师可以脱离这个过程，相反对教师的要求会更高。教师需要利用丰富的教学经验和创新的眼光，设计出吸引学生兴趣的项目，保持学生学习的劲头。学生对项目越感兴趣，就越会主动去探索，对相关领域了解也越深入。长此以往，学生会发现自己要学的知识或技能还很多，目标也越来越明确。伴随着异质小组的竞争压力，学会欣赏他人的优点，并学习他人思考的方式。每天学习一点，每天进步一点，长此以往就会有很大的进步与收获。

结合项目化学习的概念和理论基础，设计项目化学习应当包括以下6大要素：项目、学习目标、学习共同体、学习活动、学习环境、学习成果。

项目来源于现实生活或职场中的问题，需要以当前学科知识为背景，综合运用多种学科知识来理解和分析。可以是一项社会研究项目、应用技术项目、科学研究项目、语言表达项目。

学习目标必须建立在学科的学习目标基础上，既强调学科知识的掌握，又满足于培养学生解决问题的能力，使其形成自主合作的学习态度和终身学习的习惯。

学习共同体由专家、教师、学生通过项目建立合作关系，项目化学习是一个复杂的过程，需要进行收集资料、问卷调查等，强调学习活动中教师、学生以及参与人员形成学习共同体，相互合作。教师处于"导"的地位，一方面负责基础知识的重点讲授，另一方面要为学生学习提供引导和组织学习进程等，保证任务的顺利完成。学生处于"主体"地位，学生依据个人兴趣，自主选择学习资料，把握学习进程和学习结果。

学习环境支持项目开展的环境或平台，既可以是物质实体的学习环境，如实验室、图书资料室、多功能录播室等，也可以是借助信息技术条件所形成的虚拟环境，如学习网站、社交软件、电子邮件、思维导图、印象笔记等多媒体和信息网络技术的支持。

学习活动指学生借助技术工具、学习方法、研究方法解决问题的探究活动，包括对学生培训如何开展项目化学习，如何参与到合作性学习中，如何收集和整理学习资源；学会使用各种认知工具和信息资源来陈述、表达、展示学习成果；如何利用项目化学习评价体系进行自我管理和评价等。

学习成果指在项目结束后提交的作品、数据和资料。学习成果的内容可以包括作品设计、项目计划、实践报告、评价表、反思日志等。形式包括纸质作品、电子版作品、实物模型、海报等。

四、什么是初中化学项目化学习

项目化学习始终围绕教师的教学和学生的学习展开，具有较强的学科适应性，如果脱离教学目标，学习需求分析会失去实践价值。因此，很难将一个已有的项目化学习模式复制到另一个学习群体或是学习情境中。因此，夏雪梅博士将项目化学习分为微项目化学习、学科项目化学习、跨学科项目化学习和超学科项目化学习。学科项目化学习不是学科的活动化，而是学科核心知识在情境中的再建构与创造。项目化学习可以基于学科而又超学科。在中国背景下，以一个学科为主题载体，聚焦学科关键概念和能力，进行学科与学科、学科与生活、学科与人际的联系和拓展，用项目化的形式呈现出来，即是中国课程改革的可行道路之一。

初中化学项目化学习属于学科项目化学习，国内在这个领域的开发研究几乎空白。初中化学项目化学习是基于初中化学国家课程中的关键概念、核心知识和关键能力的项目化学习。将项目化学习的设计要素融入初中化学课堂教学，将低阶认知包裹入高阶认知，通过项目化学习的设计培育学生的认知能力、合作能力、创新能力和实践能力等关键能力，培育化学学科关键能力和必备品格。

我们提出的初中化学项目化学习是指在真实的主题情境中，运用初中化学核心概念和知识分析问题、探究问题、解决问题，完成有意义的项目任务，提升化学学科关键能力，培育创新能力和实践能力。

初中化学项目化学习是在课堂中进行，是初中化学国家课程的单元重构方式，也是学与教方式的变革，改变着一个个课堂具体的教学生态。初中化学项目化学的载体是初中化学学科，由初中化学学科教师研发课程，进行教学。从核心知识的提出到挑战性问题的解决，以及最后成果和评价的指向，都是初中化学学科的关键问题，体现对学科的本质性理解。

这就意味着在初中化学项目化学习中，我们对课程标准要做内容分解、细化的工作，还要理解知识与知识之间的关系、知识与情境之间的关系，对零散的知识进行提炼、升华，从学科本质上、从学科对人类社会的独特贡献上整体理解学科的关键概念和能力。每一类项目化学习及其相关的一系列活动，都需要建立项目活动和隐藏其后的概念与能力的联系。素养的培育与项目化学习的进行都离不开知识的建构与转化。核心知识不是事实性的知识，也不是技能性的知识点，它表现出本质而抽象的特征，指向学科本质或促进人类对世界理解的关键概念与能力。素养的培育与知识、技能的教授不能相互割裂，知识、技能的学习是实现核心素养的工具和基础，以促进素养整体的实现。

初中化学项目化学习最终是要学生实现知识的再建构。所谓知识的再建构，不仅仅是说出定义或举出例子就可以了，也不仅仅是头脑里有什么就说出什么。知识的再建构最重要的表现是能够在新的情境中迁移、运用、转换，产生新知识，并且要在行动中做出来，运用周围的各种知识和资源来解决实际问题。当学生在新的情境中能够运用以往的经验产生出知识，就意味着迁移和知识的再建构的发生。如果主要的项目活动对学生来说没有挑战性，只是知识的应用，或者只是已经学会的技能的呈现，这就不是真正意义上的项目化学习。

初中化学项目化学习主要包括确立项目主题、确立项目教学目标、规划设计项目任务、实施项目以及项目评价等几方面内容。

五、初中化学项目化学习的理论基础

初中化学项目化学习的设计与实施主要以建构主义学习理论、布鲁姆的发现学习理论和加德纳的多元智能理论为指导思想。

1. 建构主义学习理论

建构主义学习理论是项目化学习理论发展的基础理论，建构主义教学观强调教师应该通过设计一系列任务或问题，以支撑学习者有意义的学习活动，符合项目化学习构成要素中的活动和情境。基于建构主义理论的教学与学习观，以学生为中心，在他们已有知识的基础上，与新知识衔接融合起来，构建自己新的知识体系。这是一个主动创造的过程，而不是被动地接受，教师在这一过程中提供支架和辅助；学生需要展示自己对新知识的理解，不能仅仅限于测试成绩考查，可以通过制作产品，绘制思维导图、海报等方式展示。评价系统要多样化，需要能从多个方面、层次反映出学生能力的变化；学生能将所学新知识应用于新情境中，并能在活动中加深对原有概念的理解，或调整原来理解不正确的地方；在学习过程中，教师创立所需解决的问题，必须是有真实的情境性的，而且能应用在实际生活中，教师通过创设良好的学习氛围，辅助学生学习，如与教师和同学讨论、与社团成员互动或与他人辩论。

建构主义学习观强调知识的建构性，即在不断解决疑难问题中完成对知识的有意义的建构，学生的学习并不是单向的知识灌输，也不是被动接受知识，而是自己主动建构的，在项目式学习的过程中，学生可以利用已有的经验和知识来加以组织、理解、记忆和应用，学习新知识和经验，并与已有的知识进行连接及内化，建构出属于自己的知识体系，这符合项目化学习的"行动至上"理念；建构主义评价规则强调评价应当立足于过程、促进学生发展，不仅要关注学习者本身，还要关注整个学习过程，评价要与学习活动和内容相结合，从而真正体现"学习即评价"观念，符合项目化学习中兼顾过程性评价和总结性评价的原则。

2. 布鲁纳的发现学习理论

布鲁纳在发现学习理论中提出教学过程就是教师引导学生发现的过程，学生能够在教师创设的情境中，利用提供的材料或线索探索得出结论。发现学习的程序如下：提出问题—创设问题情境—提出假设—验证假设—得出结论。

项目化学习的实施程序是以发现学习理论的实施程序为基础，结合项目实施要素和管理策略演化而来的学习过程，通过选定项目—制订计划—设计方案—制作作品—交流评价构成学习程序。在学习开始时，学生围绕某个项目成立小组，进行构思，制定计划，提出项目方案，然后通过各种途径搜集资料，进行探究活动，最终进行作品制作和汇报展示。

3. 加德纳的多元智能理论

以多元智能理论为基础的表现性评价理论是构建项目化学习评价体系的重要思想。多元智能理论提出每个学生都有不同的智能类型、智能优势或强势，不存在绝对的智能劣势，可以通过后天努力将劣势转化为优势甚至是强势。多元智能理论支持了项目化学习的可行性。例如，通过制订项目计划、记录活动情况、撰写项目报告、汇报项目成果等可以发展学生的语言智能。通过小组合作、社区讨论、社会调查、项目推广等可以发展人际关系智能。借助认知工具和技术，整理和分析数据，可以发展学生的逻辑分析智能。学生具备多元化智能是项目化学习开展的必要条件，教师在项目学习活动中，综合多种教学策略，帮助学生开发各自的智力潜能是项目化学习开展的充分条件，这两者共同构成项目化学习的行动基础。

4. 化学认识方式理论

化学认识方式理论是指学生从化学的视角思考和处理化学问题，即认识角度和认识方式类别对客观事物能动反映的方式，是学生在学习时所表现出来的倾向于使用某种思维模式或是从一定角度来认识或解决化学问题的信息处理对策或模式。认识角度是指学生认识物质及其变化的基本角度，如通过"化学变化"学习，看到蜡烛燃烧现象，学生会想到是否有新物质生成，即从物质变化的角度认识蜡烛燃烧现象；而认识方式类别是化学学科认识事物的思维方式，它包括宏观和微观、定性和定量、静态和动态、孤立和系统等，如通过"质量守恒定律"的学习，看到蜡烛燃烧现象，学生会想到蜡烛、氧气与生成的二氧化碳和水的质量关系，即对蜡烛燃烧的认识从定性发展到定量。化学核心知识的学习可能会形成新的认识角度，也可能会发生认识方式类别的转变。

5. 促进学生认识发展教学理论

促进学生认识发展教学理论是在化学认识方式理论的基础上，为促进核心知识的认识发展功能价值实现而提出的教学理论。我们的课程设置能否满足学生成长的需求？我们的课程内容和教学能否让学生觉得有趣有益？因此，通过课程创新，确定创新情境、创意项目并设计有逻辑层次的驱动性问题，以主题式教学和项目化学习展现化学课程"有趣""有用"的一面，让学生始终保持好奇心和求知欲，丰富学生对化学知识和化学学习的认识，甚至将学科内容综合化，提升孩子已有的生活经验，发展核心素养，这是促进学生认识发展教学理论的核心，即注重学科本质和学科关键能力，发挥核心知识的认识功能和价值。

第二章

初中化学项目化学习研发的基本模式

我们以建构主义学习理论等理论为指导思想，来制定初中化学国家课程项目的研发原则、设计流程，构建项目化学习模式的模式和实施框架等。

一、项目研发的四大原则

初中化学项目化学习的设计，要使得学生围绕着核心知识实现知识的重构，就要经历项目的选择、搜集信息、组织、检查、评价等过程，而这一连续的过程包括了三种水平的活动：信息搜集、信息处理和信息应用。在开展项目的过程中，这三层智能并不是完全连续的，项目执行者往往是在这三层智能之间循环往复，然后将素养转化为持续的学习实践。因此，在研发过程中，应当注重以下四大原则。

1. 针对性原则

初中项目化学习是依托化学学科课程来落实化学学科关键能力的培养。因此，课程的目标、项目内容的选择、评价的导向都应针对初中化学课程的核心育人目标和初中生化学学习的发展点及障碍点。依据关键能力培养要求和课程标准要求，结合化学学科特色和校情，构建项目化学习的愿景，制定明确的、具体的研发目标；分析研究目标、课程纲要和项目设计的标准，与省市科协、高校相关专家和教育部门共同协作建构适应于实际教学的创意模块；通过德尔菲法，对它们进行梳理、归纳、统计、修订，最后形成初步一致的看法和意见。以化学核心知识与核心概念转化为核心问题，给核心问题加入主题情境，设计驱动问题，即提出项目；对所提议的项目进行基于项目的课程学习，并在实际问题场景中重构化学课程内容，通过解决真实问题情境中的问题来促进学生对核心概念的深入理解和应用，并发展学生的高阶思维能力。

2. 科学性原则

初中化学项目化学习的科学性是课程实施的基本要求。一方面，主题情境的选择和创意项目的设计要基于对初中化学教学现状的调研、对初中生学科关键能力发展目标的认识、对化学学科内容的理解、对学习规律及存在问题的研究；另一方面，创意项目的实施方案还需要经过专家论证和实践检验，检验是否能够通过不同情境的挑战，引导初中学生进行探究和体验，推动化学认知的发展，转化有效解决问题或达成任务目标的能力。

3. 应用性原则

能力和素养是在情境中获得生长性经验，然后再迁移创造性运用。因此，初中化学项目化学习构建的教学情境必须与我们的生活息息相关，让学生充分体验"知识源于生活又应用于生活"。主题情境和各课程模块的项目实施都要贴近教学实践与改革，项目实施方案具体可操作。初中化学项目化学习涵盖课程设计框架、学段目标、课程纲要，项目实施方案涵盖了主题、目标、内容、实施和评价五个方面，在实践的过程中反复改进与提炼。例如，初中化学需要发展学生在生产生活中对物质、对化学的基本认识，建立制备物质的一般思路。我们选择了"牙膏"这个主题，通过认识牙膏、研究成分、制作牙膏三个项目任务，复习了常见酸碱盐的化学性质和反应规律，让学生意识到学化学要联系生活和生产实际，意识到化学正在帮助人类创造新物质并改善人们的生活质量，感受到化学的学习是非常有意义的。

4. 创新性原则

初中化学项目化学习是对原有国家课程的改变、拓展和创造，指向初中学生的创新精神和关键能力的培养。信息技术的发展和知识网络的形成已经突破了传统的知识传播的物理瓶颈，使知识也可以变得模块化和碎片化，我们顺应知识建构的规律重构课程模块，创新教学方式和教学环境，积极建构创意情境、创意项目、创意游戏、创意实验和创意产品等，让学生感受化学学科的趣味和用途，增强学科本身的吸引力，同时提升解决各种实际问题的能力。

并不是所有的问题或知识都适合开展项目化学习，因而选择合适的问题或知识是项目化学习设计的前提条件。那什么样的问题或知识适合开展项目化学习呢?

依据安德森的知识分类理论,他将知识分为两种类型:一种叫作陈述性知识,另一种叫作程序性知识。陈述性知识具有有意识的提取线,是可以通过语言陈述的知识,而程序性知识则是需要通过一定的程序化才能输出的知识,也可以理解为无法用语言描述的知识。显然,程序性知识是最适合进行项目化学习设计的。因此,我们所研究的初中化学项目化学习聚焦的知识类型是概念性知识,挖掘程序性知识背后的概念性知识,促进事实性知识的组织和意义化,同时增强学生的元认知知识。

学生形成概念性知识意味着他不仅知道,而且能够理解这个概念的特点,能举出不同类型的正例和反例,能运用这个概念作为工具来分析新的情境。概念性知识超越了事实层面,指向思维,促进各种事实性知识的整合。如果没有概念,事实性知识将处在零散的水平上,概念可以让学生将事实性知识作为材料和内容来进行抽象性的思考。

从事实到主题再到概念是一个知识不断抽象化的过程,为了促进学生的真正理解与迁移,需要上升到概念以上的层级来进行思考。如果聚焦在事实或主题层级,学生只是在进行信息储存式的学习,难以转换心智、跨情境迁移。

项目化学习模式的目的是让学生在面对真实的驱动性问题时,经历持续的探索过程,在已有的核心知识背景下创造出新的意义和知识,通过观察、思考、争议、讨论、搜集证据、实验、结果决策,然后获得一种分析问题、解决问题的方法。

每个学科领域都有一些核心概念,学科概念是对贯穿整个学科的最重要的事实内容的抽象提炼,指向学科的本质思想方法和独特性,反映了一种提纲挈领的学科认知观。学科概念之间是有结构、层次和系统性的,学科概念和具体的事实之间也是有密切联系的,把握学科概念会为初中化学相关的问题提供基本的解决思路。会学的关键在于形成概念性的思维,运用概念来整合思维,进行迁移。但是,初中化学教学时间短,知识多且零散,日常知识点的教学往往挤占了概念教学时间。

为让学科概念的理解与深化成为初中化学项目化学习的基石,我们从三个维度作了定位。

一是概念是项目化学习的直接知识目标，是骨架和灵魂，项目化学习需要用概念作为聚合器，不断地聚焦更多的知识信息，将事实性知识以一种有效的方式整合起来。

二是事实性知识、程序性知识作为项目化学习的骨肉，可以用来丰富对概念的理解，在设计项目化学习时，需要挖掘程序性知识或技能背后的概念，这是设计项目化学习的起点，通过项目化学习促进事实性知识的组织和意义化，事实性知识和项目主题也是发展学生思维和能力的基础和内容。

三是项目化学习中包含着大量的策略性知识、关于自我的认知和关于认知的知识，元认知知识在项目化学习中经过转化被用来作为项目化学习的实践，是解决问题和完成项目必不可少的条件，通过项目化学习可以让学生经历更高层次的元认知历程。

二、项目化学习与常态的课堂学习的不同之处

初中化学项目化学习是基于初中化学学科中的关键概念和能力的项目化学习，将上述对项目化学习的定位融入学科教学，将低价认知"包裹"入高阶认知，在不降低学科学业成绩和保证基础类知识与技能不损失的情况下，通过项目化学习进行问题解决、元认知、沟通与合作，培育实验能力、符号表征能力、模型思维能力和定量化的学科关键能力。

那么，初中化学项目化学习的课堂学习与当前日常课堂中的化学学习有怎样的不同呢？

第一，初中化学项目化学习的知识观指向的是与学科本质有关的核心概念或关键概念、能力的整体理解，定位更综合、更上位。

第二，初中化学项目化学习中驱动性问题的提出改变了原来化学学习从低价开始并且主要在低价徘徊的特点。驱动性问题有一定的挑战性，贯穿始终，在解决任务的过程中整合基础知识与技能，学习重要的观念、概念，培育能力，而不是作为一个传统课程结束后的展示活动、附加实验或实践例证。初中化学项目化学习要在新的情境中迁移、运用、转换，产生新知识，而不只是说出定义、举出例子就可以的低价学习。

第三，初中化学项目化学习的持续探究式的学习历程打破了原来化学学习堂堂清的特征，而是从经验单元的角度进行重新设计。初中化学项目化学习针

对一个项目主题以及多个能吸引学生投入解决的驱动性问题串，在持续的学习历程中，更多地呈现出解决驱动性问题的阶段性，可能会包含若干课的组合，形成一个个经验单元。

初中项目化学习与学科拓展活动的功能和定位是不一样的，项目化学习具有学习设计和课程设计的系统性，需要整合考虑知识、认知策略、学习实践、个人和团队的学习成果等诸多方面。初中化学项目化学习是核心知识的深度理解，本身就是正式课程，是对国家课程、日常课堂的教与学的变革，是对日常课堂教学的优化，进而落实在日常课堂教学，不额外增加课时，就用原有的单元课时的时间。在绝大多数情况下，一个项目主题在45分钟内完成教学，同时不另外大量增加课外材料。

三、初中化学项目化学习的特征

根据初中化学项目化学习的概念和定位，我们归纳了指向关键能力的初中化学项目化学习的3个核心特征，如图2-1所示。

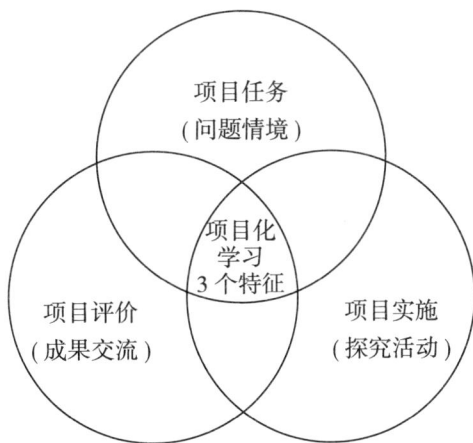

图2-1 初中化学项目化学习的特征

特征1：融入问题情境的项目任务。围绕项目任务，教师根据学生已有生活经验和学习经历创设真实的问题情境；情境是项目化学习的背景，学生在情境中积累经验，在认知冲突中接受任务，提升化学学科关键能力。

特征2：通过探究活动解决问题的项目实施。由情境生发驱动性问题，通过探究活动来解决问题，完成项目任务，指向核心知识的再建构。

特征3：促进知识迁移的项目评价。小组合作学习，展示学习成果，而这个学习成果可以是小制作、小发明、设计方案、实验结果、研究报告和论文，也可以是隐性的知识、方法、能力、态度情感与价值观，用高价学习带动低价学习。

根据上述研发原则、研发流程和核心特征，我们提炼出了初中化学项目化学习的教学设计五大要素，如图2-2所示。

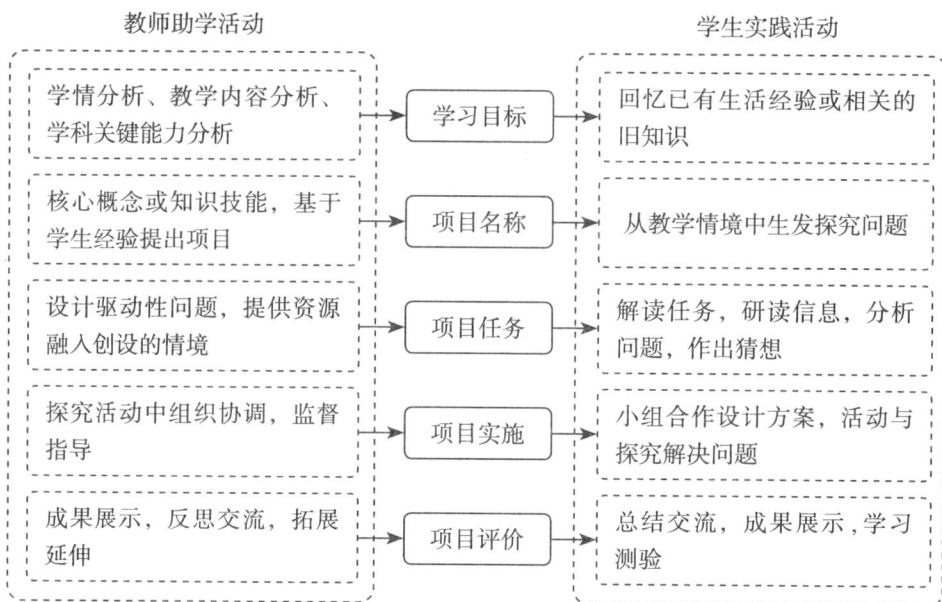

图2-2　初中化学项目化学习的教学设计

设计要素1：明晰学习目标。通过学情分析、教学内容分析和学科关键能力等分析，聚焦需要解决的核心概念或知识，确定教学目标。

设计要素2：确定项目名称。基于学生经验提出项目名称，教学目标决定了项目任务，而情境则为任务服务，任务从情境中来，任务推动情境的发展，情境是隐线，任务是主线。

设计要素3：提出项目任务。对于教师而言，先确定学习目标，根据学习目标来聚焦项目任务，将项目任务融入创设的情境，根据情境设计驱动性问题。但对于学生而言，任务是从情境中来，驱动性问题的解决涵盖了项目化学习的任务。

设计要素4：项目实施活动。学生通过一系列的探究活动来解决问题，完成任务。教师组织探究活动，从中协调监督并提供相应的学习资源。

设计要素5：项目化学习成果的展示。组织学生交流学习收获、产品等，在讨论交流中总结归纳，在不同情境中进行拓展延伸。

从模板到实际的设计，需要教师们共同构建初中化学学科基础知识网和能力测评系统，提炼化学学科关键概念，形成核心知识，进而确认初中化学学科核心知识背后的认知策略，形成本质问题并转化为驱动性问题，配以适切的流程和评价。对于一个熟练的设计者来说，依据模板发展出初步的核心知识、驱动性问题并不需要很长时间。

在项目化学习的过程中，呈现给学生的文本，一般有3项内容：项目名称、学习目标和项目任务，同时提供必要的学习资源。

四、初中化学项目化学习的研发流程与策略

遵循初中化学项目化学习研发的针对性、科学性、应用性和创新性的四大原则，从化学学科关键能力与初中化学核心知识的结合点出发，通过分析、设计、开发、实施与评估五个阶段，形成可独立执行的单元课程教学方案，并形成一个完整的课程教学资源包。

初中化学项目化学习的课程研发与实施流程如图2-3所示，课程由专家、学校、家长和社会代表一起参与集体审议，审议内容包括每个课程的项目主题、目标、内容、实施和评价以及教学效果等。实验学校同步进行全方位的课程资源研发与整合利用，并对部分学生的学习情况进行跟踪，及时记录及反馈。

参与实验研究的教师都承担着项目研发与实施任务，全部参与可行性评估和外聘专家集体审议的活动。除此之外，每人每学期负责研发一个完整的项目，包括项目的学习目标、情境的选择、项目任务的设计、活动的组织与评价的实施等。可以发现，教师对教学内容和学情的分析指向发生了变化，由"指向知识"变为"指向能力"，由"关注如何教"转向"关注如何学"：创意主题与情境让学生与真实世界连接，深化了有意义的学习；将真实的情境问题拆解，不断探究或者解决问题，并逐步形成有效解决问题的方法和思路，有助于深度学习，最终使学生形成其自己特有的系统化的知识构架与科学态度。学科融合度高，有意识地丰富自身的跨学科知识以及加强不同学科间的联合教研，

创生适合学生成长需求的项目课程，让创意落地，使课程更具内涵和价值；培养学生的问题意识，倒逼教师自身问题意识的提升，基于学生学习的视角来不断反思并优化活动设计，使教师课程研发能力也得到进一步提升。

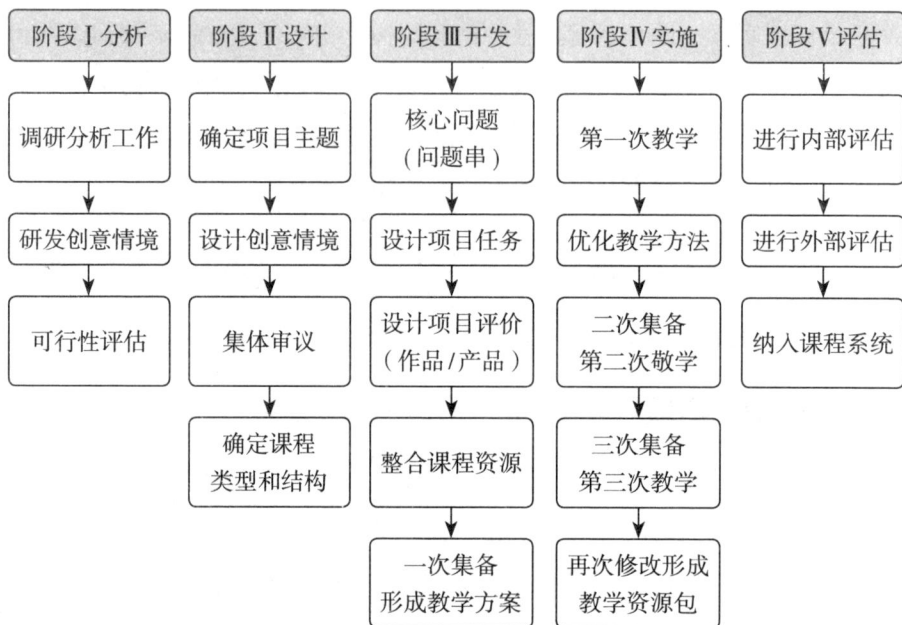

阶段 I 分析	阶段 II 设计	阶段 III 开发	阶段 IV 实施	阶段 V 评估
调研分析工作	确定项目主题	核心问题（问题串）	第一次教学	进行内部评估
研发创意情境	设计创意情境	设计项目任务	优化教学方法	进行外部评估
可行性评估	集体审议	设计项目评价（作品/产品）	二次集备第二次敬学	纳入课程系统
	确定课程类型和结构	整合课程资源	三次集备第三次教学	
		一次集备形成教学方案	再次修改形成教学资源包	

图 2-3　初中化学项目化学习的课程研发流程

由于学科关键能力的表现必须建立在一定的知识基础上，没有学科知识的奠基，不会有学科关键能力的存在和发展，没有学科知识作为载体，也无从考查学生的学科能力。核心概念知识是落实关键能力的重要基础，更是培育学科核心素养的重要抓手。因此，项目单元内容的维度之一为学科核心知识，化学概念统领形成的知识域，强调知识的认知功能和迁移价值，通过项目化学习体现解决真实复杂问题的价值。

我们将初中化学的项目单元内容作了罗列，见表2-1。

表2-1　初中化学项目化学习的项目单元设计

序号	项目单元	核心概念知识	学科关键能力
1	蜡烛及其燃烧的探究实验项目化学习设计	物理性质、化学性质、化学变化的基本特征及体验科学探究过程	实验能力、模型思维能力

续 表

序号	项目单元	核心概念知识	学科关键能力
2	对人体吸入的空气和呼出的气体的探究实验项目化学习设计	空气的组成,氧气、二氧化碳的检验和从定性实验到定量测定含量变化	证据识别和推理能力、实验操作和探究能力
3	测定空气中氧气的含量项目化学习设计	空气中氧气含量测定的原理,设计实验探究过程和方法	信息获取与加工能力、实验操作和探究能力、证据识别和推理能力、模型构建和认知能力
4	铜绿性质研究项目化学习设计	进行实验的一般过程和基本操作要求,铜绿的物理性质、化学性质,探究铜锈产生的条件、保护金属制品的原理和具体措施	实验操作和探究能力、证据识别和推理能力
5	镁条性质研究项目化学习设计	实验探究的过程,探究镁条的物理性质、化学性质、用途,了解物质变化体现性质,性质决定用途,实验探究是认识、研究物质变化的基本方法	模型构建和认知能力、信息获取与加工能力、实验操作和探究能力
6	氧气的性质探究项目化学习设计	氧气的物理性质、化学性质、检验、用途	实验操作和探究能力、证据识别和推理能力
7	过氧化氢制取氧气的探究实验项目化学习设计	反应的原理、装置的选择、实验操作过程和注意事项	模型构建和认知能力、实验操作和探究能力
8	高锰酸钾制取氧气的探究实验项目化学习设计	反应的原理、装置的选择、实验操作过程和注意事项	模型构建和认知能力、实验操作和探究能力
9	二氧化碳的制取及其性质探究项目化学习设计	反应的原理、装置的选择、实验操作过程和注意事项,二氧化碳性质,探究实验的改进和创新	模型构建和认知能力、实验操作和探究能力
10	常见气体的制取实验项目化学习设计	影响装置选择的因素,反应原理,判断药品、装置的选择,学习基本实验技能	模型构建和认知能力、信息获取与加工能力、实验操作和探究能力
11	水的组成探究实验项目化学习设计	水的电解、水的组成	实验操作和探究能力、信息获取与加工能力
12	水的净化探究项目化学习设计	水的净化方式,掌握过滤操作和作用,硬水、软水的判断,硬水的软化,养成节约用水、自觉保护水资源的意识	实验操作和探究能力

序号	项目单元	核心概念知识	学科关键能力
13	分子运动现象的探究实验项目化学习设计	物质由微粒构成，微粒的三大特征，研究微粒运动的实验改进，能用微粒观点解释常见的现象，学会用对比实验研究物质	模型构建和认知能力、信息获取与加工能力、实验操作和探究能力
14	燃烧条件探究的项目化学习设计	燃烧的条件，影响燃烧现象的因素，灭火的原理	实验操作和探究能力、证据识别和推理能力
15	灭火器的探究项目化学习	灭火原理、影响燃烧剧烈程度的因素，二氧化碳的制取	证据识别与推理能力、实验操作与探究能力
16	反应前后物质的质量关系的探究项目化学习设计	质量守恒定律，质量守恒定律成立的原因，设计质量守恒定律验证实验	实验操作和探究能力、证据识别和推理能力、模型构建和认知能力
17	金属的性质探究项目化学习设计	金属的物理性质、化学性质，金属活动性的比较	实验操作和探究能力、证据识别和推理能力
18	氢气的制取及其性质探究项目化学习设计	制取氢气的药品选择探究，实验的原理，装置的选择，氢气可燃性、还原性的验证，氢气的验纯	信息获取与加工能力、实验操作和探究能力
19	铁的冶炼项目化学习设计	铁的冶炼的原理，一氧化碳还原氧化铁的实验改进和演示	模型构建和认知能力、实验操作和探究能力
20	钢铁的锈蚀及其防护项目化学习设计	钢铁锈蚀原因的探究，防止钢铁锈蚀的原理和具体的做法	实验操作和探究能力、证据识别和推理能力
21	溶解与乳化现象探究项目化学习设计	溶解、乳化的区别和联系，溶解、乳化在实际生活中的运用	信息获取与加工能力、实验操作和探究能力
22	水溶液的某些性质探究项目化学习设计	形成溶液凝固点、沸点、导电性的改变的探究，影响导电性强弱的因素深究，性质改变的运用	实验操作和探究能力、证据识别和推理能力
23	溶液的组成项目化学习设计	溶质、溶剂的判断，溶质质量分数的计算，一定浓度溶液的配制，溶液的稀释	实验操作和探究能力
24	粗盐提纯项目化学习设计	溶解、过滤、蒸发的运用、操作、注意事项，有关溶解度计算，蒸发结晶的运用	证据识别和推理能力
25	结晶项目化学习设计	结晶的定义，蒸发结晶、降温结晶的区别和运用	实验操作和探究能力、证据识别和推理能力

序号	项目单元	核心概念知识	学科关键能力
26	自制酸碱指示剂探究实验项目化学习设计	指示剂的作用和原理，研究不同植物的花或叶子的变色情况，植物色素与溶液酸碱性的关系，植物生长所需的环境	实验操作和探究能力
27	酸的化学性质探究实验项目化学习设计	酸与指示剂、活泼金属、金属氧化物、碱、某些盐的反应，性质的运用	实验操作和探究能力、证据识别和推理能力
28	金属活动性探究项目化学习设计	金属与稀酸的反应探究金属活动性，利用金属活动性来判断金属与某些盐溶液的反应，会解释某些金属冶炼的原理	实验操作和探究能力、证据识别和推理能力
29	碱的性质探究项目化学习设计	碱与指示剂、非金属氧化物、酸、某些盐反应，某些碱的运用	实验操作和探究能力、证据识别和推理能力
30	中和反应项目化学习设计	酸碱中和反应发生的判断方法，中和反应的生活运用	实验操作和探究能力、证据识别和推理能力
31	盐的性质探究项目化学习设计	盐溶液的酸碱性判断，铜铁及其化合物的研究，酸碱盐之间的转化及应用	实验操作和探究能力、证据识别和推理能力
32	复分解反应发生的条件项目化学习设计	酸碱盐的溶解性，复分解反应成立的条件，解释工业生产中的一些运用	模型构建和认知能力、信息获取与加工能力
33	石灰石性质探究项目化学习设计	石灰石的物理性质，石灰石、生石灰、熟石灰三者的转化，碳酸盐的检验	证据识别和推理能力、实验操作和探究能力
34	化肥探究项目化学习设计	作物所需的营养素，化肥种类，肥分的比较	信息获取与加工能力、证据识别和推理能力
35	无土栽培项目化学习设计	无土栽培的原理、营养液的成分的探究（营养元素、离子的检验、共存等）、营养液的配制	信息获取与加工能力、实验操作和探究能力
36	蛋白质性质探究项目化学习设计	蛋白质的溶解性，遇高温、重金属盐溶液、浓硝酸、甲醛等发生变性，蛋白质的检验	实验操作和探究能力、证据识别和推理能力

序号	项目单元	核心概念知识	学科关键能力
37	材料种类及性质的研究项目化学习设计	材料的种类的判断，材料的性质和运用	信息获取与加工能力、证据识别和推理能力
38	酸雨形成的研究项目化学习设计	酸雨形成的原理，酸雨形成的模拟实验，探究减少酸雨形成的有效方法	模型构建和认知能力、信息获取与加工能力、实验操作和探究能力

《课程标准》不仅对每个主题提出了明确的内容要求、学业要求，还结合主题的特点提出了教学策略、学习情境素材和学习活动的建议。核心素养是学生在面对真实、陌生和不确定的问题任务时所需要的关键能力、必备品格和正确态度价值。关键能力一方面需要在真实问题情境下才能表现出来，另一方面也只有在分析和解决真实问题任务的过程中才能得到培养和发展。所谓深度学习则包括思维和认知加工活动过程的深度，情感态度意志活动过程的深度，以及认知结构或经验图式的变化及发展的深度。而所谓的思维和认知加工活动过程深度可以具体为认识角度的多少与深浅、推理路径的长短与合理性，以及认识方式类型的水平。深度学习过程中有利于实现知识向学科能力及核心素养的转化，真实有意义且有梯度的问题情境和研究对象更易驱动并更加需要学生发生深度学习，即有价值的深度学习诱因；丰富多样且有层级的能力活动任务更具挑战并能发展学生的高级思维和认知活动，从而实现深度学习，即有效力的深度学习过程。

1. 选取真实有意义且有梯度的研究对象及问题情境素材

在教材正文以及"交流与研讨""活动与探究"等活动性栏目都选取了联系自然、生活、实验室和生产实际，结合环境、能源、材料、医药等背景的丰富真实、有意义的情境素材，特别设置和调控了这些研究对象和情境素材的熟悉陌生度，问题的综合复杂度和提示开放度。在这些情境的基础上，我们围绕上述项目单元内容，创设了真实有意义且有梯度的项目研究对象，研发了一个个的问题情境，例如，从胃药"达喜"到补铁剂的使用，从探秘膨松剂到食品脱氧剂的合理使用，从实验探究洗涤剂到无土栽培的成分，从材料蚕丝到工业造纸的社会性科学议题讨论，其问题情境相对陌生、结构不良、综合复杂，需要学生自主调用所学知识作为分析和解决问题的认识角度和认识思路。项目问题情境一方面引导学生认识化学科学的广泛应用价值，体会学科核心素养"举一反三"的统摄性和可迁移性，另一方面也促进学生在万变多样的问题情境中形成稳定的核心素养。

2. 设计丰富多样且不同层级的能力活动任务

项目化学习是学生从知识到能力再到素养的转化途径，也是学科核心素养发展的学习进阶，还是科学评价学科核心素养水平的能力活动任务体系。通过整体规划，我们精心设计了核心素养发展导向的不同层级的多样化学科能力活动任务体系，活动任务的问题情境也从简单到综合复杂，从熟悉到陌生，从提示角度到不提示角度即从直接到间接，活动任务的能力要求体现从"学习理解"到"应用实践"再到"迁移创新"的进阶梯度。

（1）针对概念教学，设置丰富多样的学习理解层级的能力活动任务。以认知冲突启动，调动学生的先前经验和已有知识，创设联系实际的问题情境，制造认知冲突，激发学习动机，驱动学生开始新的学习和理解活动，引导学生辨识和提取宏观现象和事实信息，对信息进行抽象、概括、关联等思维加工，运用实验及探究方法或基于已有知识对核心知识结论进行说明、阐述和论证；进而适当开展简单的应用实践活动，引导学生迁移运用所建构的认识角度和推理思路，初步体会知识的思维功能和价值，形成自己的认识方式；最后进行概括整合，完善已有认知结构，促进经验类化。

（2）针对物质研究，设计应用实践层级的实验和探究活动任务。对物质成分的实验探究，承载着发展学生科学探究与创新意识核心素养、支持核心知识观念建构、引导核心探究活动经验获得和培养动手实践能力等多方面功能，因此我们精心设计问题任务、提供学习支架、方法导引、合作学习记录表，研发了预测假设、设计实验方案、获取证据、证据推理、分析解释等活动任务，确保学生科学探究核心素养及动手实践能力的落实。

针对物质的应用和拓展，设置综合应用和迁移创新层级的项目化学习活动任务。项目化学习旨在引导学生综合应用本章的知识和方法，分析、解决社会实际和科技发展的真实问题，融合发展学科核心素养，倡导教师以多种形式开展项目化教学。

3. 设计系列课时项目促进学科核心素养的融合发展

核心素养是学生在面对真实、陌生和不确定的问题任务时所需要的关键能力、必备品格和正确态度价值。化学学科核心素养一方面需要在真实问题情境下才能表现出来，另一方面也只有在分析和解决真实问题任务的过程中才能得到培养和发展。目前，项目化教学被认为是最具有核心素养融合发展效力的教学方式。为此，我们提出的项目化学习都是一课时，在课堂教学内能够完成的"微项目"。

在每一课时的项目化学习中，对教师而言，遵循目标—任务—情境—活动—评价的研发流程，精心处理真实情境复杂性与学生学习阶段性（所学知识的有限性）的关系，研发驱动性问题，提供信息资料与学习支架，努力做到既符合实际又与学生所学的知识内容密切相关。

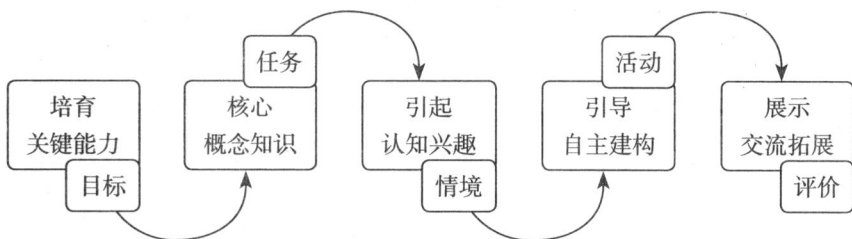

图2-4　每课时的项目化学习设计思路

项目任务聚焦于初中化学核心概念和知识，重在考查学生对所学知识和方法综合应用的能力，以及利用新信息分析问题、解决问题的素养，项目化学习方式既可以作为复习课，又可以用于新课，能在一课时内完成，"轻便灵巧"便于课堂组织实施，而且具有开放性、生成性和示范性。

在这六年多的时间里，我们的研究针对最能转化为学科关键能力的知识，将其融入创意的教学情境中，设计成有创意的项目任务，学生通过与原先不同的学习方式获得良好的学习体验，促进知识的应用、迁移和重构，形成有意义的深度学习。

第 三 章

项目任务的创意设计

一、从教学目标到项目任务的设计

项目任务要基于课程标准，针对教学目标来确定，这样才能植根于学科教学，指向核心概念知识的再建构，学生的学习才有目标、有兴趣、有效率，在促进学生素养发展与关键能力提升的同时，提高项目化学习的生命力。

项目任务是驱动整个项目的源动力，根据项目任务可以设计不同的情境，可以实践不同的项目任务，引发学生的深度学习，通过主动探索来发现问题。因此，项目任务会反过来驱动情境的发展，在完成具体任务的过程中设置诸多活动，通过亲身实践获得的知识和技能会使学生记忆深刻，体会更到位，知识易内化，进而产生项目的产品或者成果，最后反思总结。

项目任务是针对需要培育的关键能力，因此并不是所有的目标都要转化成项目任务，任务设计是有原则的。

1. 任务设计的原则

任务设计的基本原则就是以教与学的目标实现为导向，所有的任务都围绕目标而设计。任务不能盲目，更不能为了任务而任务，尽管任务的实现需要依托情境来产生，也需要通过多个活动来实现，但是只有在任务驱动下，才能有效调动所学知识和能力解决问题，从而实现对知识和学习过程的深度理解。

例如，我们在研究蛋白质的教学中，确定的教学目标是对蚕丝的化学性质进行探究，同时探究蛋白质的相关应用，如学会鉴别羊毛、棉线、化纤三种材质的围巾。于是，我们研发了项目化学习"生态蚕丝"，于是围绕生态蚕丝的一系列素材的搜集，应用蚕丝作为蛋白质的教学情境，项目任务进行如下设计：探究蚕丝的化学性质，探究蚕丝、棉线和化纤材料的不同，探究蚕丝的应用。

围绕项目任务，我们设计了一系列针对蚕丝性质的探究活动，使学生了解蚕丝是一种天然的动物纤维，其主要成分是动物蛋白质，认识蚕丝在灼烧、遇酸碱溶液、遇氧化剂如84消毒液时的变化和性质，帮助学生从化学的角度初步认识物质世界，培养科学探究能力与创新意识；围绕项目任务，我们设计了针对蚕丝、棉线、化纤三种材质的围巾的鉴别活动，学会运用蛋白质的性质来分析有关生活中的问题，帮助学生利用化学知识对生活中的现象加以解释和应用，培养学习化学的兴趣，在探究中发展学生的核心素养。

项目任务有效地驱使学生去用化学的视角观察生活，体会化学与生活的密切联系，感受化学学科的应用价值。项目任务注重学生解决问题和思考参与问题的能力，而绝非记忆和简单的迁移，有利于培养学生主动思考、主动学习。项目化学习的本质特征就是指向对知识的深度理解，所以在项目化学习的过程中设计好任务，使学生在任务的驱动下进行活动和探究是非常重要和必要的。

2. 任务设计的形式

任务的形式可以是多种多样的，首先可以是问题串，可以是具体的技能，也可以是通过一系列的活动和探究得出的结论，或者是通过观察得到的实验现象等。任务的完成可以打破场域的限制，是课内或者课外的结合，是学校和生活环境的结合，或者是学校与社会的结合。同时，任务还可以打破学科的界限，可以是单学科的探究，更应该是学科之间的比较或相关联的知识或技能的生长，使得学习具有更大的趣味性、实用性和共生性。

例如，在质量守恒定律教学中，教学重点是对质量守恒定律内容的理解和应用，我们设计的项目任务是：

任务1：结合生活和学习，总结实验在化学反应前后，发生了哪些变化？

此处的问题很开放，学生会有各种想法和猜测，比如物质的种类发生了变化，该过程中伴随着能量的变化、质量的变化、元素化合价可能变化，等等。要完成此任务学生就要对学过的知识进行深入的理解和思考，并进行全面的概括和提炼，提升了学生的多种素养和能力。

任务2：你认为化学反应前后各物质的质量总和是否发生变化？

至此任务具体化、目标明确化，学生可以组内进行经验的讨论，提出各种猜想，进而根据现有的实验仪器和药品（教师提前准备）进行实验验证，通过实验结论各不相同产生矛盾，再结合书本上的信息进行思考，经过讨论对比和思考解决矛盾，进而得出科学的结论。在完成设计任务的同时使得所学习的知识经过了猜想—实验—矛盾—学习讨论—再思考—得出正确结论的过程，经过这样一个认知的过程，在完成任务的过程中对这部分知识就有深度的理解和内化。

任务3：思考化学变化为什么遵循质量守恒定律呢？

该任务非常抽象，很难完成，这要求学生必须能够深刻地理解所学知识，这也是项目化学习的终极目标，所以该任务的设计非常有必要，也是符合课程标准的要求的，也就是对质量守恒定律的本质从宏观现象到微观本质的分析。其中，包括了宏观和微观两个方面，完成该任务除了需要实验事实外还要借助符号，使化学反应从符号表达式到方程式，虽然符号是知识的外在表现形式，但是其代表的知识的法则和规律系统，对认识现象的本质起到极其重要的作用。

任务4：用质量守恒定律能否解释下列问题？

如果能解释，请做出解释；如果不能，请说出理由。在任务二的基础上对此项任务的完成就有一定的理论支撑，也有了实践的经验，回答所提出的问题就会有理有据，得心应手，同时在解决问题的过程中又再次强化了这部分比较难的知识。由此一环扣一环的设计任务也是问题串，可以很有效地提高学习效率和学习的深度。

3. 任务设计的驱动性

每一项任务的设计都有一定的目的性，都可以驱动课堂向前推进，学生有目的地进行探索和学习，在具体解决问题的时候给学生充足地发挥自己聪明才智的时间和空间，充分体现学生的主体性，学生的内驱力会非常大，也更能够提升学生的整体素养。

其实项目化学习的任务设定，在一定程度上是一个探究和学习的进阶式的步骤，而每一个任务在进行过程中都会有非常多的不确定性，会有太多的生成性资源，这些才是我们教与学过程中最有价值的所得，生成性的资源也是驱动情境升华的催化剂，可以使得情境达到高于教师预设的层次，进而促进师生的共同进步和成长，这也是任务设计更大的价值所在。

例如，项目化学习"新型材料的研制"中，学习目标是：

（1）知道无机材料分为金属材料和无机非金属材料及其在生产生活中的应用。

（2）了解合成材料的分类、性质和用途，了解"白色污染"的危害和防治方法。

（3）了解复合材料在生产和生活中的应用。

（4）掌握几种纤维的性质和聚乙烯、聚氯乙烯的鉴别方法。

（5）能够自己动手制作一个陶土作品并烧制。

根据学习目标和任务，我们接下来要寻找合适的情境——并根据信息找出厨房中的各种不同的材料并进行分类，在此情形下设置任务和活动。

任务一　对材料进行简单的分类。

活动1.根据书上的内容和信息认识常见的材料，并且了解材料的分类方法；

活动2.在厨房中找到各种常用物品的说明书，找到各种材料，并进行分类交流；

活动3.组间比拼，把老师图片上的各种材料进行分类，分得又快又准的组获胜。

任务二　鉴别和区分不同的材料（成分）。

活动1.设计实验鉴别棉线（米袋的密封线）和羊毛线（妈妈的羊毛衫）；

活动2.设计实验鉴别聚乙烯（保鲜膜）和聚氯乙烯（垃圾袋）；

活动3.讨论关于白色污染的形成原因和危害。

任务三　设计完成一件黏土作品，并烧制一个属于自己的碗。

通过用黏土或者陶土坯的半成品来给自己设计一个碗，近距离地感受生活中每天都用到的碗盘的制作过程，感受化学与生活息息相关，材料可以为生产生活服务，生产生活的需要又使得很多的新型材料得以开发和研制。

项目任务的设计之初，我们就要考虑到几个因素：

其一，任务设计的有效性评价。任务的设定要源自本课的学习目标，任务的完成程度就是目标达成的主要参考依据。

其二，任务设计要体现活动过程的思考。任务是各种活动的目标，但是活动过程中不是简单地做做实验、动动手、说说笑就可以有收获的，而是要时刻思考活动过程中出现的各种情况是不是和自己预设的一样，才不会使得活动的动机旁落。进而达到运用所学习的知识与生活有机地建立联系，解决生产生活中的实际问题，并能够在新的情境中对知识进行迁移，进而解决新的问题，这个也是目前任务设计的重要努力点，也是需要进一步努力之所在。

教师将项目任务置于真实的生活情境中，学习者通过与真实情境中的问题进行互动，实现知识的迁移。问题是连接每个情境的桥梁，实现从一个情境到另一个情境的自然过渡。因此，项目化学习应遵循以情境为桥梁的原则，真实问题成为贯穿整个学习过程的主线，把核心问题转化为一系列的学习任务，学生通过高投入的实践探索，达到对知识的意义建构和深层次理解。通过对情境性问题的解决，体验真实的生活，获得社会性成长。

二、教学情境的内涵和价值

教学情境是教学的具体情境的认知逻辑、情感、行为、社会和发展历程等方面背景的具有文化属性的综合体，也是解决学生认知过程中的形象与抽象、感性与理性、理论与实践、旧知识与新知识的关系和矛盾的师生互动关系的载体。德国学者有一个形象的比喻：把15 g盐摆在你的面前，无论如何你都难以下咽；但如果把15 g盐融化到一盆美味可口的汤中，那我们就在享用汤的同时不自觉地将盐吸收了。知识于情境，就犹如盐之于汤，让学生在情境当中来认识和吸纳知识才会更有效率。

将知识置于特定情境，不仅能引发后续的教学情感，还能让学生理解所学的知识，了解问题产生的前因后果，促使学生构建学习任务与其已有知识经验的联系。创设教学情境能有计划地引导学生运用相关学科的思维方式和方法学习知识，加强学生对学科核心概念的理解和掌握；有目的地帮助学生主动获取信息，加工和利用信息，培养学生运用已有信息分析和解决问题的能力；有组织地开展具有学科特质的学习活动，有效衔接前后知识的联系并引起学生的积极思维，进而促进学生对知识的综合应用以提升学生的认知能力、思维能力和创造能力。

1. 教学情境的内涵

情境，一般指情景、境地。

课堂教学中的"情境"虽为学生的学习所用，但大多由教师所创设，情境中教与学是融为一体的，所以用"教学情境"更为贴切。

教学情境是将一个真实的情境素材进行优化重组，形成一个能够提供知识产生背景和条件的化学课堂教学情境，围绕教学目标形成一个或若干个项目任务，在情境中生发出问题，在问题解决任务过程中完成核心知识的再建构和能力的培养。教学情境的创设主要有两个目的：一是帮助学生理解学科知识；二是培养化学学习兴趣和学科思想。情境的创设源于教学的需要，让枯燥的知识在情境中更有活力。

项目任务无法脱离教学情境而存在。现代教学理论认为，知识绝不能从它本身所处的环境中孤立出来，学习知识的最好方法就是在情境中进行。构建从真实的情境中进行学习的认知路径，是知识通向素养和能力的必然要求。

在学生具备学习基础的前提下，情境诱发和问题驱动乃是深度学习发生的两个重要条件。深度学习的发生首先需要触发学生内心的深层动机。没有深层动机的触发，学生便难以主动地将新旧知识联系起来，更不要说对新知识进行深度的加工和理解。其次，知识从它的产生开始，就根植于特定的情境之中。脱离了特定的情境，知识就只剩下一堆符号形式的外壳，毫无意义可言。脱离特定情境和特定情境中的问题，学生便难以理解和建构知识所蕴含的深层意义，因而难有深度学习的发生。正是借助情境诱发和问题驱动，既触发着学生的深层动机，又驱动着学生对知识的深度建构。

项目任务始于教学情境，而教学情境要"始于"学生，即从学生熟悉的、已有的经验出发设计可探究的主题，注重与社会、技术、生活的联系。学生不是一张可以让老师把自己的知识画在上面的白纸，学生是通过与过往所有解释和模式相吻合的个体阅读"框架"来破译课堂上的信息。学生在探究的学习情境，由教师或学生提出问题，通过实验、自学或讨论等方法，让学生积极主动地探求科学结论，在未知的境界里去研究、分析、解决问题，成为知识的探索者，从而在获得知识的同时发展能力。作为教师，我们有必要帮助学生在思维结构和新信息之间建立联系，学生在信息获取的基础上进行新信息的解析，甚至认知冲突，于是学习就发生了。

教学情境是问题与知识的展现形式，是为知识和问题服务的。在梳理情境思路前，应先整理化学知识，再提出需要解决的化学问题，根据化学知识和化学问题去选取适当的情境，在真实情景中提出实际问题，发展学生的化学核心素养。由此，本研究采用盛诗涵老师的观点，从化学知识出发，探讨在教学设计中，基于真实情境解决实际问题的思路，可分为以下四步，如图3-1所示。

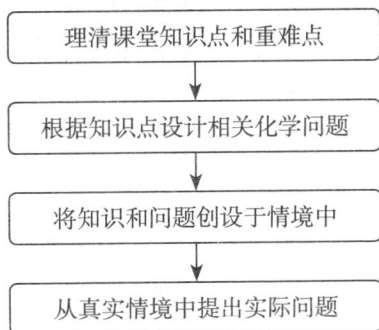

```
┌─────────────────────────┐
│   理清课堂知识点和重难点   │
└─────────────────────────┘
            │
            ▼
┌─────────────────────────┐
│  根据知识点设计相关化学问题  │
└─────────────────────────┘
            │
            ▼
┌─────────────────────────┐
│   将知识和问题创设于情境中   │
└─────────────────────────┘
            │
            ▼
┌─────────────────────────┐
│  从真实情境中提出实际问题   │
└─────────────────────────┘
```

图3-1　创设真实情境解决实际问题的步骤

"如果学习情境及其材料与能够得以应用的现实生活情境相类似，那么学习就能得到最大化。"作为在特定情境中解决问题、完成任务的能力和品质的素养，并不能脱离情境而习得。唯有将知识学习与真实情境联系起来，知识的迁移性才可能增加，能力和素养也才能得以发展。

可见，作为教学的情境旨在将学科内容与真实世界联系起来，将知识的学习及应用与他们作为家庭成员、公民或工作者的生活联系起来。学校教育受时空限制，并不能让学生真正身处这些真实境遇。所以采取某些教学手段（包括信息技术）将真实的社会生活、工作或科学研究活动等情境尽量还原到课堂中，使学生有可能在真实的问题解决活动中，通过观察分析、概念工具的应用以及与他人的合作探究等，形成科学家、数学家或历史学家等看待世界的方式和解决问题的能力，从而使学习真正有利于学生未来的社会生活。

2. 教学情境的属性

目前，研究者对教学情境的定义并不统一，但从其本义及功能等分析应具有如下基本属性。

（1）教学情境的背景属性

汉语中的"情境"意为"一个人在进行某种行动时所处的特殊背景，包括机体本身和外界环境因素"。Klassen认为科学教育中的"情境"是"连接一个核心实体或是围绕在核心实体周围的实体，作用是让整体的意义更加明了"。这里的核心实体指科学课程要求学生掌握的科学概念、技能、态度、方法等，而围绕在核心实体周围的实体则是科学知识产生的背景或环境，抑或是学生熟悉的场景……情境是由教育者创设的教育工具，对于个体的学习而言是一种叙事背景，即为基于一定目标与主题而展开的学科学习故事的发生提供了特定的背景。叙事在信息的迁移和发现中起着非常重要的作用，它可以帮助人们记录他们发现过程的轨迹，为回忆所学过的东西提供一个有意义的脉络结构。教学情境所提供的学习背景由学习故事发生的时空环境、事件本身、事件中的人物以及事件中要解决的问题或完成的任务所组成。

虽然有教师的加工成分，但来源于真实的生产、生活、科学研究或史实等，提供真实与逼真的境域以反映知识在真实世界中的应用方式，即具有真实性。例如，2017年江苏省初中优质课大赛一等奖获得者张鹏老师在"我们周围的空气"复习教学中创设了如下教学情境。

案例1：张老师从常州到南京参加比赛，带了一些小金鱼来上课，他将金鱼放入盛有水的塑料袋中，在袋中通入少量气体的则贴上标签A，在袋中放入少许白色固体的则贴上标签B。将A、B袋都进行密封。

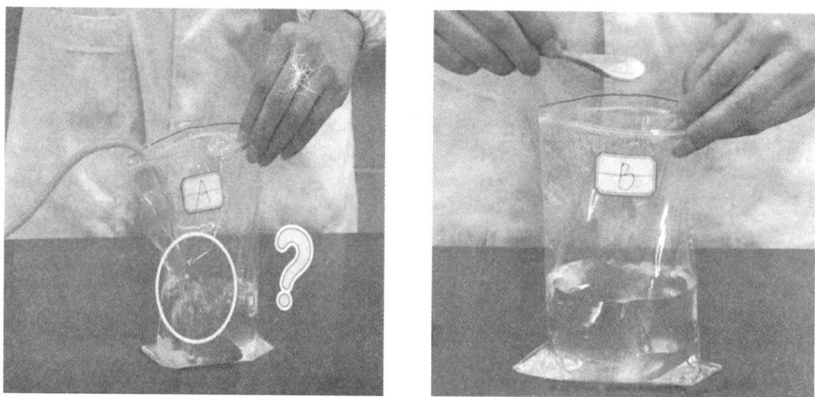

图3-2 项目化学习"鱼在旅途"

"鱼在旅途"的教学情境就生成了，由此引发学生产生问题："它们是怎么呼吸的？""那白色固体是什么？""通入了什么气体？"造成了学生的认知冲突，学习的认知内趋力自然产生。张鹏老师围绕上述问题不断地引领学生回顾空气的组成与测定、氧气的性质和制法、氧循环与碳循环等知识内容，在活动中解决问题并进行整合、迁移，提升学生的思维能力。

这一问题来源于真实的生活，加工形成教学情境，用视频播放将真实的情境展现于课堂环境中，将学生代入到问题解决中。皮亚杰认为："个体的认知发展是在认知不平衡时通过同化或顺应两种方式达到认知平衡的，认知不平衡有助于学生建构自己的知识体系。"基于真实主题情境的项目，关注学生的实境体验，在知识与新情境间建立起自然的联系，能激发学生最真实的情感共鸣和思维活力。认知冲突的制造，打破学生内在的思维平衡，是激发学生重构知识、重建思维逻辑的内驱力，更能引发学生深层次的思考，提升学生思维的品质。

（2）教学情境的知识属性

由上述Klassen对情境的定义可知，情境需要连接课程要求学生掌握的科学概念、技能、态度和方法等广义的知识，即学生所要学习的知识不但存在于其中，而且得以在其中应用。如，案例1"鱼在旅途"用生活中的素材创设情境，运用生活中鱼的运输有直接通氧气、加供氧剂等方法，以探究鱼的供氧为抓手，通过真实的情境引发真实的问题来设计、实施、评价教学，使教学源于生活、贴近生活，充分体现化学研究自然资源所用的宏观微观结合、变化守恒、分类表征、模型建构等学科思想和方法，以学生在情境感知、交流讨论、实验探究、归纳总结、反思评价等活动中亲历知识重构和问题解决的过程，感悟化学学科的生活化、社会化、生命化价值。

在这些真实的教学情境中，学生既可以清晰地感知所学知识能够解决什么类型的问题，又能从整体上把握问题所依存的情境。这样，学生就能够牢固地掌握知识应用的条件及其变式，从而灵活地迁移和应用所学知识，使得情境真正成为核心素养形成与发展的载体。

（3）教学情境的活动属性

知识，从本质上而言并非抽象的对象，而是基于社会情境的一种活动。它是个体与环境交互作用过程中建构的一种交互状态，正因为个体与情境、个体与个体之间的交互，才协调了人类的一系列行为，形成了种种认知、体验，以及适应与改善、更新与创造环境的知识和能力。Lave＆Wenger（1991）认为，情境学习是一种"合法的边缘性参与"（legitimate peripheral participation），即新手学习者在实践共同体内，最初从事边缘性的活动，观察专家或熟练者的示范，并在他们的引导下参与活动，逐渐发展知识与技能，并被允许做重要的工作，进入圈子的核心，获得自己作为知识渊博的专家身份。因此，情境对于学习者来说，更深层次的意义在于通过主动参与共同体真实的活动，这些新手从边缘性的参与者走向实践共同体的中心。知识的意义连同学习者自身的意识与角色都是在学习者和学习情境的互动、学习者与专家教师的互动、学习者与学习者之间的互动过程中生成的。

因此，教学情境应能够使学习者主动投入到探究问题解决的活动中来。在教师的引导下，在与其他同学的合作互助下，在真实的问题解决活动中建构和运用知识，形成多种属于自己的解决问题的策略。

如案例1中，探究A袋中气体的成分，围绕学生提出的第1个问题，白色固体X是什么？教师引导学生思考固体X加入水中起到什么作用才有利于鱼在密封条件下的生存？学生回答"固体X在水中产生氧气"，教师追问如何检验氧气？此问可以顺带让学生温故，用带火星的木条，若复燃则说明是氧气。接下来，学生就取一药匙物质X于试管中，加入一定体积的水，用带火星的木条伸入试管中，学生观察到有气泡产生，但是带火星的木条没有复燃。教师再追问：那产生的气体是氧气吗？学生异口同声说不是氧气。此时，教师用溶解氧传感器来做了一个实验，测量水中溶解氧的变化。学生发现，水中的溶氧量由7.25 mg/L上升到14.04 mg/L，此时又引发新的认知，说明了产生的气体是氧气。但是，带火星的木条为什么不复燃呢？整个教学情境的推进，始终与学习者的主动参与活动相伴而生，知识及其意义在其中得以建构。

3. 情境素材的选择原则

化学是在原子、分子水平上研究物质的组成、结构、性质、转化及其应用的一门基础学科，其特征是从微观层次认识物质，以符号形式描述物质，在不同层面创造物质。化学学习情境的素材可以来源于实验资源、生活现象、生产实际、前沿科技和学习中产生的问题等多种途径，但在学习过程中都要将这些情境中的原始问题转化为化学学科问题，让学生利用化学的知识去解决问题，从不同视角去了解、认识、理解物质，体现情境的学科性。

初三化学教学中的情境素材来源丰富，可将其划分为实验、生活、生产、社会、科技以及化学史等。不同视角下的情境素材有着不同的教学功能和价值取向，项目化学习选择的教学情境素材应遵循一定的原则：

（1）科学性原则

情境素材的选择要符合科学性，即情境素材要具有知识指向，展示知识的背景和条件，符合化学学科的发展趋势；要体现化学学科特点，蕴含化学学科问题；要凸显学科特有价值，使学生能够热爱化学。首先，科学性的情境素材有利于学生对知识点的理解和把握，让学生学有所获，提升学科素养。

在"物质的分散"教学中，溶液是学生比较熟悉的一类物质，但对乳化现象并不太熟悉，教材中对于"溶解"和"乳化"的设计相对较独立，如何选择合适的情境将"溶解"和"乳化"串联起来是教学设计的难点。于是我们创设了教学情境"护手霜"，护手霜的制备涉及原料的分散及乳化两个主要步骤，巧妙地将"溶解"和"乳化"串到一起，通过原料分散，探究物质分散的微观本质，理解溶解的含义，引出物质分类的依据，逐渐渗透物质分类观。再通过原料混合乳化，探究乳化的实质，尽显课堂的完整性。

学生虽然熟悉溶解现象，但对物质的分散缺乏深入了解，更未曾以化学的视角深入研究，只能直观感受物质分散的宏观现象，不了解宏观现象背后的微观实质。基于此笔者设计了氯离子的检验探究实验，让学生直观感受到氯化钠溶液中离子的存在，同时结合氯化钠溶解的微观模拟动画，引导学生从宏观和微观层面理解物质溶解的本质，强化证据推理与模型认知能力。

通过护手霜的制备，掌握"溶解"和"乳化"的实质，最后以物质分散在日常生活中的应用进行升华，结合盐汽水、葡萄糖水、啤酒、美味的汤、布洛芬混悬液、彩喷、空气、合金等事例，分析概括物质分散的本质实际上是一种或多种物质分散到另外一种物质中而形成的混合物，分散形式的不同取决于被分散粒子的大小。通过生活应用情境穿针引线般将本节课的内容化繁为简，化难为易，凸显化学学科的社会价值，促进学生"科学精神与社会责任"素养的形成。

（2）适切性原则

首先，项目情境的创设要与学习目标相适宜，将化学核心知识与核心概念转化为核心问题，给核心问题加入主题情境，设计驱动性问题，即提出项目情境中的学科问题和能力要求要符合课程标准的要求，符合本节课的学习目标要求；其次，学习情境创设要与学情相切合，基于学生的已有经验，基于学生的学习需求，不脱离学生的实际，不远离学生的基础；最后，学习情境创设要贴近、符合学生的认知，减少高于学生认知的复杂情境和与学生认知明显不符的低幼化情境，让学生在实际问题场景中重构化学课程内容，通过解决真实问题情境中的问题来促进学生对核心概念的深入理解和应用，并发展学生的高阶思维能力。

在盐的教学中，我们创设了"果蔬洗盐"的教学情境：

果蔬洗盐是近几年比较流行的一种清洗水果和蔬菜的厨房用品，主要由氯化钠和一些水溶液呈碱性的盐混合而成。其中，某品牌果蔬洗盐的成分是氯化钠、碳酸钠和碳酸氢钠。氯化钠、碳酸钠和碳酸氢钠这三种盐在生活中比较常见，在沪教版初中化学九年级下册第七章第3节"几种重要的盐"中作为重要的盐来进行学习。以这种果蔬洗盐为载体，既可以整合盐的性质学科知识，又能促进学生将知识与生活实际联系起来，乐于参与到学习中来。对于"果蔬洗盐"这样一个学习情境，以果蔬洗盐的成分是什么？为何能用于清洗蔬菜水果？如何鉴别果蔬洗盐和食盐？如何测定果蔬洗盐中各成分含量？为问题驱动，指导学生综合运用盐的性质揭示果蔬洗盐的秘密，激发学习的动力。于是我们设置了项目学习目标。

第一，通过对果蔬洗盐成分的探究和鉴别，增进对盐的性质的理解和应用，能对获得的实验事实进行科学分析，提高探究意识和探究能力，发展科学探究与创新意识的学科核心素养。

第二，在果蔬洗盐中各成分的性质与用途的比较中，感受化学对于健康生活的指导意义，发展科学态度与社会责任等学科核心素养。

第三，能从微观结构上解释宏观现象，加深对盐的性质的理解，构建盐的性质知识网络，强化结构决定性质的观念，发展宏观辨识与微观探析、证据推理与模型认知等学科核心素养。

问题情境还应该尽可能选择完整的真实情景作为教学情境，即选择具有整体性的情境贯穿于教学的始终，完整的情境建构有助于促进创造性思维的发展。同时，结合教学案例的分析以及教学观摩的经验，发现部分化学教师会在一堂课中选取过多的真实情境，即每一个知识点采用不同的真实情境进行教学。从表面看，教师是基于真实情境进行教学，但是这部分教师忽视了情境太多易造成学生注意力分散的问题。换言之，真实情境太多会导致学生花大量的时间去思考情境背后的问题，而忽视从情境中学习化学知识的重要性。所以选择过多且分散的真实情境不利于化学课堂教学，真实情境的连贯性格外重要。

再如，初中化学"化学与社会发展"复习课，以学生每天使用较为熟悉的笔为情境，通过认识"制笔"的材料、探究"制笔"的能源、"使用后的笔"的处理等生活中的实际情境带领学生再现和巩固材料、能源和环境保护的知识，学习情境源于学生的生活，贴近学生的经验，情境中融合的材料、能源、环保等学科问题能基于学生已有的认知水平，通过学生的努力可以得到有效的解决。

在化学课堂中，真实情境服务于化学知识。教师在化学知识的基础之上选择了真实情境，提出实际问题，从而促进学生化学学科关键能力和核心素养的发展。

在项目化学习"质量守恒定律"的新授课中，我们选择了化学家波义耳和拉瓦锡研究质量守恒定律的化学史作为情境素材，他们使用同一种金属汞，运用相同的反应原理进行研究，波义耳发现反应后质量增加了，而拉瓦锡发现反应后质量相等，没有增加。学生产生认知冲突：为什么会有不一样的实验结果呢？引导学生带着疑问完成探究实验，结合实验现象，学生解释不相等的原因是因为反应中有气体物质参加或生成，而装置敞口导致气体进入或逸散，从而使得实验结果有偏差。据此学生提议把敞口实验改为在密闭容器中再次反应，最终实验成功了。学生实验的成功既验证了分析的合理性，同时也进一步深刻理解了波义耳和拉瓦锡实验结果的差异并不是表面上使用了汞槽和玻璃钟罩，而是反应体系的不同。用化学史抛出问题，在探究中分析问题，继而解决化学史引发的疑问，课堂上首尾呼应，学生学以致用。学生通过对化学家们实验过程的回顾、实验现象的观察、问题的分析以及装置的对比，了解了化学科学的发展过程和演变规律，感悟到化学家探索真理的科学精神，掌握了质量守恒定律验证方法。化学史素材是真实的，也是科学的，具有极强的说服力，教师既可以将其用于不同的课程内容，也可以将其用于不同的课堂类型，充分发挥史实背后蕴藏的教育功能。

（3）真实性原则

情境的"真实性"意指基于真实的现实世界的任务，从事的是任务驱动的真实学习，正是在真实的任务和真实的学习中，知识得以创造，素养获得发展。但对于课堂中的"情境"而言，又具有虚拟性，借由教师的创设，将真实世界中的事件搬到课堂当中来，将学生代入到事件中，身临其"境"地学习。这就需要教师采取一定的教学手段生动形象地呈现情境，使其具有真实性。

关键能力的培养往往依托于真实问题的解决，这和创意课程实施的内涵非常契合，在教学活动中引入真实情境，充分调动学生的好奇心和探究欲，将问题的解决融入真实的探究情境，有助于学生透彻理解知识点，提高化学思维和实践能力。

情境素材的选择要符合真实性，即情境素材要来源于实际生产生活，有利于提高学生的学习兴趣；要有一定的新颖度，符合时代发展的需求；要具有问题启发点，有利于激发学生的思维活动。真实性的情境素材能够让学生在真实情境下提高学习、思考的能力，提高发现问题、分析问题和解决问题的能力。

来源于社会新闻的热点具有关注度高、吸引力强等特点，但是要注重其真实性，这样教师对与化学学科相关的社会新闻可以及时筛选、分类、整理，引导学生从宏观的事件出发，从化学学科的视角来审视新闻背后的化学知识和化学原理，从而提高兴趣，拓宽视野，增强社会责任意识。

例如，项目化学习"疯狂的石头"的情境取自一则新闻："下雨天，装载这种电石的货车自燃，洒落了五六百米燃着的石头，场面非常震撼……"在此真实情境下，我们通过剖析新闻中一则"燃烧的石头"，复习燃烧的条件和灭火方法；通过新情境下求知物的层层"剖笋"式的探究，建立物质可燃性研究的模型认知；通过对物质组成的探究，体验科学探究的方法，体验知识在新情境下的迁移与应用。学生已经从化学学科角度认识了空气、氧气、水等物质，对燃烧与灭火的现象以及燃烧与人类社会的密切关系都已有所了解，初步学会了"科学探究"以及定性研究物质变化的基本方法。因此，在学生具备了事实性知识的基础上，一课时的项目化学习就是发展学生在探究领域的能力，在概念框架的情境中理解事实和观念，帮助他们学会提取信息和应用信息，教师应有意识引导学生回忆相关联的已有知识，帮助学生在新情景中将知识融入已有知识体系中，让已有知识为后续学习更好地服务，不断构建和完善知识网络。学生已经学习了实验室安全规则和常见仪器的基本操作，可以设计并完成一些简单的化学实验，为完成本节课的探究活动奠定了基础。学生有丰富的生活经验，已经知道很多促进燃烧和灭火的方法，所以燃烧和灭火的知识不能仅仅停留在简单的回顾和点到为止的操作上，而是要将学生已有知识与化学反应条件的控制联系起来，运用到新情境中，提炼总结规律。

创设真实的学习情境可以增强学习的有效性和趣味性，有利于充分调动学生学习的积极性。

之所以强调真实性，是因为真实情境本身就具有真实性和科学性，是客观存在的事实。然而，在选择真实情境时部分教师会存在主观上的偏差，即过分追求复杂的真实情境从而忽视真实情境的适用性。情境中蕴藏的化学知识太容易会失去探究的价值，过于复杂又会脱离知识本身。因此，情境的功能是将学生带进最近发展区，使学生能在原有的基础上进一步发展认知观念和提升解决实际问题的能力。另外，化学来源于生活，又服务于生活，因而教师在选择真实情境时应尽量选择生活中看得见、摸得着的问题，即把注意力聚焦于实际生活的可操作性上。

例如，项目化学习"生态蚕丝"的情境创设：在漫漫历史长河中，中国蚕丝已深深地渗透到中国社会的各个领域，形成独具风格的蚕丝文化，成为中华浩瀚民族文化的重要内容。我国也提出了"一带一路"（The Belt and Road）的发展战略。由于学校所处"蚕丝之乡"，自古盛产丝绸，享誉海内外。对于这些从小被称为"小蚕宝"的同学们来说，蚕丝装点着同学们的每处生活。但是为什么蚕丝制品只能在30℃以下低温手洗、低温熨烫，不可暴晒、不可氯涤、不耐碱，应选用中性不含酶或丝绸专用洗涤剂呢？你真的了解蚕丝的成分吗？

（4）创新性原则

学会创新是培养学生的关键能力的主要目标之一。而关键能力体现在是否具备复杂情境中问题的解决能力，使之能够适应飞速发展的信息时代和复杂多变的未来社会。因此，化学教学要与时代接轨，以此培养学生的化学学科核心素养。对于情境的选材要能反映出时代的要求，贴近于学生的社会生活，跟随科技的发展。要求教师不断关注科技前沿，了解当下的社会热点，将这些社会生活中的素材和资料用新颖的语言与形式融入真实情境中，以此解决具有时代性的实际问题。

选用创新的情境进行教学，容易产生疑问，学生的参与热情会更高，也会让学生感受化学学科的趣味和用途，激发学生用所学化学知识去解释生活现象，同时增强学科本身的吸引力，以及提升学生解决各种实际问题的能力。创新的视角很多，例如在学生生活中有很多素材可以用于化学课堂教学中，而同一生活素材，又可以应用在不同的课堂中，以雪碧汽水为例，教师可以将其用在气体溶解度的教学，也可以用在溶液的教学，饮料瓶还可以用于气体溶解性实验、简易净水器的制作、气体的收集以及物质间的反应装置等。

盐在生活中应用很广泛，但是学生根本没有想到与洗涤剂之间有密切的关系。于是我们创设了"洗涤剂"的教学情境，让"洗涤剂"作为盐的代表，一方面想展现化学课程"有趣""有用"的一面，让学生始终保持对化学世界的好奇心和求知欲，另一方面丰富学生对化学学科和化学学习的认识，甚至将各科内容综合化，提升孩子已有的生活经验，发展核心素养。项目化学习"洗涤剂"的性质与变化有助于学生了解复分解反应规律和发散性思维的培养，从基本反应类型的角度认识盐的化合反应、分解反应和复分解反应，与日常生活相关的一些现象能对其作出合理的解释。古代洗涤剂中的碳酸钾和近代洗涤剂中的硬脂酸钠的反应也属于复分解反应的范畴，而现代洗涤剂过碳酸钠的不稳定性有助于归纳盐的分解反应。

通过洗涤剂的一系列素材的搜集，我们在项目化学习"洗涤剂"的教学时，设置了如下的项目教学目标：

第一，通过洗涤剂中盐的各种探究活动，学生实验的创新能力和证据推理的能力得到了培养，科学的探究精神得以建立。

第二，通过人类使用洗涤剂的历史发展过程的认识，自主合作学习洗涤剂原料制作的工艺流程，将生活、生产中的化学知识密切联系化学课程。

第三，通过对洗涤剂中的盐发生复分解反应的深入分析，掌握盐的复分解反应的微观本质，培养学生宏微结合的化学学科核心素养。

再如初中化学"人类重要的营养物质"这一知识点，我们就以蛋糕为主题情境，录制蛋糕制作的视频，通过吃蛋糕、析蛋糕、悟蛋糕，设计了感知营养物质的存在、探究营养物质的性质、体悟营养物质的用途三个环节。围绕蛋糕这个情境，第一环节通过对做蛋糕的原料进行分类，了解营养物质的存在，通过对糖类等结构的辨识，掌握营养物质的组成；第二环节通过鉴别做蛋糕的原料，理解营养物质的性质，通过模拟蛋糕进入人体后的代谢过程，体会营养物质的变化；第三环节通过对不同蛋糕中不同营养物质的分析和理解，去感悟营养物质对生命活动、人类发展的用途，整节课紧紧围绕情境，探究蛋糕中的营养物质。

因此，选择好的情境素材对于落实情境教学显得尤为重要，不仅可以丰富教学内容，使课堂教学实现情境化，而且可以促进学生对知识的触类旁通，有效培养和提升学生的学科核心素养。

4. 教学情境的价值

情境素材是教师、学生以及教学活动之间的载体，选择具有科学性、适切性、真实性和创新性的情境素材，让学生在情境驱动下体验化学知识的发现过程和应用价值，感悟化学知识中蕴含的学科思想和方法。此外，应注重情境素材的优化、组合与应用，结合教学任务对情境素材进行再塑造、再创新、再升级。课后对情境素材的选择应用进行有效性评价，使情境素材能够有利于学生主动学习愿望的激发、化学学科思维的训练、情感态度价值观的培养，最终通过情境教学达到提升学生核心素养、促进学生全面发展的目的。

教学情境源于生活、服务于生活。来源于生活的情境素材对于学生具有亲近感，感官性也强，可以让学生在课堂上联系实际，将化学知识与生活实际进行对照，又能促使学生在课外生活中加深对化学知识的理解，从而激发学生的学习兴趣。初中学生对前沿科技了解甚少，不太清楚化学的学科价值，而教学情境通过选用一些有深度的应用化学、充分体现化学学科应用价值的科技知识作为情境素材，可以让学生了解化学知识应用的领域和场景，诱发学生主动学习化学的欲望，提升用化学知识为社会做贡献的责任感。

项目情境还能开发情意。布卢姆与克拉斯沃尔认为："情意领域主要涉及人的情感、态度、兴趣和价值观等。"将学生的情感与认知融合到课堂教学中，让学生在轻松的氛围中感悟学习的乐趣和意义。选择有助于开发学生情意的素材，容易触及学生心灵，让学生产生情感共鸣，从而能够主动、愉悦、迅速地投入学习，获得发展。

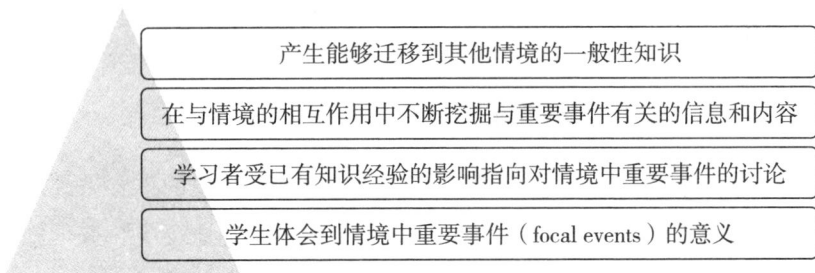

图3-3 教学情境的四个层级

根据教学情境和教学内容的适切性和融合度，我们将教学情境的价值由低到高分为4个层级。

最初级别就是应用某个教学情境来引起学生注意，起到导入或启课的目的，让学生体会到情境中重要事件的意义；第二层级是某些教学环节的教学情境能够激发学生兴趣，学生受已有知识经验的影响指向对情境中重要事件的讨论；第三层级是教学情境是贯穿整个教学过程中，在学习与情境的相互作用中不断挖掘与重要事件有关的信息和内容，情境的作用是激发并维持学习的兴趣，促进学生主动建构知识；最高级别的是教学情境不仅一以贯之地诱发学习的欲望，不断挖掘与重要事件有关的信息和内容，同时还能产生迁移到其他情境的一般性知识，举一反三，提升学生形成解决实际问题的能力。

例如，在项目化学习"厨房中的化学"的教学中，我们围绕烹饪糖醋鱼的过程，如以烹饪前选锅、烹饪过程、烹饪后清洗为主线并录制视频，针对同时将材料、能源、酸碱盐等初中核心知识融入每个环节，具体设计见图3-4。

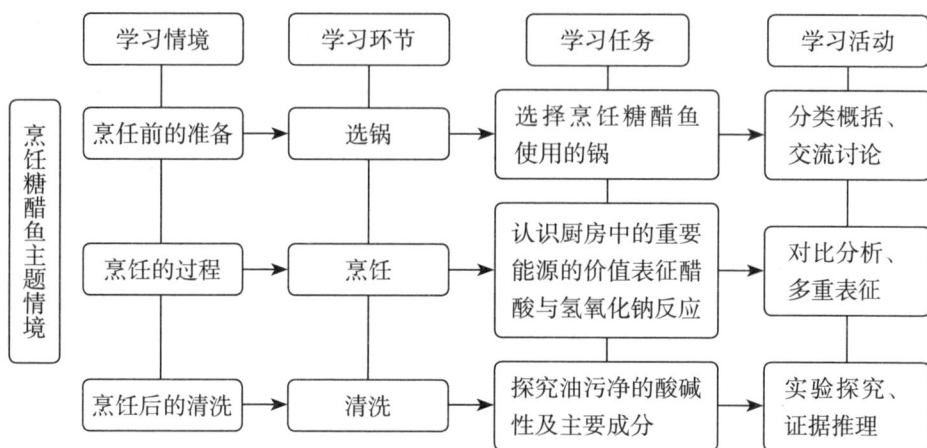

图3-4　项目化学习"烹饪糖醋鱼"

三、从情境素材到教学情境的加工逻辑

"情境素材"不等同于"教学情境"，只是教学情境的重要来源之一。从情境素材的表述，如"补铁剂""日常生活中的氧化还原反应"等可知，情境素材是与知识相关的一个静态的例子，充其量只具有了部分"知识属性"。

情境性意义不仅涉及知识，还关涉活动环境、具体行为人、活动及其目标指向等，从情境素材到教学情境需在教学目标的导向下进行恰当加工，将之转化为一个工作或生活中会遇到的事件，使它具有教学叙事的背景属性、引发参与的活动属性及承载核心知识的属性。

其加工逻辑如图3-5所示。

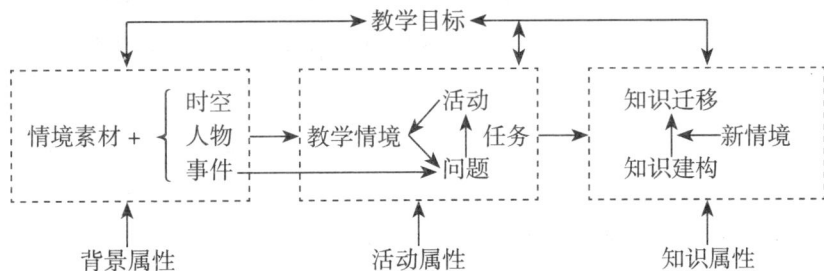

图3-5　从情境素材到教学情境的加工逻辑

1. 由情境素材到教学情境须以教学目标为指向

我们在创设化学教学情境时，并不能胡乱地找情境素材来使用，也不能将与课题有关的情境素材不做任何加工就直接使用，因为学生在情境中进行的是目标明确的学习，参与的是目标定向的活动，最终也是为了达成目标，任何偏离目标的情境再有意思也是无意义的。因此，当把时空、人物、事件等嵌进情境素材以使它具有教学情境的背景属性时，需要思考的问题是，教学情境所引发的学习活动及知识建构是否服务于核心教学目标的达成。

例如，根据课程标准相关要求，在化肥这节涉及了很多的知识点，通过学习，学生需要达到的目标有：

低价目标：学生要通过查阅资料及生活阅历，了解常用化肥的名称，知道其用途；认识常用化肥对植物生长的重要作用；了解化肥、农药对环境的影响；认识合理使用化肥、农药对保护环境的重要意义。

中阶目标：了解常用化肥的种类、作用和简易鉴别方法；了解常用化肥碳铵等铵态氮肥的组成、性质、保存和施用时的注意事项；初步学会计算并配制一定浓度的营养液；了解水、土壤的酸碱性的测定及调控方法，理解其原理；探究农药、化肥对农作物或水生生物生长的影响；了解无土栽培的常用方法和优势；树立珍惜资源、爱护环境、合理利用化学物质的观念；培养学生重视农业、关心农村的真实情感。

高阶目标：知道常用化肥的生产原料，知道常用化肥的使用方法和注意事项；认识化学肥料中某些有机物的组成和性质；以通过人工固氮和自然固氮的讨论，进行氮族（氮及其化合物）物质的探究（物质间的反应、化合价的变化、氮族元素的电离能变化与核外电子排布的关系等），建构知识网络。

因此，我们选择了"无土栽培"这个概念，设计了项目化学习"栽培番茄"，通过番茄生长和所需营养研究、如何配制番茄生长所需肥料和如何培育番茄三个项目任务，在真实问题情境中通过层层深入的问题解决，促进核心知识建构和深度理解应用，形成高阶思维能力，培养学生发展核心素养和关键能力。

表3-1 "栽培番茄"项目由情境引发的驱动问题及其所解决达到的目标

情境	驱动问题	解决问题所达成的目标
展示的几盆番茄苗长势不同。	Q1：展示的几盆番茄苗为何长势不同？缺乏什么元素？常用的肥料有哪些？有何作用？	了解化肥的分类和作用。
番茄生长的不同阶段所需要的肥料配方表。	Q2：番茄生长初期，长势不好，需施用这种肥料，其中含尿素和另一种钾盐，你能设计实验推测该肥料的成分吗？	知道酸碱盐的化学性质和反应规律；了解离子的鉴别。
番茄长到一定程度，不再膨大时，肥料以硝酸钾为主。	Q3：根据所给信息，结合氯化钠和硝酸钾的溶解度曲线，工业上如何利用硝酸钠和氯化钾获得纯净的硝酸钾？如何鉴别制得的成品是硝酸钾还是氯化钠？	利用两种盐的溶解度不同进行分离提纯，掌握部分重要物质的鉴别。
常规施肥情况下，等氮量硫酸铵能显著提高加工番茄产量。	Q4：现需要23.4g硝酸钾，若用硫酸铵代替，需要硫酸铵的质量为多少克，才能使氮元素含量满足需求？	将元素守恒思想运用于化学计算。

不难发现，案例1情境中问题解决所达成的目标与预设的核心目标一致。情境要能够包含本节课的核心问题，学生从问题中获取任务，通过自己对知识的理解，可以自主设计方案、与同学讨论来解决问题。在解决问题的过程中，增强学生的学习主动性，能培养学生交流和表达能力、搜集信息和处理信息的能力、质疑和创新能力以及动手实践能力。情境素材应从学生生活经验中选取，能够充分激发学生的学习兴趣，让学生积极地参与到情境及课堂中，要改变学生过分依赖课本、被动学习的这一现象。要注重学生的学习兴趣和已有知识经验，让学生通过交流参与、探究发现、小组讨论等学习方式来发展他们的化学学科核心素养，培养学生搜集和处理信息、获取新知识、分析和解决问题的能力。在此模式下的情境，一般用于课的开始，便于给学生提出任务，推动教学进程，最好可以用一个完整的情境贯穿整堂课的教学，承担了知识迁移应用的载体，实现

了教学目标。达成的教学目标不仅涵盖重要的知识、技能，同时蕴含了宏观辨识、微观探析、变化观念、科学探究以及社会责任等学科核心素养目标。

2. 情境素材转化为教学情境的关键是"问题"

情境虽然影响学习，但并不能确保学习的发生。由表3–1可见，在情境素材加工成教学情境的过程中，"问题"起了关键作用，它连接了情境中的事件与学习的任务、活动。问题引起了现实情境与主体已有经验之间的认知冲突，这种冲突激发了学习者寻求问题解决以达到认知平衡的欲望，因而问题始终是情境选择和组织的缘由和核心。"创设真实且富有价值的问题情境"，问题情境是个体体验到的目前状态与目标状态不一致的认知困境，摆脱这种困境的心理倾向就构成了问题解决的需要和动机。在情境化的脉络中，当学生识别到情境中所蕴含的问题继而主动投入到探究问题解决的活动中，有意义的学习及建构就自然而然地发生了，这正是情境"富有价值"所体现。

情境中的问题转化为了解决问题的学习任务，学生为完成特定的任务必然要经历一定的活动，在活动过程中还会生成新的问题……学习活动锚定在真实的应用情境中，学生在问题解决的任务和活动中，不仅建构知识，而且体验到知识的效用。知识也因为与具体的问题解决境脉相连而获得了意义与理解。可见，正是由于"问题"的存在，使得教学情境具有了活动属性和知识属性，情境素材才转化为了教学情境。即使是满足"是真的吗？"此类的认知兴趣问题，也因为该问题的解决并不能产生后续问题，问题解决的应用价值无从体现，无法承载核心知识的建构，则这样的情境素材并不能成为一个有价值的"问题情境"。

现代认知心理学家奈瑟认为：认知过程是建构性质的，它包括两个过程：个体对外界刺激产生反应的过程（基本过程）和学习者有意识地控制、转换和建构观念和印象的过程（二级过程）。初中化学项目化学习聚焦项目问题的解决，通过设置具有逻辑层次的驱动性问题，不断利用原有认知结构对新知识进行选择、加工，在知识的解体和重构中搭建并形成学生思维的新生长点，扩大并丰富原有认知结构，促进学生认知体系的优化和重构及认知思维的发展。

四、从教学情境到问题情境的转化

化学科学与学生的学习生活息息相关，浩如烟海的各种生活问题及教科书素材都可以转化为教学情境，教学情境更重要的作用是引发问题。知识问题化、问题情境化，好的情境素材有利于引发学生产生问题，使学习的过程成为发现、提出、分析、解决和评价问题的过程。从情境中引发出问题，这些问题驱动着学习，通过这些问题能更好地激发学生投入思考和探索，初中化学项目化学习正是源于对化学问题的认识和解决过程，通过化学问题引发学生的思考和探索，以项目为载体，激发学生的求知意识和创新意识，同时也激发了学生兴趣。

课堂教学中要有意识地从学生认知冲突的角度选择情境素材，然后创设驱动性问题把学生引入问题情境，让学生体验科学探究的过程，体会科学探究的方法，体悟科学探究的能力。一堂课是由许多知识板块构成的，板块间利用课堂情境的脉络发展关系联结在一起，这样情境线索就可以作为来源记忆中的信息对知识记忆的提取产生促进作用。

初中化学并不是所有知识都适合开展项目化学习，所以选择合适的知识或问题是项目化学习设计的前提条件。那么，怎样才能让学生主动地去学习程序性知识呢？最常用也是最有效的途径就是通过问题驱动学习，当然这个问题不能是随便找的一个问题，因为项目化学习设计的初衷并不是为一个简单的显性的问题而开展的，项目化学习是要正对一些有情景的、需要师生共同探索的问题，我们把这类型问题称为驱动性问题。

从情境中提炼出来的驱动性问题才是化学探究教学研究的对象，驱动性问题推动了解决问题和推理技能的应用，激发了学生自己查找信息、学习关于此问题的知识和结构以及解决问题的方法。驱动性问题承载着核心知识，实现关键能力测试的核心、关键的一环，情境与问题相伴而生，我们称之为问题情境。借助问题情境，确认与这些关键概念、能力相关的一系列基础知识和技能，以此达到知识与能力的兼得。

那么，在初中化学项目化学习中，我们如何设计驱动性问题呢？

1. 从情境中生发驱动性问题

驱动性问题不能直接抛给学生，而要"溶解"在学生感兴趣的情境中，伴随着情境的发展，问题与问题之间要具有层次性且彼此相关。驱动性问题具有以下特点：一是要围绕课堂教学目标，表述忌冗长，要简练，问题的指向忌模糊要明确；二是按照一定的逻辑结构，以驱动性问题为中心，引发一个个任务，激发学生的思维，探究内容因素会影响探究教学的有效性；三是提出的几个问题要由浅入深，按照一定的逻辑结构，设计一系列相互联系的、前后保持适当梯度的具有启发性的问题系列。当然，问题的确定必须依据学生的最近发展区和化学学科的特征要求而定，开放度应适中。

（1）针对变化层层"剖笋"式

在项目化学习"疯狂的石头"中，我们设置的情境是一则新闻，"下雨天，装载这种电石的货车自燃，洒落了五六百米燃着的石头，场面非常震撼……"看完视频，学生的好奇心就被激发出来了，石头怎么会燃烧呢？于是，我们设计了由外及里、层层"剖笋"的驱动性问题：

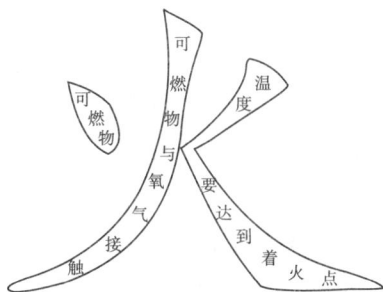

图3-6　燃烧的三个条件

Q1. 石头为什么会疯狂？

Q2. 演示实验和组图中都发生了燃烧这种化学反应。那么，燃烧的条件是什么？

Q3. 回忆刚刚的实验，满足燃烧的哪个条件？此火灾中的可燃物是什么？为什么？

Q4. 怎么设计实验方案来验证？

Q5. 直接在酒精灯上灼烧电石，我们发现不燃烧。为什么会想到可能是电石和水发生了反应呢？

Q6. 资料显示：电石遇水即剧烈反应，生成一种可燃性气体和白色固体。这里的可燃性气体可能是什么？猜测依据是什么？哪种猜想可以直接排除？

Q7. 如何验证猜想？请大家设计实验来验证一下猜想的这三种可能的气体。

Q8. 通过观看视频，电石与水反应生成气体的燃烧实验，你观察到了什么现象？刚刚的猜想中哪种又可以排除？

Q9. 视频中如果在火焰上方罩一个干冷烧杯，烧杯内壁也会有水雾。这些现象证实这种气体中确实含有碳、氢元素。刚刚的猜想三是否是正确的？

查阅资料

电石化学式为 CaC_2，遇水即剧烈反应，生成一种可燃性气体和白色固体。

这里的可燃性气体是什么？

你的猜测依据是什么？

你能设计实验验证这种气体的组成吗？

图3-7　电石的信息资料

Q10. 收集2.6 g该种气体，充分燃烧后，收集到8.8 g二氧化碳和1.8 g水，通过计算该种气体的元素组成及一分子中每种原子的原子个数比是多少？

Q11. 刚才我们探讨了燃烧的3个条件，有2个已经满足，还需第三个条件：温度达可燃物的着火点。温度从哪里来呢？

Q12. 通过电石和水的实验，根据什么现象你能得出这个反应放热？为什么这个实验中没有发生燃烧？

Q13. 对于发生事故的货车可以采取哪些灭火措施？如何防止电石运输产生类似事故？

Q14. 根据反应 $CaC_2+H_2O→C_2H_2+$ 固体，来猜测生成的白色固体的组成。依据元素守恒猜测出的三种白色固体，再结合生成固体的具体情境，你觉得哪种猜想不成立？

Q15. 请你设计实验验证另外两种猜想？写出电石与水反应的化学方程式。

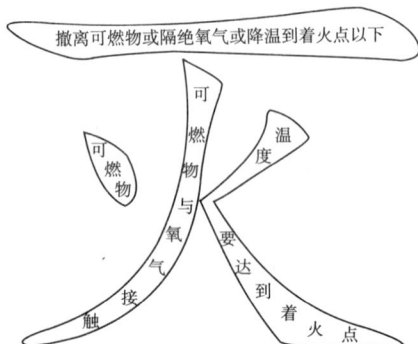

撤离可燃物或隔绝氧气或降温到着火点以下

图3-8　灭火的三种方法

在这里，我们用视频导入新情境"疯狂的石头"，在情境中生发学习问题，基于问题创设与生活紧密联系的学习任务，在设计学生任务时注重挑战性和趣味性，以达成发展学生科学探究能力、关注生活之目标，在教学过程中采用小组合作学习的方式。通过大大小小15个驱动性问题，推断出可燃性气体是乙炔，揭开石头疯狂背后的原因。

（2）紧扣制取撒网式排除

在项目化学习"水中的鱼儿怎么了"中，我们设置的情境是夏天雷阵雨前的"鱼浮头、鱼跳水"现象，希望通过鱼塘增氧讨论，提升对"物质获得"相关知识的复习，通过鱼塘增氧的讨论，明确用化学方法解决实际问题的一般思路：问题聚焦—需求分析—提出设想—实验验证。问题设计如下：

Q1：夏天雷阵雨前"鱼浮头、鱼跳水"，（提问）：鱼儿怎么了？

Q2：给鱼塘的水中增氧你有什么方法？

Q3：增氧泵打入空气为什么就能增加水中的氧气？

Q4：这种使水获得氧气的方法是物理变化。利用物理变化获得某种物质，你知道还有哪些案例吗？请你举例说明。

Q5：上述这些从混合物中获得物质的方法主要的依据的是什么性质？

Q6：除了物理方法外，我们还有哪些化学制取氧气的方法？

Q7：这些反应能用于鱼塘增氧吗？

Q8：因此给鱼塘增氧需要满足哪些现实要求？

Q9：过氧化钙能通过一定的方法得到氧气吗？为什么？（答案：可能，因为有氧元素。）

Q10：资料：过氧化钙能与水反应生成氧气。请同学们思考：如果利用"过氧化钙与水反应"的原理在实验室制取氧气，该设计怎样的反应装置？

Q11：（教师演示：过氧化钙与水的反应。）为什么实验室不用过氧化钙与水反应制取氧气？（答案：氧气产生缓慢。）

Q12：经研究分析，可能是另一种生成物影响了反应的进程，（参照：稀硫酸与石灰石的混合），则另一种生成物可能是什么？

Q13：为什么氢氧化钙会影响反应的进程？

Q14：过氧化钠与过氧化钙的化学性质相似，能否用过氧化钠做鱼塘增氧剂？为什么？（实验解释。）

Q15：鱼塘中用过氧化钙作增氧剂的原因有哪些？

通过具体情境问题引入与生活贴近的素材，创设与生活紧密联系的学习任务，通过15个问题来增强挑战性和趣味性，并以小组合作学习的方式，共同深入学习、共同体验，进一步认识物质性质与用途之间的相互关系，提升多角度需求分析的意识能力，发展学生科学探究能力，关注生活。

（3）围绕组成步步追问

在项目化学习"管道通"中，我们创设了基于生活实际情景"通管道"的情境，依据已有物质的化学知识，提升分析与探究物质成分、性质与用途的能力，在真实的生活情境中重新认识碱和金属的性质与用途，进一步运用科学探究的学习方式，体验物质变幻之美。在具体情境中去研究物质的组成、体验物质的用途，提升发现问题、设计实验和解决问题的意识和能力。

Q1：图片展示：厨房间的水池堵了。像厨房间、卫生间、游泳池等地方哪些物质可能会堵塞下水道？

Q2：你有哪些疏通管道的方法？

Q3：管道通中的各种成分分别能起到什么作用？

Q4：氢氧化钠对油脂、蛋白质等物质具有强腐蚀性，那么铝、硝酸钠的作用是什么？

Q5：通过演示实验管道通与水混合，你观察到什么实验现象？

Q6：什么物质相互作用产生了气体？产生的气体是什么？

Q7：通过演示实验，收集产生的气体并检验，你们的结论是什么？

Q8：气体对管道疏通有何作用？

Q9：依据管道通中各组分的性质，你觉得使用与储存应该注意哪些问题？

Q10：有一敞口放置一段时间的管道通，如何检验其是否变质？

Q11：你还有什么疑问？

Q12：如何验证硝酸钠是催化剂？

Q13：硝酸钠的作用是什么？水又起什么作用？

我们设计的这些问题是架构教师"已知"与学生"未知"之间的"桥梁"，是联结教师"传道、授业、解惑"与学生"成学、成才、成人"之间的"纽带"。13个大大小小的问题都具有开放、发散的特点，不仅紧紧围绕本课所学的重点知识，还注重结合社会生活实际与学生自身经历，能充分调动学生思维积极性，鼓励学生全面而多维地思考问题；不仅注重问题本身的学科价值，培育学生公共参与的核心素养，还注重问题的审美价值，让"拔节孕穗期"的学生"筑牢信仰之基、补足精神之钙、把稳思想之舵"。

（4）聚焦性质层层问理

在项目化学习"变色的饮料"中，我们设计了与学生实际生活相关性较高的情境，是由紫薯汁和不同酸碱性的饮料制成的，依据的是紫薯中花青素遇到不同酸碱性溶液的显色不同，这在生活中熬制紫薯粥或制备果汁碳酸饮料的过程中非常常见。学生在找到饮料变色的原因过程中，通过亲自动手实验，解决一个又一个问题，亲身体验实际问题的解决，在体验过程中得出相应结论、建构新知。

溶液酸碱性就知识层面而言难度不大，知识容量较小，在一线教学过程中教师往往容易忽略本节内容与社会生产生活的紧密联系，失去了激发学生学习化学动机、向学生渗透化学学科社会和科学价值意义的良好契机。因此，项目化学习"变色的饮料"从学生已有的经验出发，创设他们熟悉的生活情境，让他们发现化学之美，感受化学的重要性。

从"变色饮料"的魔术实验引入，学生伴着魔术带来的震撼和新奇进入学习，根据问题解决的思路和探究过程的一般过程，课程学习分为回顾旧知提出新问、定性探究变色原因、定量探究变色程度、感受酸碱性的应用价值等主要环节。问题设计如下：

Q1：如何检验饮料的酸碱性？

Q2：我们在生活或是化学学习中涉及过哪些变色的情况呢？

Q3：出现这些变色情况的原因是什么呢？由此，你能猜想刚才饮料变色的原因吗？

Q4：想要证明饮料变色和溶液酸碱性有关，我们怎么确定这些饮料的酸碱性呢？你能利用已学知识设计实验检验饮料的酸碱性吗？

Q5：为什么紫色石蕊、无色酚酞遇到不同酸碱性的物质会显示不同的颜色呢？

Q6：我们发现，酸碱性不同会使得酸碱指示剂呈现不同的颜色，而且不仅如此，定量的酸碱性强弱也与显色情况有关，那么如何测定溶液酸碱度呢？

Q7：为什么同一种试剂，不同小组的同学测得pH却出现不同呢？

Q8：那么是否同一小组的同学读数都相同呢？

Q9：通过酸碱性和酸碱度的认识，我们揭开了变色饮料的奥秘，同学们，你们还想到了哪些酸碱性有关的情况？

教师引导学生从情境中发现冲突并有针对性地展开讨论，提出解决问题的思路，主动地体验科学探究的过程，能用自己探究获得的溶液酸碱性的相关知识解释饮料变色的原因，掌握定性检测溶液酸碱性的方法，以及定量测定溶液酸碱度的方法，培养实验操作能力，感受酸碱性与工农业生产、环境、人体健康的关系，开拓视野，感受化学在化学研究和生产、生活中的重要作用，提升化学学科的价值，同时从定性走向定量。聚焦性质的问题的设计要融合情感性，既要发挥学习情境的科学价值和人文价值，又要挖掘学习情境的社会化、生命化价值，激发学生学习的动机，培养学习的意志，促进学生关心生命健康，关注社会发展。

⑤ 挖掘用途顺藤摸瓜

在项目化学习"膨松剂"中，我们设计了和面—发面—烤面的教学情境。在学生品尝了放膨松剂的馒头和没放膨松剂的煎饼之后，老师让学生体会两者口感上的差异，引出膨松剂的情境，生成驱动性问题如下：

Q1：观察和面的过程后，你看到了什么？想到了什么？有什么问题？请提出来。

Q2：你们知道酵母发酵的具体原理吗？

Q3：你们知道这是什么气体吗？

Q4：怎么证明？

Q5：发生装置应该选择哪一套？

Q6：我们可以根据反应物状态和反应条件来选择发生装置，那么收集装置呢？可以选择哪些收集装置来收集氧气？

Q7：药瓶能代替刚才实验中的什么仪器？这个针筒在实验中起到什么作用？

Q8：大家看到石灰水发生怎样的变化？说明什么？

Q9：发面当中，白色粉末是什么？作用是什么？

Q10：发面1小时和3小时后的对比图，一段时间后，在其他细菌（如乳酸菌、醋酸菌）的作用下，面团产生了一些酸性物质，与白色粉末（膨松剂）反应，产生了更多的气体，回忆我们学过的知识，哪些物质可以收到这样的效果呢？

Q11：这些物质是否都适合用作面食的膨松剂吗？这些物质可以通过怎样的变化生成CO_2气体呢？

Q12：你觉得白色粉末最有可能是上述哪种物质？能解释一下原因吗？

Q13：碳酸钠和碳酸氢钠是我们现在使用最广泛的两种化学膨松剂，那么，这两种膨松剂的效果相同吗？以Na_2CO_3和$NaHCO_3$为例，各取0.53 g，与相同溶质质量分数、相同体积的足量的稀盐酸反应，通过计算说明，哪种物质产生二氧化碳质量多？［老师］那么你能推测由这两种膨松剂制成的面团，膨胀情况是怎样的吗？

Q14：烤面时产生臭味的面团中膨松剂是什么物质？发生了什么变化？为什么面团会不断膨胀？

Q15：发面过程中发生了什么化学变化？烤面过程中发生了什么化学变化？叫作"双效"泡打粉的原因？

通过不断挖掘"和面—发面—烤面"的情境，产生的一系列的驱动性问题不断激活学生思维，复习旧知，探究新知，总结提炼规律，培养学生"实验探究、科学精神、模型认知"的关键能力。

图3-9 项目化学习"膨松剂"的板书

驱动性问题的优劣直接关系到课堂教学的效果与品质，关系到学生能否真正具备适应终身发展和社会发展需要的价值观念、必备品格与关键能力。作为一线教师，要认识到教学问题的设计需要遵循基本准则，需要遵从基本规范，需要体现基本意蕴，需要彰显基本价值，这样就会帮助教师设计一个科学、有效的教学问题。

例如在项目化学习"工业品Na_2CO_3的质量分数测定"中，我们设置的问题情境是：工业纯碱产品中常含有少量氯化钠，工厂的化验员对每批产品进行检测，标出各种成分后才能投放市场。若你是化验员，如何准确测定工业纯碱中Na_2CO_3的质量分数？

我们让同学先独立思考，后分组讨论，主要提出以下两种方法：

（1）先称取一定量的样品，溶解后加入足量$CaCl_2$溶液，然后过滤，将得到的沉淀洗涤干燥并称量，最后根据沉淀的质量求出Na_2CO_3的质量分数。

（2）把一定量的混合物与足量稀硫酸反应后，通过测得的CO_2的量来求出Na_2CO_3的质量分数。

［老师］概括起来就是沉淀分析法、气体分析法。下面我们分别展开讨论，沉淀分析法问题串：$CaCl_2$溶液为何要过量？如何判断$CaCl_2$已过量？沉淀为什么要洗涤？如何洗涤？怎样判断沉淀已洗净？

［设计意图］开放性的问题情境让学生用多种方法进行设计和尝试，并及时点拨思路。提出程序性的问题层层递进追问，对沉淀分析法可能产生误差的原因逐一分析迁移，较好地培养了思维的严密性。

那利用气体分析法引发的驱动性问题：

问：测定CO_2的什么量呢？（质量、体积）如何测定CO_2的质量呢？

生1：可以称量反应前后的质量差，减少的质量就是CO_2的质量。

问：减少的质量一定就是CO_2的质量吗？学生迷惘，教师启发，CO_2会带走什么物质吗？（水蒸气）

师追问：怎么办呢？（把水蒸气留下来）教师引导给出下列装置（图3-10）：

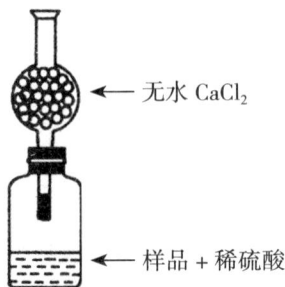

图3-10　吸收水蒸气的装置

生2：可以直接把CO₂用某物质吸住，称增重。

问：有人用如下装置（图3-11）装置测定CO₂的质量（碱石灰是NaOH和CaO的混合物），你认为这个实验装置主要存在哪些缺陷？这些存在缺陷对实验结果有何影响？如何改进？

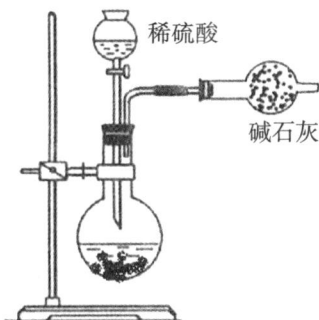

稀硫酸

碱石灰

图3-11　测定CO₂气体的质量

讨论后得出：①产生的CO₂气体会带出水蒸气使结果偏大；②空气中的CO₂、水蒸气也会被碱石灰吸收而偏大；③反应结束后，装置中会残留有CO₂使结果偏小。

学生针对三种缺陷分别提出改进方案：

改进方案一（图3-12）：在原来装置的碱石灰前面用装有浓硫酸的洗气瓶先除去水蒸气；

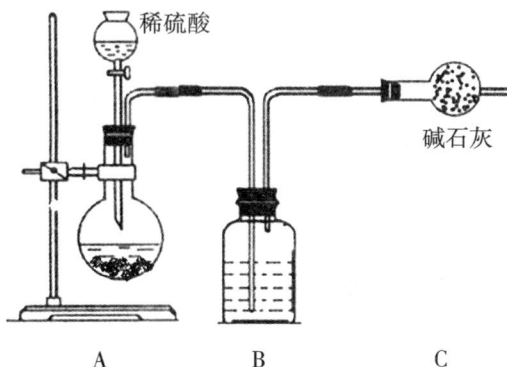

稀硫酸

碱石灰

A　　　　　　B　　　　　　　　C

图3-12　改进方案一

改进方案二（图3-13）：在原来装置的碱石灰后面再加个碱石灰吸收装置；

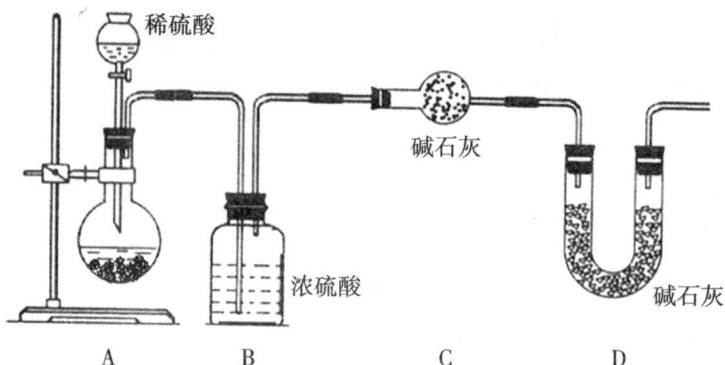

图3-13 改进方案二

改进方案三（图3-14）：反应后继续通空气排出装置中残留的CO_2。

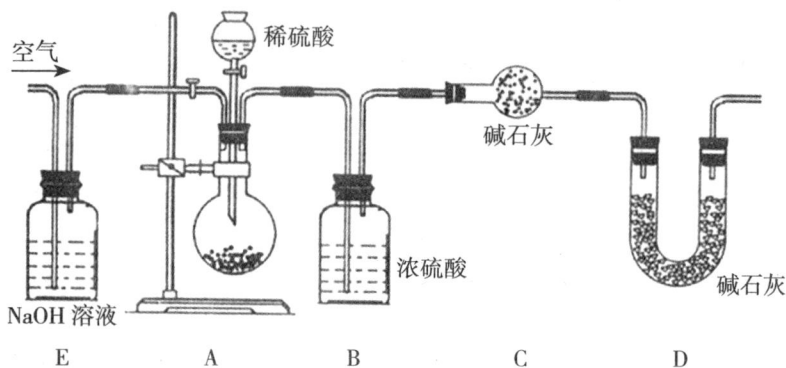

图3-14 改进方案三

[**设计意图**] "如何准确测定产生CO_2的质量"是该主题的难点，为了突破难点，根据学生的实际水平将这一难点知识划分成多个小问题，引导学生层层深入，对实验方案在评价的基础上加以改进，并及时点拨思路，运用有关的知识技能，从多角度、多侧面对他人或自己设计的实验方案做出优劣评价，迅速发现实验原理、实验装置、实验操作等方面的问题。并根据具体实验问题及时调整思维的过程和方法并迅速进行改正，这样学生在上述"问题串"的引导下，不但巩固了所学的知识，而且培养了思维的严密性。

问：利用图3-14装置，使Na_2CO_3和稀硫酸反应，通过测得的CO_2的质量来准确求出其质量分数的主要实验步骤有哪些？

生：①连接仪器，检查装置的气密性；②准确称取干燥试样m，放入A中；③通入空气一段时间，准确称量装有碱石灰的干燥管C的质量m_1；④从分液漏斗中缓缓滴入稀硫酸，至不再产生气体为止；⑤缓缓鼓入空气数分钟，将干燥管C卸下，准确称量其质量m_2。

追问：如果不用装置B、D、E会对实验结果有何影响？前后两次通入空气的作用分别是什么？

[设计意图] 对整个实验步骤的设计的问题，促使学生展开对之前所有分析的回顾与反思，把学生的思路从局部引向了整体，对装置选用和操作意图的追问，又把学生的思路从整体引向了局部。如此往复，我们不能仅仅把学生置于"问题"之中，还要置于"反思的活动"之中，唯有反思，才能促进理解，从而更好地进行建构活动，实现良好的循环，实现学生深度参与思维的自动发生机制，较好地培养思维的严密性。问题串给学生明确的反思任务，在教学中如果经常设置这样的教学环节，长此以往，学生将逐渐意识到反思的必要性。

问：如何测定CO_2的体积呢？（直接测量、间接测量）

生：可以直接用量气装置（量气管、针筒等）测量。（图3-15、图3-16）

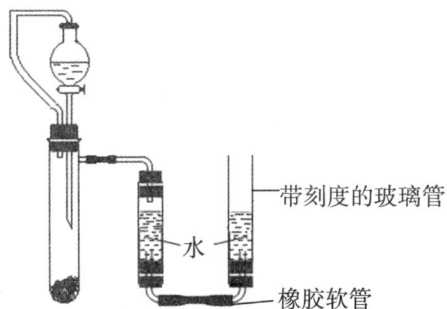

图3-15　量气管测定的CO_2气体体积

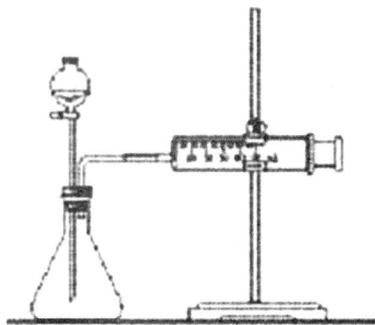

图3-16　针筒测定的CO_2气体体积

问：用图3-17装置测定的CO_2气体体积是否准确？为什么？怎么改进？

稀硫酸

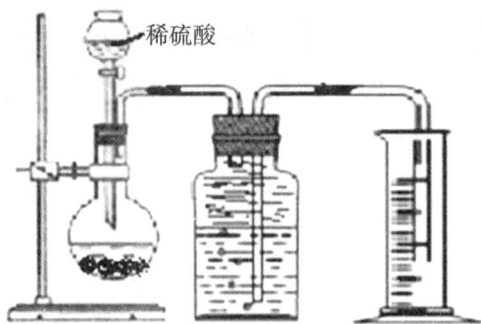

图3-17　量气装置

学生讨论后提出改进方案：

生1：可以在广口瓶中的水面上加一层油，防止CO_2溶于水。

生2：可以将广口瓶中的水换成不与CO_2反应的液体。

思维提升：将盐酸不断加入一定量样品中，如果有办法知道它们何时恰好完全反应，那么用掉多少盐酸不难测定，根据化学方程式就能求出Na_2CO_3的质量分数。

［设计意图］让学生用多种方法进行分析和尝试，学会"变换焦距看风景"。测量一个量可以直接测量，也可以间接测量，根据化学方程式求一种物质的量可以通过反应物计算，也可以通过生成物来计算。通过问题串追问，在发散的过程中较好地培养了思维的严密性。

在化学教学中，从课堂提问到新概念的形成与确立，新知识的巩固与应用，学生思维方法的训练与提高，以及实际应用能力和创新能力的增强，无不从"问题"开始。针对具体的教学内容和学生实际掌握的知识与能力，设计并合理运用问题串，是支持教师教授过程和学生学习过程的一个重要工具，有利于将知识点由简单引向复杂，将学生的错误回答或理解引向正确，将学生的思维由识记较低层次引向理解、应用、分析、综合、评价等较高层次。有效的问题能激发学生积极思维，培养思维能力，优化课堂教学结构，提高课堂教学效益。

可是在实际教学中，我们会经常发现问题并不是那么好提，太难会让许多学生产生畏难情绪；太简单又成无效问题，浪费宝贵的教学时间。构建适当的问题是有效教学的基本线索，"用问题引导学习"应当成为教学的一条基本准则。因此，在一定的学习范围或主题内，围绕一定目标或某一中心问题，按照一定逻辑结构精心设计的一组（一般在三个以上）问题应具有以下特点。问题串的设计应体现梯度性，备课时要在精细化上下功夫，使学生在问题串的引导下，进行自身积极主动的学习探索，由表及里、由浅入深地自我建构知识，实现由未知向已知的转变。在新知识的发生过程中，恰当控制一到两个条件留给学生尝试的时间与空间，再用因势利导的方法，学生就一个尚不完美的化学实验问题不断地进行加工、修改以至重构，使之更加完美，利用已有的知识应用新的情境，直至学生懂得满足全部条件的道理。这样的"小台阶、小变化、小综合"问题串，使学生在思维活动中获得有意义的经验，将经验运用到模糊、疑难、矛盾的情境，进而转化为清晰、明确、和谐的情境，使思维的严密性得到了训练和提升。

2. 驱动性问题的教学价值

（1）利用驱动性问题搭建新旧知识的"脚手架"

建构主义教学理论认为学习是学习者依据自己已有的知识和经验，主动地选择、加工和处理信息，从而获得自己意义的过程。学生带着什么样的知识储备和认知进入课堂，对知识的学习有着重要的意义。利用阶梯问题，帮助学生有目的地进行旧知识的提取，在新旧知识之间搭建"脚手架"，为新知识的顺利建构提供保障。

以上教版初中化学第1章第2节观察与思考"测定空气中氧气含量的实验"为例。

课前阶梯问题设置：

① 这个"空"的集气瓶真的是空的吗？

② 瓶中的气压大小和外界大气压相比如何？

③ 回忆气体压强的大小与哪些因素有关？你有哪些方法可以减小瓶中气压？

④ 如图3-18装置，如果瓶中气压小于外界大气压会出现什么现象？

⑤ 通过以上问题的思考，你能说出课本实验的原理吗？

本实验是学生在初中化学学习中第一次遇到的思考容量稍大的实验，教学的关键和难点是让学生在理解实验原理的基础上，对实验操作和药品选择做出评价。问题①打破学生对"空瓶"的原有认知；问题②和问题③帮助学生提取相关气体压强的信息；问题④是对于瓶中气压的改变及产生的后果进行预判。

利用四个问题，因势利导，为学生的进一步理解提供一定的支撑。

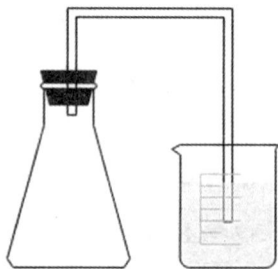

图3-18　气压变化装置

（2）巧设驱动性问题引发认知冲突，转化"相异构想"

初中化学是一门与生活和社会生产联系十分紧密的学科，受生活经验和教学内容的影响，在正式学习化学之前，学生脑中会形成一些化学前科学概念（或化学前概念）。但由于学生对概念认识不全面或主观臆测，导致脑中会产生一些与科学概念不一致的理解，而这些理解被称为"相异构想"。实践表明许多相异构想会对学生的许多科学活动如观察、理解、应用知识及解决问题等都产生重要影响，尤其是消极影响。

以上教版初中化学第6章第3节物质溶解性为例，笔者在教学中发现，部分学生对于物质的溶解性存在以下"相异构想"："溶剂越多，物质溶解得越多，其物质溶解性越大""物质溶解越快，其溶解性越大"。据此，笔者提出以下阶梯问题：

① 物质的溶解性指的是一种物质（溶质）溶解在另一种物质（溶剂）中的能力。你觉得同种物质溶解在水中的能力相同吗？

② 块状蔗糖在水中溶解的速率与粉末状的蔗糖溶解速率相比如何？那它们在水中的溶解性相同吗？由此可见，物质的溶解性与什么无关？

③ 小华同学想要比较蔗糖和食盐在水中的溶解性强弱，你觉得怎样比较才公平？

范式更新指的是当学生头脑中有相异构想，同时他们对新的化学概念也有一定限度的理解，在新概念出现时，觉得新概念似乎更为合理，新旧认识出现了认知冲突，同时借助于新概念所具有的解释和语言功能完成范式更替。问题①、问题②形成的认知冲突，会让学生重新审视自己原先认知（"溶解得越快，溶解性越大"）的不合理之处，转而选择更为合理的新概念来化解冲突，从而实现相异构想的转化。而问题3，主要是借助学生对"公平比赛"这一社会经验与其错误观念形成认识冲突。借助阶梯问题，制造认知冲突，让学生在冲突和解决冲突的过程中实现新的、科学的概念的建立。

（3）借助驱动性问题，搭建收获知识的指路牌

新课程强调学生的主体地位，强调知识的形成过程，强调变知识的传递为知识的探究，变学生被动接受为主动获取。以阶梯问题穿引课堂，学生在解决问题的过程中收获知识，教师依靠问题主导课堂，教师抛砖引玉，学生"按图索骥"，师生互动收获高效课堂。

以上教版初中化学第6章第3节物质溶解性"饱和溶液和不饱和溶液"的概念教学为例，在教学过程中设置以下阶梯问题：

表3-2　阶梯问题设计

（教师演示：室温下，向某硝酸钾溶液中继续加硝酸钾固体，发现固体不能溶解。）	
阶梯问题	设计意图
1.化学上把像上述硝酸钾的溶液一样的溶液称为饱和溶液，你能说出"饱和"所指的含义吗？	初识概念的内涵，给饱和溶液下定义。
（教师演示：取上层清液于两支试管中，分别加入少量的硝酸钾固体，向一支试管中加水，另一支试管用酒精灯加热，固体均溶解。）	
2.溶液要保持饱和状态需要满足什么样的条件？由此你觉得对饱和溶液的概念是否需要补充？	由实验引发认知冲突，把握概念的外延，对饱和溶液的定义进行补充。
（学生活动：翻阅课本，将上述形成的概念与课本定义进行对比。）	
3.通过对比，你发现不同点在哪里？为何要如此强调？	仔细对比，体验科学的严谨性。
（教师演示：向底部剩有硝酸钾固体的硝酸钾溶液中加入少量高锰酸钾固体。）	
4.20℃时在饱和氯化钠溶液中还能再溶解氯化钠吗？还能再溶解硝酸钾吗？	学以致用，进一步加深对概念的理解。

（4）问题阶梯让化学实验更具探究性

《义务教育化学课程标准》指出，科学探究既是一种重要的学习方式，也是义务教育阶段化学课程的目标和重要内容，对发展学生的科学素养具有不可替代的作用。在教学中应尽可能创造条件让学生更多地参与到科学探究过程中去。用阶梯问题串联起实验的各个环节，让实验更具探究性，更好地将科学探

究教学落实在其他主题的学习中。

以上教版初中化学第7章第3节几种重要的盐"煅烧石灰石"的实验教学为例，阶梯问题设置如下：

① 石灰石灼烧过后变得容易捏碎，这说明灼烧过程中产生了新物质吗？如果是，你觉得新物质可能有哪些？

② 如果产生的固体是氧化钙，你有何方法加以验证？

③ 遇水放热的固体不一定是氧化钙，为了逻辑的严密性，你如何证明你的猜想？

思维起源于问题，问题是驱动课堂教学的核心，是增进师生交流的载体。阶梯问题比一般课堂问题更具有指向性，更注重提问时机的选择，更能有效地帮助教师把握课堂教学流程。阶梯问题在学生的最近发展区发挥作用，帮助学生有目的地提取信息，化整为零，突破学习难点，顺利完成新知识的建构。利用阶梯问题，巧妙设置认知冲突，对学生的部分"相异构想"的转化有一定的帮助。利用阶梯问题可以帮助学生变被动接受知识为主动探究知识，变"知识是什么"为"知识从何来"。同时阶梯问题也能让实验更具探究性，激发学生学习兴趣，打开学生思路，激活学生思维，提升学习的主动性和积极性。综上所述，在初中化学教学中，实施阶梯问题教学有一定的可行性和积极意义。

五、问题情境的教学策略

1. 以形象化方式呈现情境

在课堂中，教学情境的呈现不应该仅仅是文字的平铺直叙，情境可以以电影、图片、实物、新闻视频、文字材料、实验或教师口述等方式中的一种或几种组合进行呈现。

案例1：在盐的教学中，我们创设了一个具体的、真实的、生活化的情境"膨松剂"。膨松剂是一种常见的食品添加剂，广泛地应用在人们的日常饮食当中，学生都知道膨松剂能改善食物的口感，但对于其中的原理却缺乏认识。因此，我们呈现的情境是馒头与饼，学生通过品尝感知膨松剂的作用。

接下来，以膨松剂为素材，将三块面团分别加水、酵母、酵母和膨松剂，引导学生观察"和面"，引发学生产生问题：酵母的作用、白糖的作用、白色粉末是什么？不仅让学生感受到物质变化的神奇，还能够融入化学和生物学科内容的学习与理解，促进学生将书本知识与生活实际联系起来，避免学生形成机械性知识，即孤立的、不能运用的知识片段。教学过程中利用多次情景设定和分组讨论，让学生品尝馒头和煎饼，直接具体感受膨松的效果；通过视频、演示实验、分组实验，非常形象化地呈现了利用膨松剂和面、发面、烤面的情境，不断激活学生思维，引导学生从化学学科的角度，将这些生活问题转变为化学学科问题并加以解决，实现知识重新整合和建构。

图3-19 使用"膨松剂"的食品与未使用"膨松剂"的食品对比

　　问题情境化教学使每一个学生以愉快的心情去学习生动有趣的化学，激发学生去积极探索化学变化中的奥秘，让他们在熟悉的生活情景和社会实践中感受化学的重要性，了解化学与日常生活的密切关系，逐步学会分析和解决与化学有关的简单的实际问题。因此，创意课程设计的首要任务是针对学生的认知特点，从学生的生活、环境和经验等方面寻找学生感兴趣的项目主题。

　　上述案例1中是以实物+视频+实验探究等方式展开的。再如案例2、案例3是以视频+实验形式展开的。

　　案例2：关于水的组成，教师以央视的一档节目中引用的恶作剧帖子导入，提出以下问题：一氧化二氢是什么物质？水为什么可以叫作一氧化二氢？水究竟是由什么组成的？水是学生身边最熟悉的物质之一，这一问题激发了学生主动探索的欲望。

　　[老师]播放卡文迪许与普利斯特里氢气燃烧实验纪录片。

　　[老师]视频中讲到水作为构成物质的四大元素之一，卡文迪许发现了第一种易燃空气——氢，视频中的四大元素和我们学的元素是一个概念吗？

　　[学生]不是。

[老师] 视频里提到的氢，也就是我们所说的氢气，氢气有什么性质？你的依据是什么？

[学生] 试管中可以看到是无色无味的气体，氢气吹起的肥皂泡向上飘证明氢气密度比空气小，肥皂泡能被点燃说明氢气可以燃烧。

[老师] 视频中将燃着的木条伸入试管我们看到有火焰产生，而且听到了尖锐的爆鸣声，这是因为可燃性气体在空气中的含量达到一定值时，遇火源会发生爆炸，我们把空气容易导致爆炸的气体的体积分数范围称为该气体的爆炸极限，如氢气的爆炸极限为4%～75%。试管中氢气不纯点燃时会发出尖锐的爆鸣声，所以在点燃前一定要检验氢气的纯度，如何来检验氢气的纯度呢？

[演示实验] 点燃课前收集好的两支试管的氢气，一号试管为纯的氢气，二号试管混有空气。

[学生] 观察实验现象并总结给氢气验纯的方法。

[老师] 点燃两支试管里的氢气现象有何不同？对氢气的验纯有何启示？

[学生] 一号试管声音比较小，二号试管声音很大，所以可以通过氢气燃烧时发出的声音大小判断氢气的纯度，声音小的证明氢气纯度比较高。

[老师] 同学们总结得非常好，氢气的验纯时，我们需要用拇指堵住集满氢气的试管口，将试管口移到火焰上方，松开拇指点火，若听到尖锐的爆鸣声则证明氢气不纯，若听到较小的声音则说明氢气较纯，可以点燃。

[老师] 我们如何验证氢气燃烧的产物是水呢？

[资料] 无水硫酸铜遇水会变蓝。

[学生] 可以向氢气燃烧后的试管内加入无水硫酸铜，若无水硫酸铜变蓝证明氢气燃烧的产物是水。

[演示实验] 取一药匙无水硫酸铜倒入刚刚点燃过氢气的一号试管。

[老师] 无水硫酸铜变蓝了证明氢气的燃烧产物确实是水，请大家写出这个反应的表达式，并思考通过这个实验我们能否知道水是由哪些元素组成的？

[学生] 氢气+氧气→水，氢气中含有氢元素，氧气中含有氧元素，两者反应生成水，根据化学反应前后元素本身不发生变化可以推出水是由氢元素和氧元素组成的。

[老师] 空气中有很多种气体，同学们是如何知道氢气燃烧是和空气中的氧气发生了反应呢？如何证明？当时，卡文迪许也意识到了这一点，他将收集到的

氢气放在纯氧中燃烧，同样生成了水，由此证明氢气和氧气反应生成了水。

案例3："水的净化"（九年级化学）教学情境的呈现

教师：播放微视频1：（写实电视节目《荒野求生》的片头），今天就让我们跟随贝尔去寻找水源并获得饮用水。

播放微视频2：（《荒野求生》片段）贝尔蹲在山涧旁捧起溪水："因为现在正值雨季，有很多水从山上流下，你可以看到水很浑浊，里面有很多沙子，还有很多淤泥……"

提出问题：从山上流下的这杯泥沙水，可以直接饮用吗？让我们与贝尔一起来想想办法吧！学生：从日常生活经验出发提出自己的方法……

案例3中教师将贝尔"荒野求生"的视频素材进行剪裁加工，在"水的净化"各个知识点（静置、过滤、吸附、过滤）进入阶段以视频方式呈现，不仅引起了学生的兴趣，而且迅速与角色一起进入到视频情境所产生的问题的解决探究中。根据教学情境素材特点，采取生动形象的呈现方式，能够营造一种主动学习的氛围，引人入胜，让学生成为教学事件中的主角，主动投入到问题解决活动中。

需要注意的是，让学生快速进入角色、聚焦问题解决是情境呈现的主要目的，切忌刻意"吸引眼球、刺激感官"、过度堆砌或过度渲染。

2. 以结构化逻辑展开情境

以情境展开的教学叙事是一个由发生、发展的线索串联起来的连贯整体。正由于此，更容易让学生捋清知识的来龙去脉，在知识与解决问题的情境脉络之间建立联系，便于知识的存储与记忆、提取与应用。为了建立这种整体性结构关系，教学情境可以分阶段在教学事件的关键点有逻辑地展开，逐步地扩展、深入、明晰，既能成为课堂问题产生的源头，又能使整个教学围绕情境展开，让学生的思维不断走向深入。

例如，案例3中的第1个视频片段引出了"静置法"净化水的方法，后面又分别在不同阶段呈现"贝尔过滤水""贝尔吸附水""贝尔淡化海水"的微视频，以获取干净的饮用水为目标，不断地产生问题驱动学生基于已有的知识经验去思考、去探究，形成了与教学内容切合的完整"故事链"。知识点之间不仅依托"故事链"形成了结构化联系，且鲜活起来。学生与电影中的人物共命运，在解决真实问题的情境中学生实现了情感、知识、方法等的有意义建构。

在纵向上体现出以情境衍生的问题线索及其逻辑关联，在横向上体现情境、问题、任务与活动之间的逻辑关联。

例如，初中化学"化学与社会发展"复习课，以全球最大的太阳能飞机阳光动力2号为主题，基于阳光动力2号"所用材料强度大、耐腐蚀、耐热、质轻，翼展72米，但全机质量只有2300kg""全程约4万公里，不费一滴燃油""功成身退后如何处理"三段情境，分析了材料、能源和环境的过去、现在、未来，让学生真切地感受到化学促进新型材料的研制、化学推动能源结构的调整、化学指导环境污染的防治，让学生体悟到了化学对社会发展的重要作用。通过探究阳光动力2号的制作、动力源及废弃后的处理方法，让学生感受到了真实的、有用的化学，促进学生树立起学好化学、服务社会的责任感和使命感。

因此，以结构化逻辑展开学习情境既能激发学生学习的兴趣，引发探究的问题，又能诱发学生探究的欲望，开发学生热爱化学、关爱生活、珍爱生命的情意。

3. 以共同体角色置身情境

情境学习与认知理论对情境的理解经历了从体验到实践共同的转变。体验是为了达到一种学习目标而设置、创设的功能性学习情境或环境，实践共同体则包括了一系列个体共享的、相互明确的实践和信念以及对追求共同利益的理解。两者中的学生都通过实践为某一具体目标进行有意义的合作探究，但相比于实习场，实践共同体中更强调学习者具有共享的背景和真实任务及具有身份的再生产力。作为合法的边缘性参与者的学生，首先必须是参与者，而非被动的观察者。但由于其"新手"身份，不可能一开始就完全参与，需要在专家的指导下，在与专家、同伴的互动交往中，通过亲身实践，从部分参与逐渐向完全参与过渡。在共同体内，作为专家身份的教师的任务是创造机会让学生主动参与，促进并支持学生的"合法参与"和生成性学习。

例如，在项目化学习"厨房中的化学"：

Q1：视频中出现的锅是什么材料？

Q2：能不能给老师一些"选锅"的建议？

Q3：同学家中用于烹饪的能源是什么？

Q4：天然气的主要成分是什么？

Q5：醋酸有什么用途？

Q6：醋酸与氢氧化钠反应微观实质是什么？现象如何？

Q7：像醋酸与氢氧化钠反应这样无明显现象的化学反应，应该从哪些角度证明其发生？

Q8：油污净为什么会腐蚀皮肤？是酸性还是碱性的呢？

Q9：油污净的碱性成分是什么？

必要时，介入学习过程并提供支架，学生能够自主解决问题时，则及时"隐退"，让学生自己来建构学习。例如，项目化学习"人类重要的营养物质"：

Q1：观看微视频后你有什么问题？

Q2：你能不能对制作蛋糕的原料中的物质进行分类？

Q3：糖类在组成上有什么共同点？

Q4：如何鉴别奶粉、面粉、蔗糖？

Q5：蛋白质是如何形成的？

Q6：你认为蛋白质到人体内会发生怎样的变化？

Q7：你认为淀粉到人体内会发生怎样的变化？

Q8：淀粉酶的作用是什么？

Q9：油脂能否为人体供能？

Q10：化学是什么？怎样学化学？

问题来源于情境，情境蕴含着问题。情境中蕴含的学科问题是学习情境和学科知识的桥梁和纽带，是建构结构化知识的关键。因此，要注重将学科问题融合到学习情境中去，创设具有问题性的情境。通过创设学习情境引发一节课的核心问题，针对核心问题开展多元化的学习活动，通过有效活动建构一节课的知识体系，从而转变学生的认知。

真实、具体的问题情境是学生化学学科核心素养形成和发展的重要载体，也为学生化学学科核心素养提供了真实的表现机会。课堂学习中，合适的情境能够促进学生自主参与、自主探究、自主建构，促进学生素养的发展。选取科学、真实、有价值的情境素材，并将之融合到初三化学课堂教学，是实施情境教学最有效的途径与方式。

第四章

项目实施的创意设计

　　问题情境的选取来源于真实素材，但并非都是学生非常熟悉的，而且有一定的综合复杂性，需要学生对问题进行有效拆解、自主调用前面学习过的化学知识，作为分析问题和解决问题的认识角度与推理思路，所以会比传统讲授课的学习显示出一定的难度。因此，教师在项目实施过程中教学策略和提供的课程资源就显得尤为重要。

　　前期设计的问题情境能够激发学生的探究意识和思维空间，那接下来的学习任务就是引发学生主动地、持续地进行探究，这个探究过程就是解决问题的过程，我们称之为"探究活动"。项目化学习过程中探究活动就是一个"大胆假设，小心求证"的过程，学生在这一过程中经历了"发现问题—提出假设—制定计划—进行实验—观察现象—收集证据—处理信息—解释与结论"等过程。

　　探究活动是项目实施的主要内容和形式，就是引导学生进行新知识的探索，这一过程不但可以使学生实现知识体系的扩充，而且有利于从思维深度、思维含量、思维价值等方面进行锻炼，对学习成果和收获进行验证和拓展，从而使学生对课堂所学的概念、定理、法则、例题等相关知识的本质特征有更加深入的理解。探究活动的过程，是帮助学生面对真实复杂的情境，调用知识，形成解决问题的一般思路，是知识由结构化向功能化、素养化发展的学习支架和必由路径。从具体特点来看，探究活动的一个十分鲜明的特征就是"以学生为主体、以教师为主导"，在这个过程中，将培养学生分析与解决问题的能力作为最重要的教学目标之一。和传统的教学模式相比，探究活动课最主要的区别就是以活动体验为载体，由被动学习转向主动学习。

一、项目实施的教学策略

任务都是围绕驱动性问题展开的，问题是探究的起点，它根植于学生的知识经验，不能凌驾于学生能力之上、游离于学生的经验之外。在实际教学中，与化学有关的生活现象、规律和经验，化学中的反应现象、反应原理、有关物质的存在、性质及用途、化学概念、理论，化学实验中的现象、原理等都可能成为探究活动的任务。

1. 预案设计要"未雨绸缪"

探究活动的教学具有一定的开放性，教学调控的难度高于一般教学，为增强教师的主导性，强化课堂的可控性，促进教学目标的有效达成，教师在课前必须充分梳理整个教学流程，预设课堂情形。根据教学内容，充分考虑到学生可能会出现的状态、积极性、注意力、学习态度、合作成效等因素，预判学生可能提出的问题、采取的学习方式、实验中可能出现的异常状况甚至可能出现的非理性因素等，从而尽力做到"未雨绸缪"。

一个完整的探究活动包括提出问题、猜想假设、实验方案的制定与验证、证据的收集、结论的解释、反思与评价、表达与交流等环节。探究活动的教学作为一种对学生思维发展要求较高的教学活动，教师的指导难以或缺。基于建构主义理论的"教学支架"策略会使学生在面临复杂的探究问题时得到教师的有效帮助和指导，从而顺利完成探究过程。"教学支架"应当是教师为学生搭建的向上发展的平台。根据笔者的教学实践经验，化学探究教学的"支架"（支持策略）包括以下几点：

一是探究活动之前教师讲述的注意事项。这对学生理解探究主题和要求、顺利开启并完成探究活动十分重要。

二是化学探究的案例分析。教师要使探究教学攀向更高水平，就要不断分析各种探究教学案例，从中吸收经验、汲取教训。

三是教师的建议或对学生的引导。学生的活动能力和思维水平参差不齐，在任何一次化学探究教学中，总有部分学生存在各种各样的障碍。对此，教师的建议或引导必不可少。

四是教师提供的帮助学生探究的工具。化学探究教学多以实验方式展开，为完成探究实验，教师必须提供实验器材、药品、场所、安全防护设备、展示交流设备等，帮助学生完成探究任务。

探究活动方案是对整个项目的完整规划，包括具体的学习任务，探究活动的具体方案、操作步骤和学生分组等。在设计《化学反应中的质量关系》一课时，我们设计了不同的学习任务。首先介绍了英国化学家波义耳在一个敞口容器中加热金属的实验，发现反应后容器中物质的质量增加了。法国的化学家拉瓦锡在密闭容器中研究氧化汞的分解与生成物中各物质质量之间的关系的实验。通过介绍两位科学家的实验，引导学生思考如何设计实验。然后提供了一些实验仪器和药品，将设计好的活动任务卡分发给学生，协助学生以每5名同学组成一个学习小组，并选出组长、实验员、观察员和记录员，指导学生合作完成探究活动的具体方案。在项目化学习的过程中让学生体验自主学习、合作探究，在活动中培养学生的核心素养。

2. 探究流程要"科学规范"

项目化学习强调学习的过程性，要求学生经历科学探究的过程，在过程中获取知识、发展能力、提高素养。这不同于教师的灌输，这样的知识是学生主动建构的，是学生在真实复杂的探究情境中不断地解决问题形成的，是灵活有意义的。在教学设计时，我们没有拘泥于教材的安排，而是本着发展学生的思维、提高知识建构有效性的目的，根据科学探究的一般流程重构教学，设计了项目化学习的探究教学流程。如在"人类重要的营养物质"探究营养物质性质的环节，我们创设了"鉴别奶粉、淀粉、白砂糖"的情境，学生通过交流讨论后，通过溶解性鉴别出白砂糖，通过滴加碘溶液变蓝鉴别出淀粉。这时，教师及时投影出奶粉的成分表，发现里面也有淀粉，引发出新的问题情境"为什么奶粉中有淀粉不能使碘溶液变蓝"，激发学生新的思考和探究，最终发现是淀粉含量多少的原因。

在"厨房中的化学"清洗环节，我们创设了"探究油污净的成分"的学习情境。教师提供的资料中显示油污净中含钠元素，但不含$NaHCO_3$，学生做出猜想，可能是$NaOH$，可能是Na_2CO_3，也可能两者都有，然后交流讨论制订实验方案（先加$BaCl_2$溶液，再加无色酚酞）并完成实验。教师呈现部分小组实验结果，有的小组有白色沉淀，加了无色酚酞后显红色，有的小组有白色沉淀，加了无色酚酞后不显红色，引发了新的探究情境，激发出学生继续探究的欲望，寻找两种结果可能的原因，最终发现是所加$BaCl_2$溶液的量导致的。

项目化学习"脱氧剂"是以脱氧剂为载体，让学生直观感受到脱氧剂的平凡而不简单，激发学生对脱氧剂的探究欲望。学习过程主要以脱氧剂的作用、脱氧剂的成分、脱氧剂的原理、脱氧剂的制备为主线进行教学。

在项目化学习"食品中的脱氧剂"的教学中，我们设计了如下探究流程：

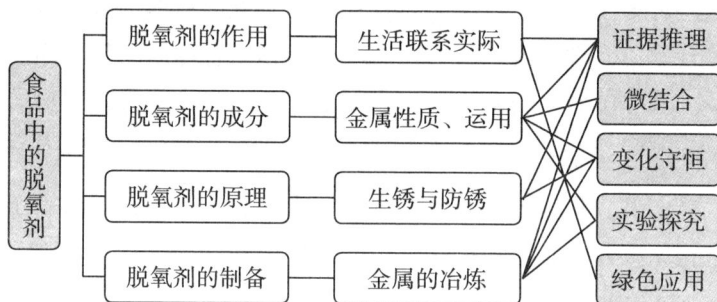

图4-1 项目化学习"食品中的脱氧剂"的探究流程

驱动性问题形成项目任务，通过探究活动完成任务、解决问题，培养学生关键能力，具体如下：

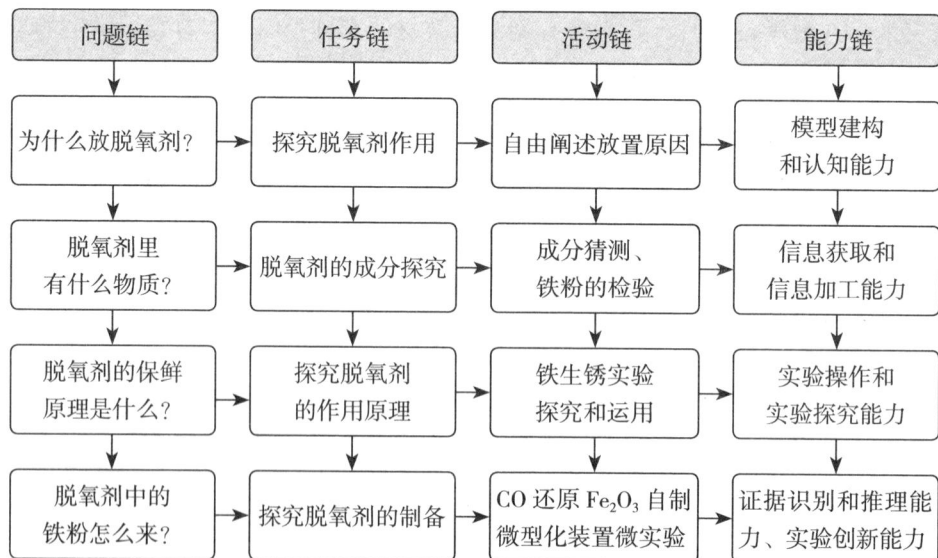

图4-2 项目化学习"脱氧剂"能力培养

在前面所举案例中，项目化学习"管道通"的教学中，我们设计了如下探究流程：

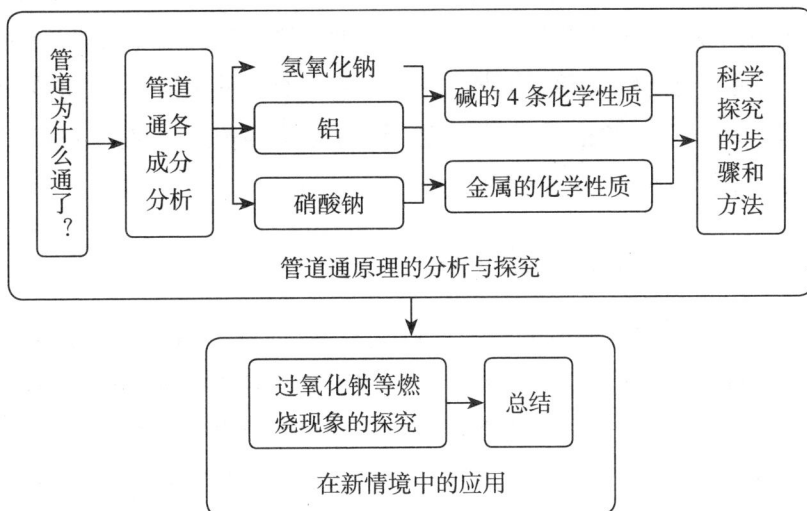

图4-3　项目化学习"管道通"探究流程

在前面所举案例中，在项目化学习"疯狂的石头"的教学中，我们设计了如下探究流程：

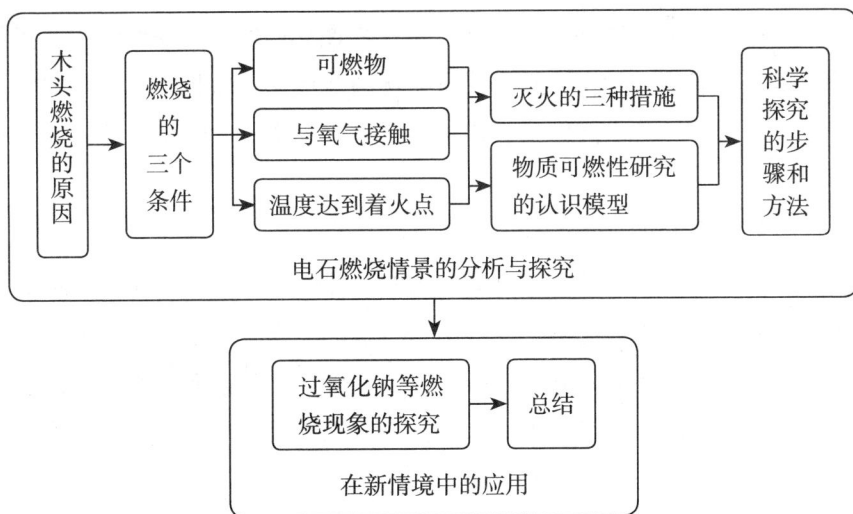

图4-4　项目化学习"疯狂的石头"探究流程

在情境所创设的实践共同体中，师生合作，为解决共同的问题、实现共同的目标而努力。教师借助提供信息资料、示范问题解决、适当提示点拨及适时反馈评价等"支架"的作用，将学生的认知发展从一个水平提升到更高水平，真正做到教学走在学生发展的前面。而学生则通过支架（教师或有能力的同伴）的帮助，逐渐由边缘走向核心，完成自己身份的重构。基于共同体的合作性学习不是一种权宜之计，而是渗透于学生学会与他人一起生活和工作的途径，是21世纪核心素养的重要组成成分。

二、探究实验的创新设计

实验，在中学化学课程教学的地位极其重要，它既是教学手段，也是教学内容，有助于学生对化学基本概念、定律和原理的理解和掌握，有助于学生的观察、分析、思考、解决问题等能力培养，有助于学生正确地理解掌握实验的基本方法和基本技能，有助于培养学生实事求是、严谨求真的科学态度与精神，有助于激发学生求知欲、好奇心，乐于探究的内驱动力，有助于学生善于畅想、勇于探索、敢于创新的未来素养。

因此，本研究非常注重实验的设计，我们以科学活动探究为主来培养学生探究思维，让学生充分融入项目任务实践活动中，我们一边引导学生认识化学实验功能与价值，一边完成项目任务的探究，多以实验方式展开。为完成探究活动，我们将实验素材生活化、实验器材简便化、实验现象可视化、实验装置微型化，灵活运用各种实验教学手段，从细节优化实验教学过程，则能够有效解决化学教学中的难点问题，有效培养、提升学生的化学学科核心素养和关键能力。

1. 实验素材生活化

生活化、趣味性的实验素材会对学生的学习产生巨大的帮助，激发学生已有生活经验的同时，体会化学的"有用"、感悟化学源于生活，学生在学习的过程中体会到乐趣。比如，对于"可乐""雪碧"学生再熟悉不过了，教师引领学生试着把"可乐"变成"雪碧"，就会激发学生进行初中化学实验的积极性和主动性。

教师针对初中化学实验为学生开展"水的净化"实验内容，教师则可以引导学生自主制作简易的净水器。学生根据所学习的内容，搜集矿泉水瓶、小卵石、活性炭等材料。学生亲自进行实践，展示自己成果。学生的动手操作能力和学习兴趣均会得到提升，让学生进行独立分析和思考问题，从内心中真正地体验到初中化学实践中的乐趣，最终促进学生化学素养的提升。

在沪教版教材第7章第1节溶液的酸碱性中，学生分组实验是在白色点滴板中完成的，借助紫色石蕊试液和无色酚酞这两种指示剂以及红、蓝色石蕊试纸，检验常见溶液白醋、酸果汁、稀盐酸、纯碱溶液、肥皂水、石灰水、氨水、食盐水和蔗糖水的酸碱性。书本实验节约试剂，且所选择的溶液均基于学生已有生活经验和学科知识，对于学生观察、记忆实验现象和理解溶液的酸碱性很有好处。因此，我们还研发了项目化学习"自制酸碱指示剂"：

大家想不想利用生活中的物质自制酸碱指示剂，检验身边物质的酸碱性？受到波义耳的启发后，我们也可以试着从植物的花瓣或者果实中提取色素来自制酸碱指示剂。

制取酸碱指示剂的实验步骤：

取适量植物的花瓣或果实先用手撕碎再在研钵中捣烂，加入酒精溶液浸泡，上层清液待用；在点滴板中加入酸性、中性、碱性的溶液各一种，滴加少量植物浸取液，观察并记录现象。

驱动性问题：

你获得的植物浸取液能用作酸碱指示剂吗？（条件：在酸性或碱性条件下显示颜色需不同）

符合条件的这些自制酸碱指示剂哪种更好？（角度：检测范围、变色明显、成本、易于制备等）

利用自制酸碱指示剂来检测自带试剂的酸碱性。学生代表展示实验结果。

再如，在项目化学习"厨房中的化学"教学中，我们开发了油污净的酸碱性探究实验，借助厨房中的用品——油污净，借助厨房中的蔬菜——紫甘蓝，现场自制酸碱指示剂，对书本实验药品进行了改进。同时，借助小纸杯对书本实验仪器进行了改进。

选用的实验用品：四只小纸杯、紫甘蓝、小烧杯、刀、装有油污净的试剂瓶、装有稀盐酸的试剂瓶、装有氢氧化钠的试剂瓶、蒸馏水、胶头滴管。

实验步骤：

（1）准备工作：将紫甘蓝切丝装入小烧杯，倒入蒸馏水，稍置片刻，所得溶液即为酸碱指示剂。

（2）分别在四只小纸杯中加入等量的紫甘蓝指示剂（盖满纸杯底部即可），将稀盐酸、氢氧化钠、油污净滴入其中三只小纸杯中，观察现象（图4-5）。

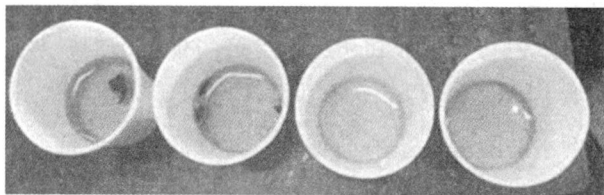

图4-5　实验现象

实验现象及结论：紫甘蓝汁呈淡紫色，滴有稀盐酸的紫甘蓝汁呈红色，滴有氢氧化钠和油污净的紫甘蓝汁均呈现绿色，因此可知，油污净呈碱性。

本实验充分利用生活中常见的物质和用品，解决生活中的实际问题，具有节约试剂、现象明显、色彩丰富，有利于激发学生兴趣，激发学生进行生活小实验的热情等优点。同时，本实验不是简单的酸碱性的检验实验，而是渗透了对照实验的思想。对于紫甘蓝指示剂这样陌生的酸碱指示剂，学生需要明确酸碱性对颜色变化的具体影响，就需要借助已知试剂进行参照实验的设计，本实验要求学生进行深度思维活动，有利于对学生思维能力的培养。

2. 实验器材简便化

古先贤总结得很好："工欲善其事，必先利其器。""利器"——改进教具，后续配以相应的正确实验操作行为优化，则实验成功率大幅提升。我们在项目化学习中创设了一些简便化的实验器材，例如像注射器这样，进行研究并加以巧妙利用，达到对化学相关知识点的复习，使课堂更充满化学味。

案例1：关于注射器的用法

注射器又名针筒，透明有刻度，易观察，密封性较好，有一定伸缩性，能控制反应物的量进而控制反应速度，物品易得，废物利用，更环保。我们一般会用在收集气体时发挥注射器的针头作用，易抽取气体，定性检验。

例如，利用注射器对食品包装袋中气体成分的探究、蜡烛燃烧生成物成分的分析、蜡烛燃烧过程中白烟成分的性质探究都有意想不到的效果。那么如何利用注射器便于抽取气体的特性，探究蜡烛燃烧过程中白烟成分的性质？PPT展示书本实验装置如图4-6：

学生分组实验设计方案：

图4-6　课本实验

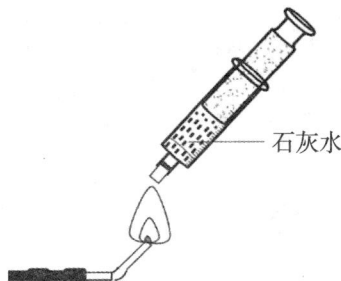

图4-7　改用注射器

[**设计意图**]教师演示实验，调动学生兴奋点，让学生感受到利用注射器对强化实验现象带来的神奇魅力，培养学生敢于质疑书本实验的科学态度。趁热打铁，鼓励学生勤于思考，敢于创新，使学生对接下来的实验改进创新充满兴趣。

我们还可以发挥注射器上刻度优势，便于定量分析。

以沪教版九年级化学第一章实验为例，测定空气中氧气含量。

学生先自己回忆课本中该实验的装置和实验过程是怎样的，教师其后PPT展示实验装置如图4-8。教师引导分析在实际操作过程中存在的不足？根据所给器材和药品：红磷、白磷（着火点40℃）、铁丝、木炭、试管、烧杯、酒精灯、注射器等常见实验仪器，改进实验装置。学生先独立思考，再相互交流，设计实验，合作搭建实验装置。教师用手机现场拍摄实验装置，展示学生作品（图4-9），并分析评价改进后装置的优点。

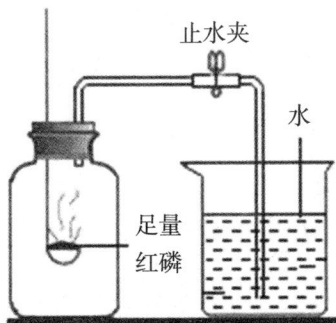

图4-8　课本实验

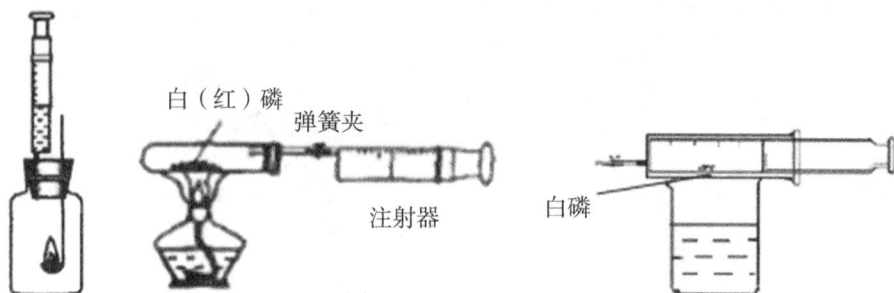

图4-9 改进实验

[**设计意图**] 对于这种书本上有探究价值的实验，我们要敢于放大，敢于改进实验装置，体会探究的乐趣。由学生合作交流选择实验药品，搭建实验装置，汇报实验成果，分析装置优点，使学生学会分享、学会合作、学会思考、学会评价，感受合作带来的成功与喜悦。

再如，第7章第3节关于"中和反应"的实验探究：

设计流程：教师展示书本实验装置——分析在实践操作过程中存在的缺陷——分析产生缺陷的原因——学生自行选择器材，设计改进实验——学生思考讨论后展示作品——归纳小结同学和自己装置的优点。

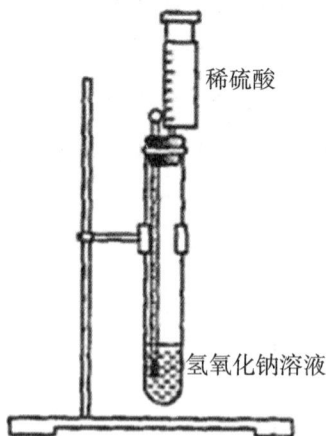

图4-10 课本实验装置

图4-11 改进装置

又如，检查装置气密性，是进行化学实验的重要环节，我们还可以利用注射器的密封性、可伸缩性，用它来检查装置的气密性。

Q1：气密性的检查一般分哪三步？

教师评析：加热法不失为一种好方法，搓手捂或者用酒精灯加热法。但会受到外界温度、装置复杂程度等局限，在一定程度上还得注意环保的问题。

Q2：如何利用注射器堵住装置上的漏洞，改变装置内压强呢？

Q3：请你说出图4-12装置气密性检查的方法？（操作、现象、结论）

Q4：对于较复杂的装置（图4-13），是否也可以利用注射器检查气密性？

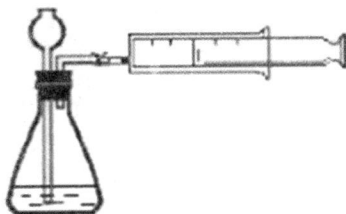

图4-12　检查装置气密性

图4-13　复杂装置气密性的检查

[**设计意图**] 使学生对气密性检查有了全新的认识，达到对知识点的真正理解，而非死记硬背。

Q5：注射器作为非常规的化学仪器，其用途远不止于此，你还能想到它的其他妙用吗？

Q6：请你课后利用注射器设计一套能"随开随停"的实验发生装置？（刘艳，常州中天实验学校）

案例2：盐度计的用法

为使实验器材简便化，我们还应用了一些现代化的实验器材，我们将海水养殖业用到的盐度计应用到课堂教学。

引入：播放视频——盐水选种。

设问：15%的氯化钠溶液可用于农业上选种，如何配制50g15%的氯化钠溶液？请同学们小组交流，给出方案。

提问：配制50g15%的氯化钠溶液，需要氯化钠和水的质量分别是多少？

提问：请大家思考配制过程中需要哪些步骤？

引导：根据同学们设计的步骤，在配制过程中需要哪些仪器？这些仪器在使用过程中有哪些注意点？

布置活动：请同学们根据刚才我们梳理的配制步骤、仪器及注意事项进行配制溶液。

设问：如何知道我们配制的溶液是不是15%？我们可以用盐度计来测量。

展示：在海水养殖业用到的盐度计，可以很方便地测量0~28%之间的盐溶液的溶质质量分数。

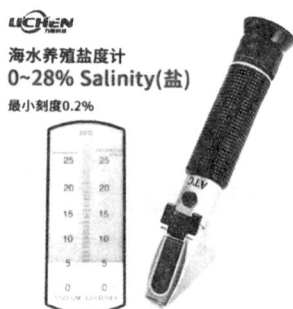

图4-14　盐度计

布置任务：请同学们按要求测量所配溶液的溶质质量分数。

案例3："铜圈灭火"教具改进——"灭火神钩"

"利用铜线圈熄灭蜡烛火焰"实验的创意及过程设计：如图4-14所示，燃烧的蜡烛火焰上罩上导热性能较好的金属线圈，蜡烛迅速熄灭；若在罩上金属线圈之前，给金属线圈预先加热，则蜡烛的火焰不会熄灭，为何会出现此现象？

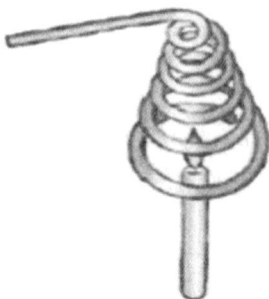

图4-15　铜线圈灭火

化学课堂教学实践过程中，不少化学教师尝试进行实验操作进行课堂教学的随堂实验验证与演示，结果发现该实验成功率较低。笔者也曾经分别运用"铜线圈、铝线圈、铜片圈、铁丝圈、钢丝球"等器材罩在蜡烛火焰上，结果均难以熄灭火焰，实验效果不理想。如此一来，多数初中化学教师往往从实验原理角度引导学生思考与分析，主要以原理阐释为主、间接理论知识灌输为主，教学方式较枯燥，学生思维难以充分调动，教学过程实施显得较为刻板，学生新知识形成过程缺乏有效学习需要的实践性与创新性。

那能不能转换教学思维，创新演示实验教具呢？

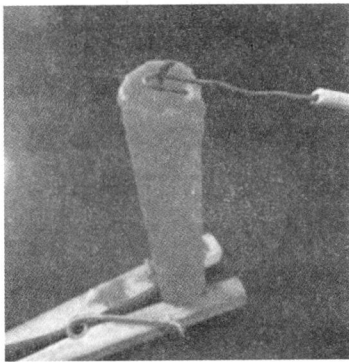

图4-16　熄灭蜡烛

取来一段内径约为1mm的铜导线，用铁钳子将前端构造出一个"弯钩"状，如图4-16所示，让弯钩直接空套于燃着的蜡烛芯底部，然后直接慢慢抬起弯钩，蜡烛火焰在弯钩上移过程中立即熄灭。笔者将此弯钩取名为"灭火神钩"。

这个实验教具创新的原理：在蜡烛火焰上方罩上导体，使火焰熄灭原理是借助于导体的导热功能将蜡烛火焰的温度降至石蜡的着火点以下。蜡烛燃烧过程中火焰中心散发的热量持续熔化蜡烛体形成液态蜡烛油，蜡烛芯将蜡烛油输送至顶部形成石蜡蒸气，使蜡烛得以持续燃烧；蜡烛燃烧过程中，火焰中心的温度最低，铜钩套住蜡烛芯散热效果明显，有效限制蜡蒸气的产生，达到灭火的效果；弯钩采用粗铜丝能够提升散热效果，弯钩的形状便于直接空套于蜡烛芯上，空套在蜡烛芯上而不采取钩住蜡烛芯，其目的是防止引起"隔绝氧气"而熄灭的误解；若用铜丝制作成铜线圈罩住火焰，火焰能够熄灭，但是蜡烛芯的长短和分叉情况都给实验带来影响，总体看来铜线"钩"比铜线"圈"方便、简洁、实用。

在此灭火实验中，用"钩"代替"圈"的教具改进，凸显实验操作简单方便、实验现象明显、实验器材易得等特征，比较方便于演示实验或者学生分组实验；有助于学生进一步理解灭火的原理和蜡烛燃烧的条件，进而有效突破学生的思维难点。

案例3："点燃蜡烛白烟"教具改进————"神窥蜡管"

点燃蜡烛白烟实验是初中化学实验教学的重点实验，沪教版、人教版和鲁教版初中化学课本教材都有所体现，三种版本教材关于此实验的演示教学存在一定差异，但在实际实验演示操作中成功率都比较低，存在不易成功的隐患，教学价值大打折扣。据此，有必要根据实验原理，改进演示实验教具。具体过程如下：

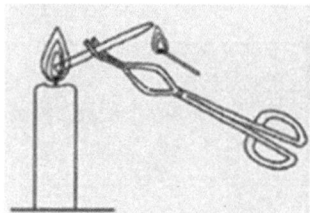		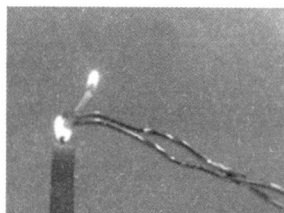
图4-17　尖嘴玻璃管	图4-18　微型气体喷枪	图4-19　神窥蜡管

如图4-17所示坩埚钳夹着尖嘴玻璃管直接插入点燃的蜡烛芯附近，一段时间后，再点燃一根火柴靠近玻璃管的尖嘴旁边点燃；此实验的实践操作并不是想象的那么顺利，学生分组合作进行实验时，多数因为操作技巧掌握不够，导致实验成功率较低，难以达到预期的实验效果；部分教师进行演示实验，若没有丰富的经验，实验也难以成功，即使成功演示，也由于点燃的火焰太微弱，学生观察困难，针对全体学生的演示实验，其直观性难以充分体现。

我们转换下教学思维来创新演示实验教具：从化学实验室找来一根废旧的玻璃管，利用锉刀截取其中完好的、利用砂纸打磨截断的玻璃管面，再用"微型气体喷枪"（如图4-18所示，燃料：丁烷，购置：网络购买，火焰温度：1300℃，特点：操作简单、方便、高效）对截断面进行高温灼烧，使其玻璃管的截断面钝化圆滑，我们将此玻璃管命名为"神窥蜡管"（寓意窥视蜡烛燃烧的本质）；用坩埚钳夹着"神窥蜡管"置于蜡烛的外火焰进行加热，再靠近蜡烛芯引出"白烟"，用另外一个点燃的蜡烛引燃"白烟"，如图4-19所示，可见实验现象十分明显，能够较好地达到实验教学的效果。

鲁教版教材在"点燃蜡烛白烟实验"中，利用尖嘴玻璃管引导白烟时，细小的尖嘴口限制石蜡蒸气的导出，课本教材呈现的玻璃管长度相对较长，冷凝效果比较明显，石蜡蒸气容易被冷凝，能够成功点燃的概率大大降低；截取的玻璃管，同时先给玻璃管预先加热，这样改变教具进行操作，有效克服上述缺点，实验成功率较高。

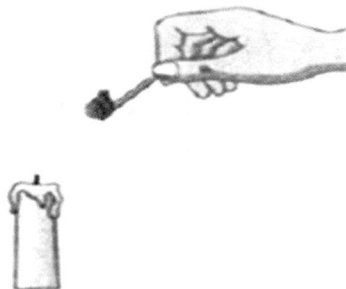

图4-20　课本实验　　　　　　　　图4-21　火柴点燃白烟

在沪教版初中化学教材中，关于点燃蜡烛白烟实验的装置如图4-20所示，从实验现象可知，粗玻璃管从蜡烛火焰中引出一股"白烟"——石蜡蒸气，教材实验中没有对"白烟"的本质（石蜡蒸气）进行深入证明，对于"白烟"的点燃实验操作环节也进行了省略处理；教材呈现的实验器材——粗玻璃管，从大小和形状角度来看，与前面命名的"神窥蜡管"基本保持一致，前面所述的改进教具"神窥蜡管"的制作和实验操作方法，对于点燃蜡烛白烟实验存在一定的参考与借鉴价值；例如，在沪教版教材的教学中，部分化学教师想尝试对教材中引出"白烟"后进行点燃实验，往往实验效果都不太理想，笔者认为可能是实验中缺乏一个"先对玻璃管预热一段时间"的重要技巧；沪教版教材中呈现的粗玻璃管的边缘没有打磨，实践操作中容易划伤学生手指，而"神窥蜡管"是巧妙运用微型气体喷枪制作圆滑不伤手的玻璃管，这种方法对于今后化学教师快速、方便制作玻璃教具意义重大。

在人教版初中化学教材中，对于点燃蜡烛白烟实验的叙述是"蜡烛的火焰刚刚熄灭时产生大量白烟，如图4-21所示，用点燃的火柴棒去点燃白烟，能否使其复燃"，笔者根据自身经验和教学观察发现，多数教师采取嘴吹蜡烛火焰的方式使蜡烛熄灭，稍不注意容易吹散白烟，从而导致实验失败，点燃概率不高；若采取笔者改进的教具——"灭火神钩"进行实验操作，巧妙地避免白烟的溃散，同时再将火柴换成另一支蜡烛来点燃白烟，这样大大提高实验的成功率。

实验教具和实验教学的方法改进是化学教学过程探讨的永恒话题，教师在课堂教学的现实场景中，可根据实际需要，适当改进实验教具与操作方法，借以有效突破教学难点，促进学生掌握化学基本知识与技能，洞悉实验揭示的本质规律，提升学生科学探究与创新能力。

3. 实验现象可视化

化学是一门以实验为基础的奇妙学科，我们学习化学、研究化学，却从来看不到真正的化学反应微观上到底是如何进行的。

初中化学的学习中，有很多抽象、难懂的记忆性内容，学生在学习过程中，由于不理解，产生认知障碍。数字化实验是我们感官的延伸，能见原先之不可视，听原先之不能闻，触原先之不宜碰。数字化实验可以实时动态地呈现实验过程的变化，可以根据实验需求，将实验数据以图表或曲线等形式呈现，学生可以清晰直观地观察到实验中的变化。例如在第7章学习"酸碱盐"的化学知识时，老师们都会讲浓硫酸具有吸水性的特性，可谁也没亲眼见过浓硫酸在"吸水"，一直是采用老师讲授学生死记硬背的方式，缺乏说服力，时间一长，学生很容易遗忘或其他物质搞混。引进数字化实验手持技术，可以通过相对湿度传感器（装置见图4-22），观察空气在浓硫酸环境下相对湿度的变化，让学生能真正见到浓硫酸确实在"吸水"，让没有现象的实验变得现象明显，这既激发了学生的学习兴趣，又有利于帮助学生对知识的记忆。

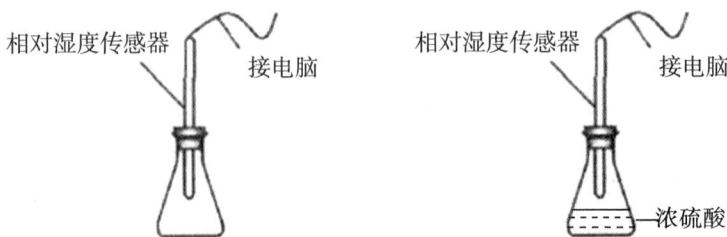

图4-22　沈硫酸吸水

案例1：微粒的特征

在"构成物质的微粒"教学中，我们无法用肉眼看到微粒，那微粒究竟是否存在呢？有什么特征呢？

[实验一] 教师演示浓氨水和酚酞试液的微型实验。

教师将浓氨水和酚酞试液分别滴入少量在点滴板不同的格子中，在点滴板表面盖上一个玻璃片。学生观察现象，分析并得出构成物质的微粒在不断运动的结论。教师通过进一步追问、再问，学生通过生活经验和自主设计实验探究影响微粒运动速率的因素，从而进一步深化问题的探究。

[提问] 为什么酚酞试液变红了？

[追问] 为什么是装有酚酞试液的格子中液体变红了，而不是装有浓氨水的格子中液体变红了呢？

[再问] 除了微粒本身的性质，根据生活经验你还知道其他影响微粒运动速率的因素吗？能够利用老师提供的试剂和仪器设计实验探究影响微粒运动速率的其他因素吗？

[实验二] 学生自主设计实验探究影响微粒运动速率的因素。

学生利用老师提供的酚酞试液、浓氨水、酒精灯、热水、冷水、试管、烧杯、滴管、玻璃导管、滤纸、棉花等进行小组讨论设计并实施实验。学生根据已学知识容易确立设计对比实验的思路，但是对于具体仪器和用品的选择上有较大的发挥空间。小组展示对比，相互评价，提升学生实验探究能力的同时提升分析、评价的高阶思维能力。

"微粒的特征"学习很抽象，但却是学生从生活经验走向科学实证，从宏观走向微观的重要转折点，其中包含的基础概念知识和学习关键能力在初中化学学习中至关重要，因此本课设计了一系列微粒可视化的探究活动，包括香水等生活情境的体会，微粒运动等实验的探究，二氧化碳、水等具体物质和变化的模型建构等。这些探究活动将抽象有意识地涉及宏观与微观，同时以学生为本，根据具体学情，优化活动的设计，既能满足学生概念知识和关键能力的学习，同时持续激发学生兴趣动机、激活学生思维。

近几年，随着科学技术的发展，理化生学科中DIS数字化实验的介入起码使我们向着"看见"真正的化学反应又前进了一步，在思考化学问题的角度上，又多了更多理性而科学的认识。

DIS数字化实验（下称"数字化实验"）包括传感器、数据采集器、计算机及软件，是以真实的实验为基础，通过各种传感器将实验数据采集以后，交由计算机分析处理，能够更加清晰明确地展示实验现象，揭示实验规律的实验手段。数字化实验实现了感官的延伸、表征的多元、数据的可靠、处理的科学以及观念的更新，数字化实验帮助中学化学搭上了信息时代的高铁，随着科学技术的发展，数字化实验正在逐步普及，并且必将广泛普及。

案例2：二氧化碳变质的反应

在项目化学习"再探氢氧化钠和二氧化碳的反应"教学中，拟解决如何验证氢氧化钠和二氧化碳发生了化学反应。课上通过经典的传统实验：用喷泉实验或U形管实验，对二氧化碳的消失进行了验证。在课的最后，老师引入数字化实验，将压强传感器连接抽滤瓶的支口，将注射器中的氢氧化钠注射进锥形瓶后，开始采集数据，同时电脑屏幕上出现了压强随时间变化的曲线图（如图4-23）。

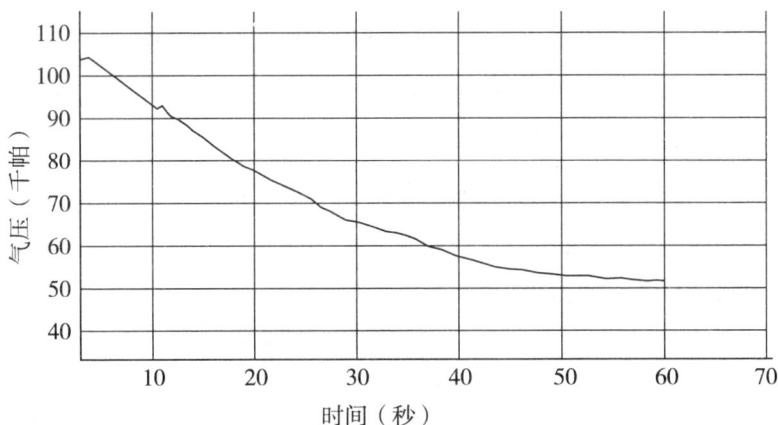

图4-23　氢氧化钠和二氧化碳反应后压强的变化

氢氧化钠溶液与二氧化碳反应是初中化学第7章教学的难点，因为二者之间的反应没有明显的现象，使学生在学习这一反应时没有感性认识，较难掌握。传统实验用巧妙的设计，把二氧化碳的减少带来的压强改变以喷泉或者液面变化等直观的现象表达出来，让学生有了深刻的体会。此时数字化实验的登场，则把二氧化碳减少引起的压强的变化数值以图像的形式直接呈现在学生面前，既验证了前面实验现象的合理性，又科学地呈现了该体系中真实的压强状况，对学生来说，更具说服力，更震撼。此外，借助具体数据还可以从定性到定量继续深入挖掘该反应，拓展与高中衔接的知识，对学生核心素养的培养又添助力。此反应中还有温度和二氧化碳的含量也可以通过对应的传感器来实现数据的采集，因此在原来的基础上，我们改进装置，实现了压强、温度、二氧化碳的含量三个数据图象的同时绘制，为教师的教学研究提示了新的角度。

案例3：暖宝宝发热的原理

我们用数字化实验进行了暖宝宝的探究，利用湿度传感器、温度传感器和氧气传感器进行了数据采集和图象绘制，帮助学生在铁的生锈上加深了理解。

暖宝宝发热的原理利用了铁生锈这一缓慢氧化过程，借助数字化实验，学生对于书本上的铁生锈实验有了新的认识。铁生锈消耗空气中的氧气和水，因此用压强传感器可以得到一条由于氧气减少而压强变小的曲线（图4-24）。另外，氧气传感器的使用，直观地给出了装置内氧气含量的变化（图4-25），这一实验现象也弥补了教学中的一个盲点：压强的减小是由于装置内气压的减小，只能说明铁生锈需要消耗空气中的某种气体，怎么知道是氧气呢，以前教师可以从元素守恒的角度让学生分析，现在更是可以借助数字化实验，让学生真正"看到了"消耗的确实是氧气。在湿度传感器的帮助下，更是出乎学生的预料，得出了一条截然相反的曲线（图4-26），在教师的引导下，学生进行资料查阅，发散思维，创造性地解决了这一实验中的"异常"现象：吸水性树脂补充了水分，保证了铁的生锈持续发生。

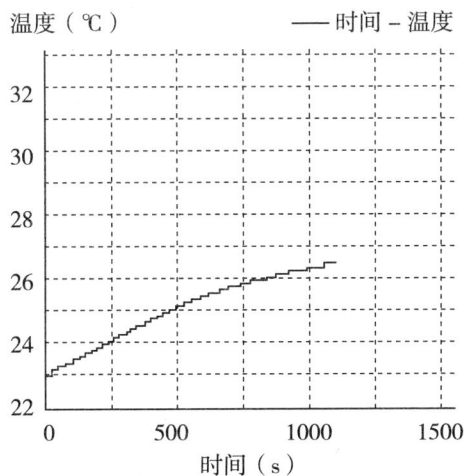

图4-24　温度变化

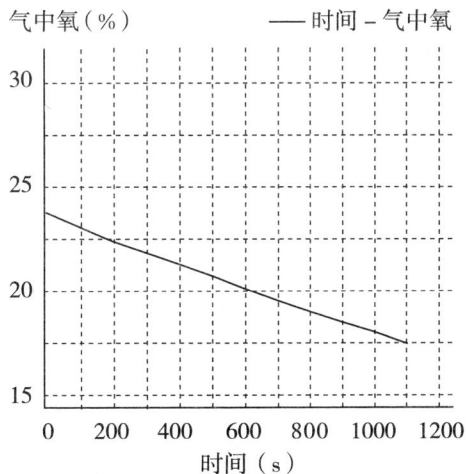

图4-25　气中氧变化

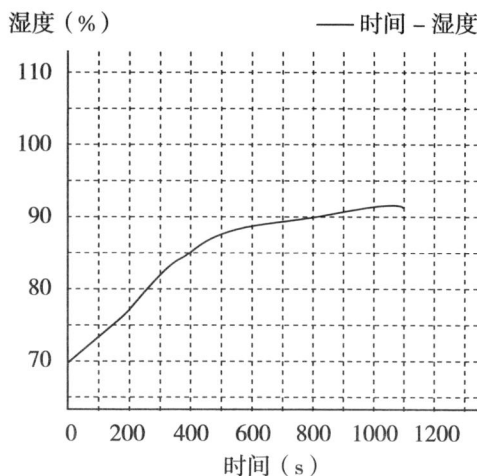

图4-26　温度变化

　　醋酸作为一种有机酸，有着和书本第七章所学的无机酸类似的性质，教师可以借助这一陌生物质，实现学生对酸的性质的知识迁移，其中，酸与碱的中和反应又是重点。我们先让学生进行化学方程式的迁移，强化符号表征；然后提问学生该反应的微观实质，渗透微观表征；继续提问该反应现象，引导学生进行宏观表征。然而，醋酸与氢氧化钠的反应也是一个无明显现象的化学反应，于是我们设计了数字化实验，引导学生关注图象表征。实验将分液漏斗中的醋酸加入烧杯中的氢氧化钠溶液中，将传感器置于盛有氢氧化钠溶液的烧杯中，采集数据，绘制图象（图4-27），从图中学生能清楚地看到中和反应所带来的温度变化和pH变化，从而归纳出验证无明显现象反应发生的视角：生成物产生的视角、反应物减少的视角、能量变化的视角，实现了知识的深化、思维的提升。

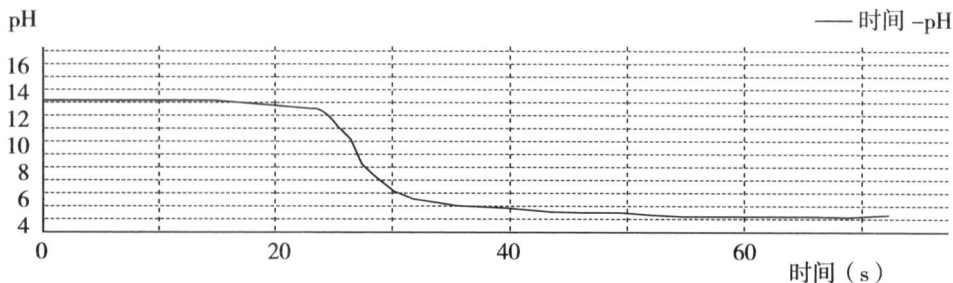

温度（℃）　　　　　　　　　　　　　　　　　　—— 时间－温度

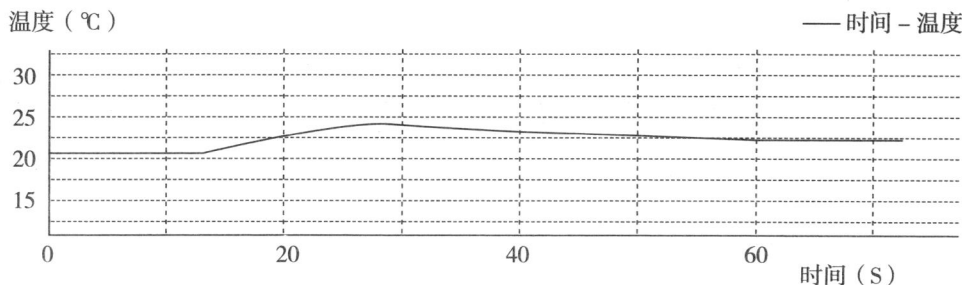

图4-27　醋酸与氢氧化钠反应后pH与温度的变化情况

案例4：空气中氧气含量的测定

Q1：请大家回忆一下测定空气中氧气含量的实验原理是什么？

［学生］利用可燃物燃烧，消耗氧气，产生压强差，引发液体倒吸。

Q2：从原理中可见，我们选择的药品要具有可燃性，那么是不是所有的可燃性物质都可以用来测定空气中氧气的含量呢？

Q3：蜡烛燃烧虽然消耗了氧气，但同时也产生了新的气体二氧化碳，所以我们认为它不可以用来测定空气中氧气含量，大家同意吗？如果老师说蜡烛也可以呢，你信不信呢？请大家思考：在原装置的基础上如何修改，就也可以利用蜡烛实现测定空气中氧气含量的测定？

［学生活动］先独立思考，再相互交流谈论，得出结论。

教师评析：我们发现，原来并不是所有产生新气体的化学反应都不可以用来测定空气中氧气含量，我们只要能找到合适的吸收剂，将产生的气体吸收掉，从而形成压强差，也照样可以用来测定空气中的氧气含量。

［设计意图］通过由浅入深、循序渐进的层层提问，教师有意识地将第一章和第七章的化学知识互相串联在一起，既达到了对相关知识的整合复习，同时也有利于培养学生"否定"的思维方式，勇于批判不完善的、旧的观点。

Q4：蜡烛燃烧对比书本中的红磷燃烧，最大的优点是什么？

［设计意图］渗透环保意识，养成爱护环境的习惯。"绿色应用"也是初中化学核心素养的重要内容，是中考考查的重要目标。

Q5：通过分析，我们发现蜡烛完全可以实现测定空气中的氧气含量，请大家动手完成实验。

［学生活动］四人一组，分组实验，记录现象，得出结论。

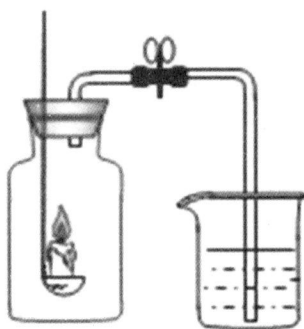

图4-28　红磷燃烧

Q6：大家在完成实验后，是不是都得到了和拉瓦锡一样的结论：测出空气中氧气含量为21%；如果没有，请你推测导致误差产生的原因。

生：实验前需将蜡烛在容器外点燃伸入容器内，燃烧的蜡烛伸入容器内瞬间，容器内的部分空气受热膨胀逸出，导致结果偏高。

[**设计意图**]"空气中氧气含量的测定"在新授课时由于产生的P_2O_5会对空气造成污染，所以只能是教师演示实验，学生没有真正地参与进来。在复习时，采用蜡烛燃烧，学生可以自己动手操作，既锻炼了学生的基本实验操作能力，又可以让学生真真实实地感受到实验误差的来源，唤醒学生的记忆，激发了学生学习的兴趣，调动了学生学习的兴奋点。

Q7：大家根据自己在做实验过程中的切身感受，你还能想到导致误差的其他方面的原因吗？

生：实验中所用的导管充有空气，蜡烛火焰熄灭倒吸后这部分空气进入容器，导管中充满水，而这部分水本应该进入容器中，导致结果偏低。

Q8：请大家回忆量气管的使用注意事项，发现两边液面存在高度差会对气体产生压缩，从而影响气体体积的测量，所以我们在进行最后的测定前需要做什么操作？

[**设计意图**]通过学生亲自动手实验时出现的误差，启发学生对实验过程中细节的反思。复习课如果仅仅停留在新授课时期的知识层面，会让学生没有新鲜感，缺乏趣味性。通过本节课复习，让学生从全新的视角，更深层次地复习旧问题，达到对知识点的真正理解而非死记硬背。同时也让学生加深对"量气管测量气体体积前需要调节两边液面在同一水平面"这一教学难点的印象。

Q9：你能将装置进一步简化，就利用我们生活中随处可见的器材完成"测定空气中氧气含量的实验"吗？（提示：药品：蜡烛、氢氧化钠溶液；器材：透明水盆、塑料瓶）

［学生活动］四人一组，相互交流，画出装置图（图4-29），上台展示交流。

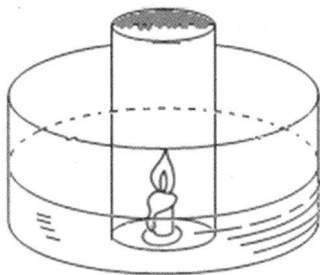

图4-29　测定空气中氧气含量的改进实验

［设计意图］对于这种书本上有探究价值的实验，我们要敢于改进实验装置，体会创新带来的乐趣。由学生相互合作交流、改进实验装置，汇报实验成果、现场展示，使学生学会分享、学会合作、学会思考、学会评价，感受合作带来的成功与喜悦。

随着科技的不断发展，新的实验技术和实验手段登上了化学舞台，那就是传感器，基本结构如图4-30：

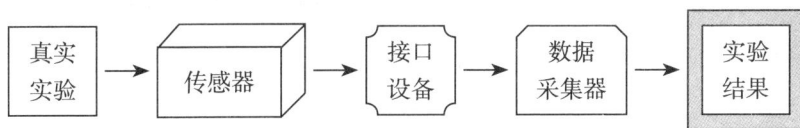

图4-30　传感器基本结构

在教学设计上以实验创新为核心，以数字化实验为亮点，体现创新实验的数字化、绿色化、家庭化。对实验的改进和创新，可提升学生的探究能力，培养学生的科学精神，促进学生化学核心素养的达成。数字化实验带来的方便、快捷、直观、科学，为化学实验的观测张开了另一双"眼"，让学生对化学实验的学习和理解多了一个角度和一种可能性。数字化实验融入化学教学，为化学教学方法的转变注入了新的活力，在传统实验的基础上提高了实验教学的效果，促进实验教学向直观化、科学化、精准化的方向发展。当然，数字化实验只会是传统实验的补充、拓展和延伸，绝不是替代，传统实验对学生科学素养和实验能力的培养是不可取代的，而两者互相补充必将让化学实验的教育功能更大化。

信息技术与学科课程整合已经成为当前国际基础教育改革的趋势和潮流，技术的变革带来新的思想、新的工具、新的学习方式。在化学教学过程中，数字化传感技术可以以客观的数据突破宏观与微观之间的关系建构，可以拓展化学课程资源，可以成为实验探究和教学创新的支点等，有利于激发学生的学习兴趣，理解学科的本质，提高学生的科学素养。

案例5：**看不见的压强差**

压强差问题在初中化学实验教学中频频出现，但学生对这些问题的认识零碎而浅表，缺少深入思考，没有形成解决问题的有效方法。表现在解决此类问题只是凭经验，如果见过、做过就会解决，稍作变形就束手无策。此类问题的解决，主要涉及压强差的产生、压强差的应用和压强差的消除，可以加深对实验原理和本质的认识，在不断解决问题的过程中，形成解决此类问题的基本思路，达到触类旁通的目的。

那么压强差是如何产生的呢？以初中化学教材中出现的装置为例（图4-31～图4-34），由实验产生的现象可以推知产生了压强差，进而推出产生压强差的方法。增大压强的方法主要有加热、加水、注气、溶解放热、化学反应（放出气体、放热）。减小压强的方法主要有降温、抽气、溶解吸热、化学反应（吸收气体、吸热）。

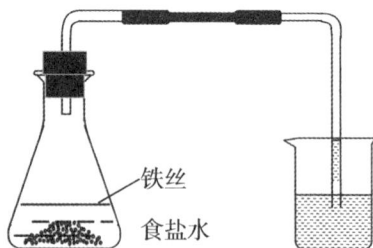

图4-31　铁生锈实验　　　　　图4-32　捕捉空气实验

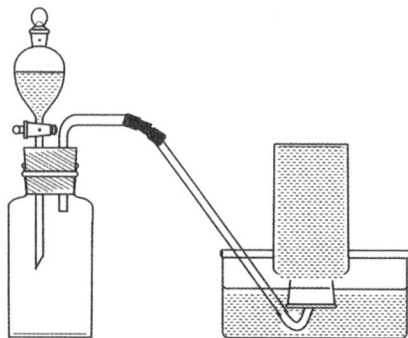

图4-33 加热火柴头

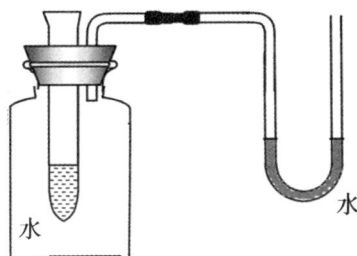

图4-34 红墨水有液面差

我们如何来利用压强差呢?

（1）用于解释常见的现象

压强差使气球（或塑料瓶）胀大或变瘪（图4-35～图4-37）；

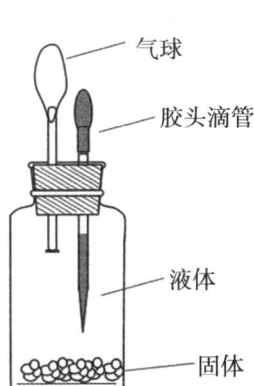

图4-35 利用压强差

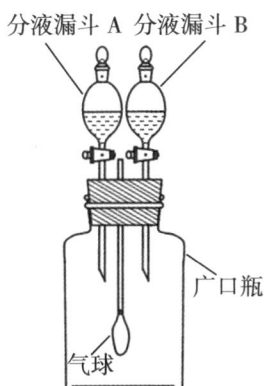

图4-36 气球变大变小

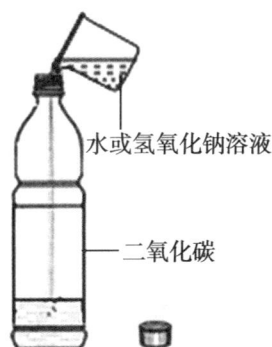

图4-37 塑料瓶变瘪

压强差使U形管液面发生变化（图4-38～图4-39）；

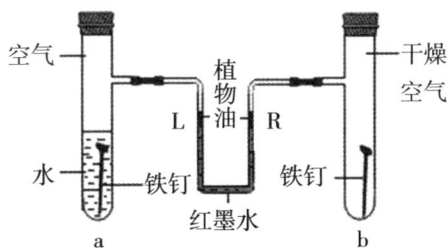

图4-38 铁钉生锈与否

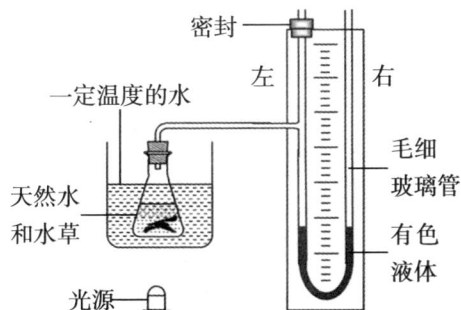

图4-39 光合作用产生气体

压强差使液体（或气体）倒吸或被压出（图4-40～图4-42）。

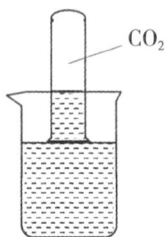

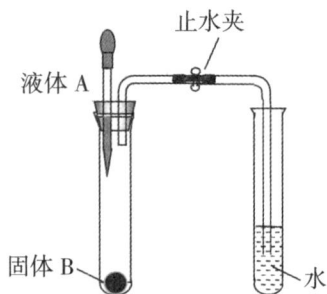

图4-40　液面上升　　　　图4-41　导管内液面上升或下降　　　　图4-42　喷泉实验

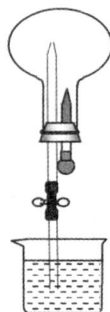

（2）用于检查装置的气密性

实验装置检查气密性的方法有多种，以初中化学教材最基本的3套装置为例（图4-43～图4-45），可将气密性检查一般思路可概括为：①制造密闭体系；②改变压强；③观察现象。

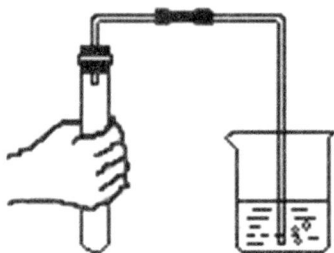

图4-43　试管型　　　　图4-44　长颈漏斗型　　　　图4-45　分液漏斗型

装置改变，但检验思路一样。以干燥管为例，检查气密性的方法可以是：①关闭止水夹，将干燥管压入带有水的烧杯中（图4-46），若干燥管内液面低于烧杯内液体液面，且一段时间后，干燥管内的液面保持不变，则证明气密性好。②打开止水夹，导管口连注射器，把干燥管放入水中，慢慢拉注射器，若水加入干燥管，关闭止水夹，干燥管内液面保持不变，则证明气密性好。③打开止水夹，导管口连注射器，把干燥管放入水中（图4-47），慢慢推注射器，若干燥管口有气泡冒出，则证明气密性好。④堵住干燥器一端，另一端连注射器（图4-48），若注射器难以推（拉动），则证明气密性好。

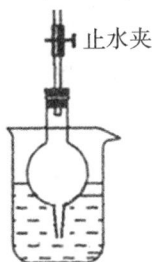

图4-46 将干燥管压入水下　　　图4-47 向下推注射器　　　图4-48 拉注射器

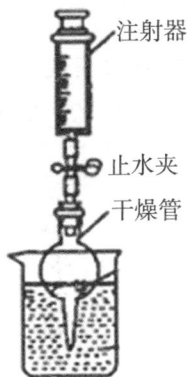

（3）用于控制反应的发生和停止

利用长颈漏斗、多孔隔板组装成随开随用、随关随停的气体发生装置（图4-49），原理是夹紧止水夹后容器内压增大使反应物分离，反应停止。

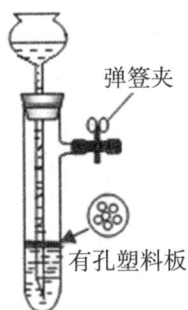

图4-49 气体发生装置

其他随开随用、随关随停的气体发生装置（图4-50～图4-52），原理也是通过压强差使反应物分离，反应停止。

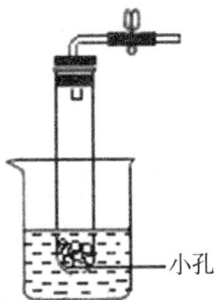

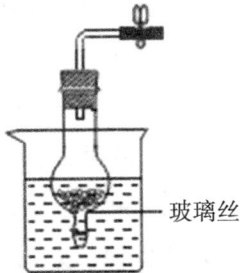

图4-50 破碎试管　　　图4-51 管口堵玻璃丝　　　图4-52 玻璃珠

（4）用于收集气体

以初中化学教材最基本的3套收集装置为例（图4-52～图4-55），收集装置选择的依据：①气体的密度；②气体的溶解性；③气体是否与空气反应。

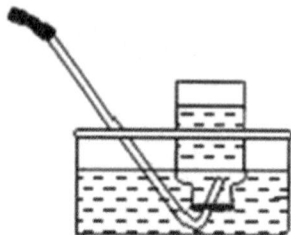

图4-53　排水集气法图　　　　图4-54　向上排空气法图　　　　图4-55　向下排空气法图

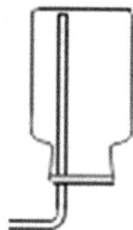

其他收集装置选择依据一样，但要注意气体的进口。（图4-56）适用于不与水反应且不溶于水的气体，从B口进气。（图4-57）收集密度比空气小的气体时从B口进气，收集密度比空气大的气体时从A口进气。（图4-58）收集密度比空气小的气体时从A口进气，收集密度比空气大的气体时从B口进气。

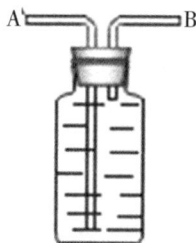

图4-56　盛水的"万能瓶"　　　图4-57　无水的"万能瓶"　　　图4-58　倒置的"万能瓶"

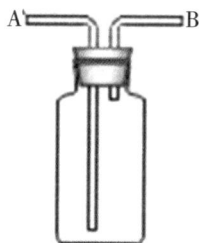

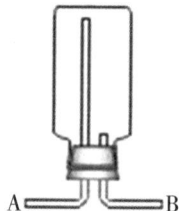

（5）用于测定气体的体积

利用注射器（针筒）直接收集读数（图4-59）；可用气体将水排到量筒中间接测量（图4-60），但若气体和水反应或能溶于水，可在水面上加一层油或将水换成不与气体反应的液体；用量气管收集读数（图4-61）。

"压强差"如何才能消除呢？第一种方法，控制实验步骤。用量气管收集读数（图4-61），但必须调整量气管两边液面相平后再读气体体积，以免气体受到水柱压力被压缩，体积读数偏小。如"测定空气中氧气含量"的实验，先等集气瓶冷却到室温，再打开止水夹，让水倒流。如图4-62所示，以免等红磷燃烧完立即就打开止水夹时，集气瓶内温度过高，压强过大，倒流过来的水小于1/5。

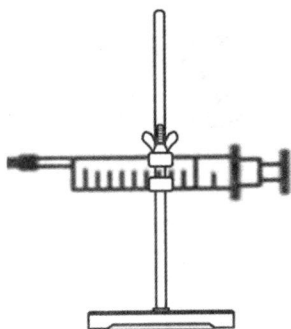

图4-59 注射器收集气体　　图4-60 排水量气　　图4-61 量气管收集

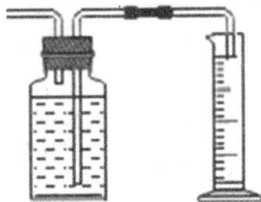

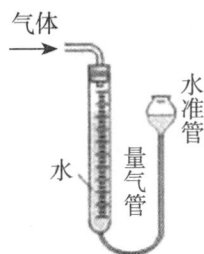

　　"用高锰酸钾（或氯酸钾和二氧化锰）制氧气"实验（图4-63），实验结束时先将导管移出水面再熄灭酒精灯，以免先熄灭酒精灯时温度下降，试管内气压变小，水槽中的水倒流到试管中使试管炸裂。

　　"探究炼铁原理"实验（图4-64），实验结束时先熄灭酒精灯，继续通CO直到玻璃管冷却，以免先熄灭酒精灯时温度下降，玻璃内气压变小，石灰水倒流。

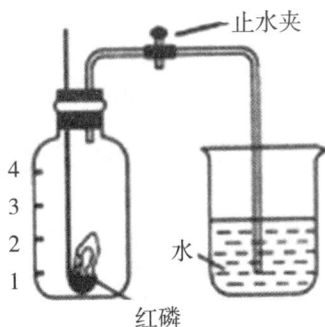

图4-62 测定空气中氧气含量　　　图4-63 高锰酸钾制取氧气

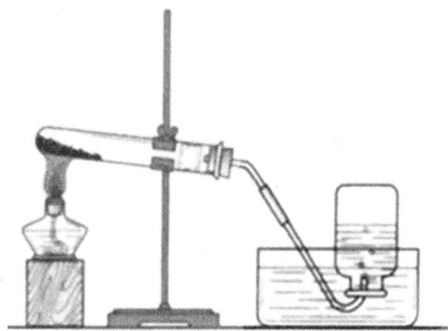

　　第二种方法，可以改进实验装置。例如改为恒压式。如实验室用分液漏斗装置（图4-65）制取气体时，一段时间后液体滴下就不顺利了（气体制备过程中，气体产生速率太快而造成单位体积内气体分子数增多，气压增大）。可以在分液漏斗和圆底烧瓶间连一根胶皮管。这一改进使得分液漏斗与烧瓶内的压强始终相等，便于分液漏斗内的液体顺利流下，可以起到防止液体堵塞的作用。

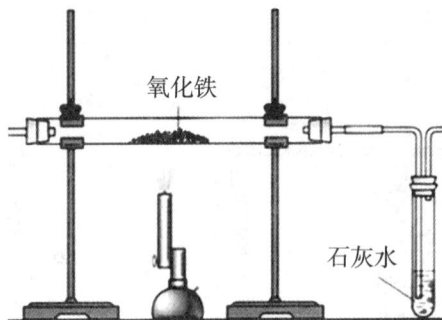

图4-64　探究炼铁原理

图4-65　恒压式

还可以改为防阻式。在容器口放一团蓬松的棉花（图4-66、图4-67），可以防止因气压过大导致药品冲出容器。

第三种方法就是改为防倒吸式。对于溶解度不大的气体，直接将导气管通入水中（图4-68）；对于溶解度较大的气体，要防止压强差产生倒吸现象（图4-69～图4-71）。

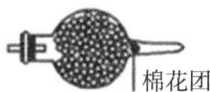

图4-66　干燥管放棉花

图4-67　试管口放棉花

图4-68　直接通入式

图4-69　倒立漏斗式

图4-70　肚容式

图4-71　容器接收式

专题复习讲求创设新的学习情境，让学生对学过的知识能够轻松愉快地进行回顾；讲求构建知识网络，对零散的知识进行整理归纳；讲求温故而知新，用已有的知识迁移到解决未知问题的应用上。化学实验能不能也这样复习？对实验中压强差的专题总结，做了一次有益的尝试。通过以点带面的归纳整理，可以引发学生在记忆中迅速寻找有关实验知识，通过思维活动来创造性地表达，并在回顾整理过程中渗透研究问题的方法和一些重要的化学思想，提升学生的思维层次。

4. 实验装置微型化

化学实验微型化，是近二十年来国际和国内化学界在绿色化学思想指导下，用预防化学污染的新思路对常规实验进行改革而发展起来的化学实验新方法和新技术。微型化学实验具有仪器的微型化和试剂的微量化两个基本特点，可以通过创新化的设计，使得尽可能少的试剂得到尽可能多的信息。因此微型化学实验具备易于操作和开展、现象明显结果快、节约试剂和能源、减少污染又安全等显著优点。在初中化学课堂中开发和应用创新化的微型实验，有助于培养学生学习化学的兴趣，培养学生的创新思维，培养学生节约试剂、绿色化学的理念，提高学生的实践能力和探究学习能力等。

案例1：探究影响物质溶解性的因素

探究影响物质溶解性的因素实验是沪教版教材第六章第3节的学生分组实验。书本用食盐、蔗糖、熟石灰三种物质在水中的溶解能力强弱得出溶质种类是影响物质溶解性的因素之一，用食用油在水和汽油中的溶解能力强弱得出溶剂种类是影响物质溶解性的因素之一，用硝酸钾在温度不同的情况下的溶解能力强弱得出温度是影响物质溶解性的因素之一。我们对书本该实验进行了微型创新化设计：

选用的实验器材及药品：塑料卡片（多个）、棉花、记号笔（油溶性）、白板笔（水溶性）、装水的试剂瓶、装酒精的试剂瓶、热水。

实验步骤如下：

（1）取两张事先分别用记号笔、白板笔写有"化学"字样的塑料卡片，然后用沾有水的棉花擦拭卡片上的字迹，观察现象。

（2）取两张事先用记号笔写有"C_2H_5OH"字样的塑料卡片（图4-72），分别用沾水和沾酒精的棉花擦拭，观察现象。

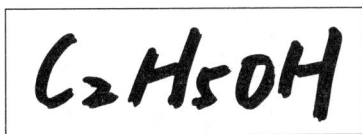

图4-72　塑料卡片

（3）取两张事先用白板笔写有"H_2O"字样的塑料卡片，分别用沾冷水和沾热水的棉花擦拭，观察现象。

由实验步骤（1）观察到白板笔写的"化学"字样可被擦去，记号笔写的不可以，说明记号笔油墨与白板笔油墨在水中的溶解能力有差异，得出结论：溶质种类是影响物质溶解性的因素之一；由实验步骤（2）观察到用酒精可以擦去"C_2H_5OH"字样，用水不可以，说明记号笔油墨在水中和在酒精中的溶解能力有差异，得出结论：溶剂种类是影响物质溶解性的因素之一；由实验步骤（3）观察到热水可以更快擦去"H_2O"字样，且塑料片上更干净，说明白板笔油墨在水中的溶解能力受温度影响，温度越高，溶解能力越强，得出结论：温度是影响物质溶解性的因素之一。

本实验在书本实验原理的基础上对药品和仪器都进行了很大的改动，对学生理解能力和探究能力的要求较高。但是也有着一些显著的优点，比如：所用原料用品简单易得，较生活化，节约化学药品，便于实验老师准备实验器材，操作简单，便于学生分组实验，实验现象非常明显，塑料片可循环使用，节约成本，减少污染等。

案例2：微粒运动探究实验

微粒运动探究实验是沪教版教材第3章第1节的教师演示实验。教材用浓氨水中氨气微粒运动到酚酞试液中使酚酞变红这一实验现象探究微粒的运动性。实验现象十分明显，对于已经在物理学科中学习过微粒运动性的学生来说，从化学物质的角度加深了理解。但是书本实验在环保的角度还存在改进的空间，虽然实验在倒扣的大烧杯中进行，但是实验中和实验后学生和老师仍然会闻到浓烈的氨臭气味。因此，我们进行了微型创新化设计：

实验器材及药品：废弃塑料盒（含盖）、废弃药品盖、用完的中性笔笔管、用过的无纺布化妆棉、棉花、细铁丝、小喷壶。

实验步骤及结论：

（1）准备工作：塑料瓶中加入少量水，并滴加一滴管稀硫酸（用于吸收氨水）；在塑料盖上钻一个小孔，用于放笔管，固定无纺布小花。

（2）向小花上喷洒无色酚酞试液，向放置在塑料盖上的棉花上滴2～3滴浓氨水，立即旋紧瓶盖，片刻后观察到小花变红（图4-73）。

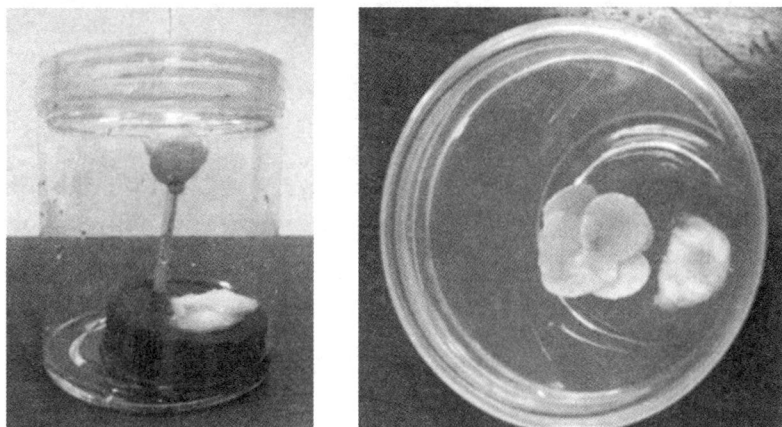

图4-73　浓氨水与小花

（3）实验结束后，将瓶身倾斜，使沾有浓氨水的棉花进入"水"中，振荡塑料瓶，使残留的氨水和氨气被充分吸收。

实验的注意事项是向棉花上滴浓氨水时，滴管不要碰触到花，否则会立即变色；盖上瓶盖的速度要快；实验结束后，要充分振荡塑料瓶，这样才能充分吸收。

本实验在书本实验的药品和原理基础上，主要对装置进行了改进，优点在于：所用器材均为废弃材料，体现了资源回收利用的思想；所用药品量大大减少，且实验最后用稀硫酸吸收残留的氨气和氨水，体现了绿色化学的思路；通过小花变色，增强了实验的趣味性和可看性；由于实验器材是随处可见的，药品用量极少，所以可变演示实验为分组实验。

案例3：松花蛋的制作

制作松花蛋是复习酸碱盐常用的教学情境，我们借助微型实验盒的功能，让学生得以在课堂上进行松花蛋的制作，让酸碱盐的知识不仅仅停留在书本中。

（1）松花蛋的制作原料：生石灰（拌有黄土）、纯碱、草木灰、食盐、茶叶、水。

图4-74　实验材料

（2）松花蛋的制作步骤：将原料逐一加入容器，加水；搅拌使其充分作用后静置10分钟左右；将所得料液裹到蛋上面（要看不到蛋壳且有一定的厚度）；将裹好的蛋放入保鲜袋中扎紧，再装入塑料封口袋密封保存即可（图4-75）。

图4-75　松花蛋的制作

（3）松花蛋的制作注意事项：制作过程中一定要戴手套；要用新鲜的没进过冰箱的蛋；用料液裹蛋时要有一定的厚度；密封塑料袋的密封性要好；10℃以下需要做好保温措施，可用稻草或薄被包一下；成熟的时间跟温度有关：20～30℃4～6天成熟；10～20℃10～14天成熟；制作成功的松花蛋蛋黄接近墨绿色，蛋清呈黄色，类似果冻状。剥壳后不会有液体流出的状态是最成功的。

松花蛋是民间传统美食，历史悠久，技艺纯熟，很多学生也吃过美味的松花蛋。事实上，松花蛋的制作、保存和食用过程中蕴含着丰富的化学学科知识，因此，笔者将松花蛋引入了化学课堂。课上学生在打开实验盒后发现缺少原料，由此引出学生活动，其化学问题即为物质的鉴别。在解决了原料的问题之后，学生开始进行原料的混合，笔者随即抛出问题，在此过程中发生了哪些化学反应，能否写出化学方程式。学生完成松花蛋的制作之后，多余料液的处理环节，不但渗透了酸碱中和反应和指示剂的知识，更渗透了绿色化学的思想。利用此微型创新化松花蛋制作实验，笔者顺利地引导学生完成了酸碱盐知识的梳理和建构，让学生充分地感受到了化学的学科化价值、生活化价值和生命化价值。

虽然微型实验有独特的优越性，但是多数书本传统实验也有其不可替代性。在教学中，应该根据实验的内容、目的、现象和定量要求等进行选择，使常规实验和微型实验相结合，两者取长补短，提高学生化学实验的动手操作能力，这样可以发挥更好的教学效果。同时，在微型实验的开发和利用上，也不必局限于书本实验，生活化、创新化实验的设计可以更有效地激发学生自主参与的热情，培养学生节约环保的意识和实践能力，有利于学生核心素养的发展。

微型化学实验具有仪器的微型化和试剂的微量化特点，具备易于操作和开展、现象明显结果快、节约试剂和能源、减少污染又安全等显著优点。在初中化学课堂中开展实验的微型创新化研究，有利于培养学生的创新思维，提高学生的实践能力和探究学习能力。

案例4：氢气制取与性质一体化微型实验

氢气是初中阶段学生需要掌握的一种重要的气体，对于氢气的制取与性质实验，我们进行了一体化微型实验仪器的成套设计：

实验的原理：

（1）实验室常用锌粒和稀盐酸/硫酸反应制氢气：$Zn+2HCl=ZnCl_2+H_2\uparrow$

（2）氢气具有可燃性：$2H_2+O_2\xrightarrow{\text{点燃}}2H_2O$

（3）氢气具有还原性：$H_2+CuO=Cu+H_2O$

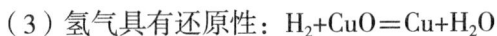

仪器药品有集气瓶、球形干燥管、玻璃导管、橡皮管、止水夹、W形

管、尖嘴导管、迷你酒精灯、铁架台、小木条；锌粒、稀盐酸、氧化铜、无水硫酸铜。

氢气制取与性质一体化微型的实验装置：

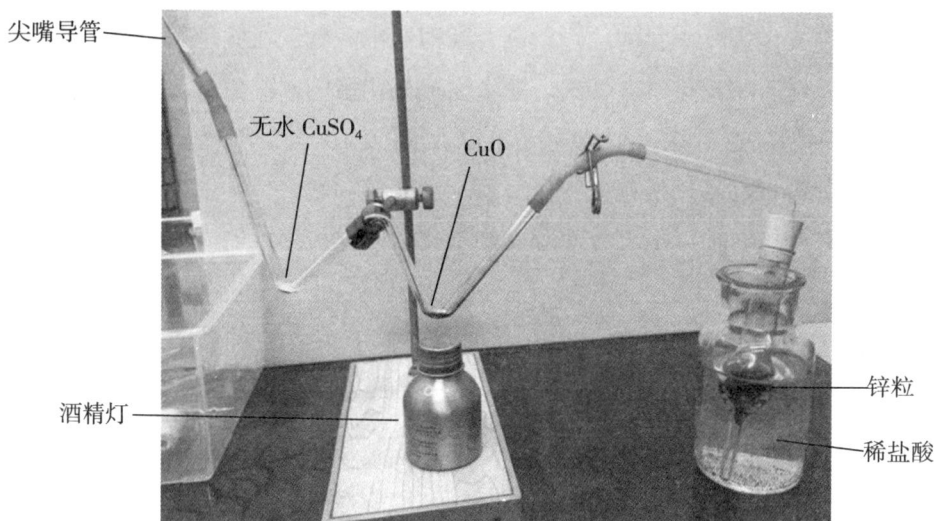

图4-76　实验装置

实验操作要点及现象如下：

（1）连接装置。（图4-76）

（2）检查装置气密性：将最左侧的尖嘴导管放入水中，用手握住左侧球形干燥管，若导管口有气泡冒出，松手后形成一段水柱，则装置气密性良好。

（3）氢气的制取：打开止水夹，稀盐酸逐渐没过锌粒，反应开始，产生氢气。此时可进行氢气的验纯，也可利用肥皂水鼓出氢气泡泡，点燃，发出"噗"的一声，产生一团火球，增加其趣味性。

（4）氢气的可燃性：用小木条将尖嘴导管处点燃，产生火焰，罩一支干冷的小试管，试管壁有水雾。（图4-77）

（5）氢气的还原性：点燃酒精灯，对准CuO加热，黑色固体逐渐变红，无水硫酸铜变蓝。（图4-78）

（6）停止实验：关闭止水夹，液面逐渐下降至锌粒下方，反应停止。

图4-77　氢气的可燃性

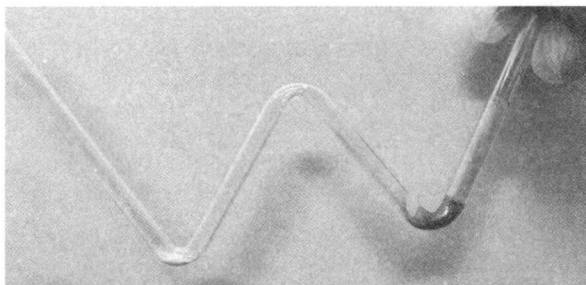

图4-78　氢气的还原性现象

实验改进：

（1）针对W形管可能不太容易烧制的特点，还可用90°的尖嘴导管代替，经过实验发现切实可行。（图4-77）

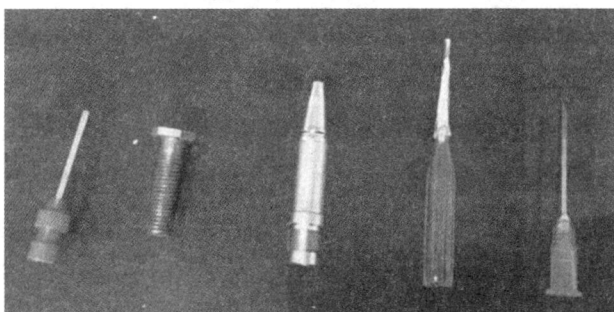

图4-79　不同针头

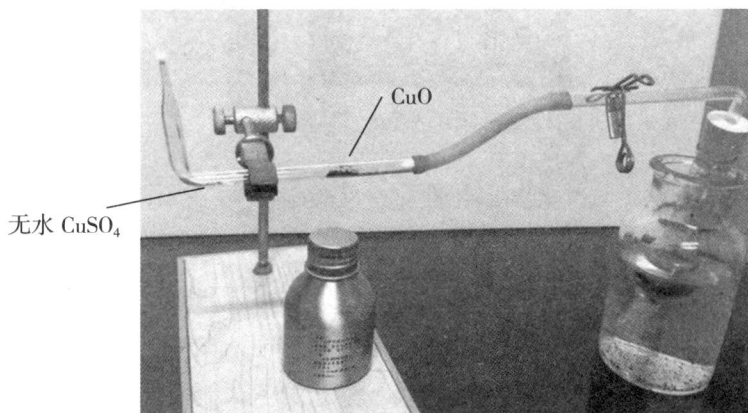

图4-80　尖嘴导管代替W形管

（2）氢气燃烧的火焰为淡蓝色，实验过程中做了很多尝试也没有观测到预期现象，为此也查阅了很多资料。笔者尝试了不锈钢气门芯管、铁质空心螺丝、金属笔管、铝箔包裹尖嘴导管、金属针头（图4-79），均为黄色火焰。（图4-81）如何观察到淡蓝色火焰，还需继续学习研究，笔者接下来准备在铝箔上继续改进，以期得到预期现象。

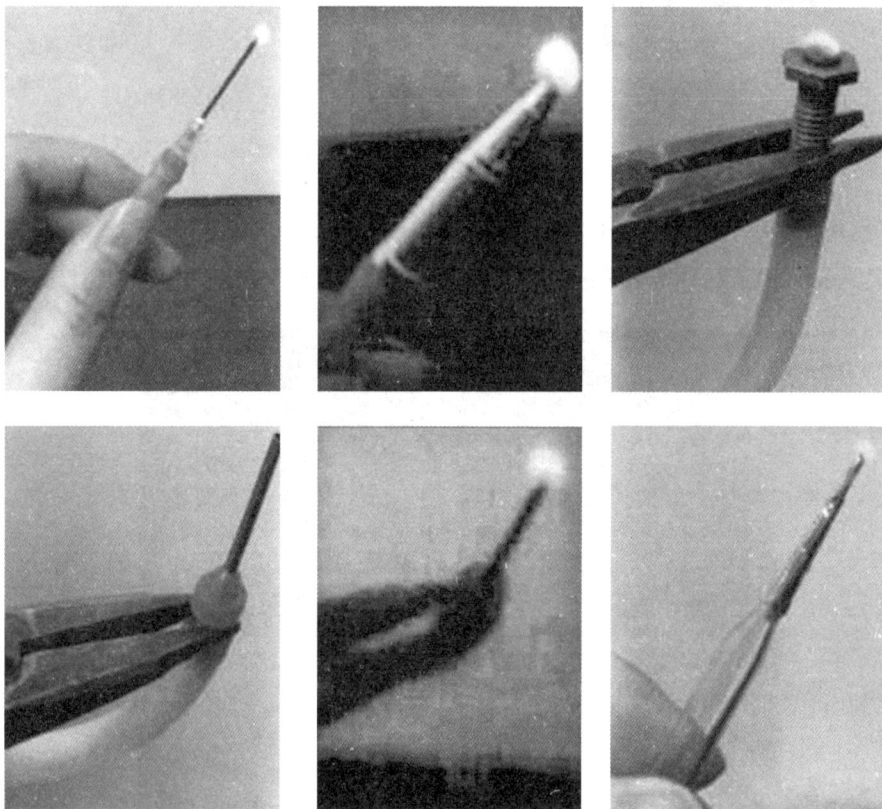

图4-81　不同针头呈现的火焰颜色

这样的装置，实现了氢气的制取与性质、检验一体化，操作方便；氢气的制备装置可以随时控制反应的发生和停止，更安全可靠；采用微型实验装置，药品用量少，节约资源，更环保，符合绿色化学的理念；耗时短，快速高效，提高了课堂教学的效率；现象明显，且有一定的趣味性，提高了学生的参与度和兴趣度；学生分组可操作性强，且近距离观察和思考，能捕捉更多生成性资源，有利于学生发散思维；装置仪器、药品方便易得，有利于推广。

教师在项目实施时精心设计问题情境，激发出对问题的探究欲望，使实验探究活动成为学习的切入点和脚手架，进而展开自主的、合作的探究学习。实验本身已然让学生理解为什么要实验；通过适切的项目任务，让学生知道做什么实验；通过教师的示范、师生协同帮助，让学生掌握如何做实验。

三、合作学习的实施策略

学习是一个多样化的、发展的、动态的过程，因此，学习情境应该具有生成性。一方面，学生基于已有的认知，通过与情境对话，与同伴交流，与教师互动，从而实现提升和发展；另一方面，学生在对复杂情境的探究与互动、体验与理解、反思与评价的过程会生成新的问题情境，促进学生的深度学习。

在合作学习方面，我们对伙伴学习在课堂教学中的理论进行了溯源及哲学思考，厘清其现实意义有：①应对问题，探寻教学新途径。首先，伙伴学习的课堂关注学生、尊重学生，将学生参与、选择、表达、质疑的权利落到实处，真正做到"人在课中央"。其次，伙伴学习的课堂拓宽了课堂知识的来源，从单一知识学习转向核心素养的培养，从知识的获得变成能力的提升，让课堂成全成长。再次，伙伴学习的课堂以学生为主体，以交往合作为组织方式，努力创造一种开放而有活力的课堂氛围。②指向主体，强化学习权利。主要强化学生参与的权利、表达的权利、质疑的权利、选择的权利。

因此，本研究的实施通常是以伙伴形式开展合作学习一起完成的。人们的行为在很大程度上会受到其同类或伙伴的影响。如果人们发现某种行为已经成为其同类中的一种流行行为，他们往往也就会跟着做。心理学家们将这种影响称为"伙伴影响力"。尤其是在面临着不确定时，这种伙伴影响力会极大增强。这就是为什么人们对周围发生的事情茫然无措时，他们通常不会询问自己已经困惑的内心，而是向外人寻求答案。伙伴对初中生的学习和成长的影响是全方位的，因此，在项目化学习实施过程中，我们尝试建构了伙伴学习共同体，引导学生的深度学习、自我认知以及品德发展等。什么是伙伴学习呢？

1. 伙伴学习的内涵特征

黄晓玲认为"伙伴"是指学生共同参与在班级授课式背景下的"伙伴式学习"，是学生群体为了完成共同的任务在明确合理的分工下，能各抒己见、集思广益、互相帮助、相互评价、合作共赢的一种学习模式。

　　王亚峰认为伙伴学习是在"小先生制"思想关照下，基于情感认同将学生结成学习伙伴，通过讨论、交流、讲授等方法，促进生生合作、师生交流共同掌握知识及提高技能通俗地讲，就是学生根据其情感认同组建学习小组开展教学的一种方式。

　　陈馨指出小组合作学习是与伙伴学习相近的一种教学形式，二者存在一定的共同之处，伙伴学习与小组合作学习本质上都是学习共同体，但由于伙伴学习和小组合作学习的概念处在不同的维度上，所以这二者从产生到运行，再到评价机制都存在明显的区别，主要体现为以下三点：①学习动力源不同。小组合作学习的动力源主要是来自学习任务的外驱力。伙伴学习的动力源主要是来自学习者本身的内驱力。②学习运行纽带不同。小组合作学习是以规则为运行纽带，各司其职是小组合作的基础。伙伴学习是以情感为运行纽带，伙伴关系的培育先于学习模式的建构。③学习生成与建构不同。小组合作学习主要是围绕学习任务展开的。伙伴学习的生成是多元的，既基于学习任务，又关注学生的学习成长和社会交往，计划性和生成性相结合，群组分工更为流动和多向。

　　尹步桥认为伙伴学习的主要特征为：①常态、自主的学习方式。"伙伴"的形成打破了传统意义上的"小组""学科"的边界，拓宽了学习的边界，让学习变得更"常态""自主"。②致力于培养学生的能力与素养。③注重情感交流。因为相同的价值取向，伙伴之间的互助合作是有温度的，在学习的过程中，理解、分享等情感联系让"伙伴"关系变得更为牢固。

　　本研究的伙伴学习是指在初中化学项目化学习中以合作学习为活动形式，以完成共同学习任务为目标，共同探究、相互协作、分享学习收获与成果，形成相对稳固的学习共同体。让学生结为研究伙伴，在共同学习、研究中开展学习，在自主探索、合作交流、思辨内化中促进学生学力提升的化学学习新样态。

　　这里的伙伴学习既是一种课堂学习共同体，也是初中化学课堂的一种学习方式，也可以视为小组合作学习的一种形式。伙伴学习有助于学生与学生成为砥砺前行、困难共担和合作共进的学友，同时和同龄人的情感分享，有助于缓解学习焦虑，稳定情绪。伙伴学习的质量是项目任务能否顺利完成的重要保证，伙伴学习的建设水平在一定程度上就是项目化学习实施的水平。

伙伴学习将教师、学生、课程、环境等要素融入一个项目学习空间，开发、利用丰富的学习资源，让学习者基于共同的任务，以伙伴为团体，经历实践探究、分享交流、总结评价、自主提升的学习过程，完成学习目标，促进知识理解与思维提升的互助性学习。伙伴学习充分利用了差异资源，自主学习的一种新型学习方式，学习伙伴在小组中互相合作，在共同完成任务的过程中发挥特长，各尽其能，通过优生带学困生的方式，既提高了个体的学习效果，又完成了小组的共同目标。

伙伴学习的基本要素有：①学习伙伴。课堂学习伙伴既包含人的因素，也包含物的因素。学习伙伴除了同学和教师，还包含丰富、生动的学习内容和媒介，比如教材、电脑、网络等。②课堂规则是伙伴式学习的重要因素。伙伴式学习要帮助学生发展"自律"能力，让课堂规则建立在学生主动学习化学、实现快乐发展之前。③教学方式的转变是伙伴式学习的核心所在。伙伴式学习让教师变高高在上的知识传授者为参与学生学习活动的伙伴，站在学生旁边，做一个引导者。

伙伴学习的共同目标是：基于学习任务和学习目标，共同研究，交换彼此的见解，充分调动教学主导与学习主体的角色意识，旨在解决学习的实践问题，伙伴学习相互依存的纽带是：基于课堂教学实践、围绕教学各要素之间关系，项目化学习中构建开放的学习场域，教师营造浓郁的合作互助学习气氛，在人际交往中的相互学习，即参与的个人在自愿的情况下，将个体所拥有的知识技能、情感态度、学习习惯、学习策略传授给伙伴，在物我融合中的探究学习，即借助课本、教具、多媒体等物性资源进行的动手实践直观感悟。

伙伴学习使教师与学生、学生与学生、学生与虚拟的伙伴之间平等合作、互助共长，以此积累丰富的经验和见识，学生参与广泛、学习交流多向、学习氛围宽松，提高学习品质的一种开放、自主、多元的学习样态。

2. 伙伴学习的实践模式

尹步桥老师认为伙伴学习以"合作"为基础，以"群体"为单位，又区别于传统意义上的"小组学习""合作学习"。它在教学实践中有多种表现的方式，例如：分享式伙伴学习、游戏式伙伴学习、涂鸦式伙伴学习、报告式伙伴学习、任务式伙伴学习、问题式伙伴学习等。

刘家宏从学生学习特点出发，以唤醒学习者主体意识、培养主体学习的习惯与能力为目标，尝试开展适合一定年段学生的伙伴学习实践样态，并总结出了如下几种模式。①分享式伙伴学习：内容有广度。分享式伙伴学习是指学生将自己搜集、整理、学习和内化的信息与伙伴共享，相互间开展积极的研讨，由此产生思维碰撞和共鸣，从而达到伙伴共同进步与发展的实践样态。②思辨型伙伴学习：思维有深度。从中年级开始，我们的教研组开始着力培养学生的反思意识和质疑能力，即思辨型伙伴学习的核心内容。在课堂上，教师们从渗透方法开始，不断启发和引导孩子们开展有深度的学习和思考，包括掌握对话的艺术和技巧，学会自我反思与大胆质疑。③互助型伙伴学习：方式有温度。基于如何让学生敢问、会问、善答？尝试开发出以答疑卡作为工具的互助型伙伴学习模型，答疑卡的内容主要由"我提问+我来答+说道理"三部分组成。在使用过程中，逐步形成三步走的基本流程，即初步解答—回收评价—深入辨析。

杨春基通过研究指出，指向新型师生关系、教学方式的建构，伙伴学习研究聚焦课堂实践，关注学习主体、学习伙伴、学习动力、学习品质等课堂教学的关键要素，建构了分享式伙伴学习、游戏式伙伴学习、涂鸦式伙伴学习、报告式伙伴学习、任务式伙伴学习、问题式伙伴学习等伙伴学习的实践样态。

陈馨指出在数学学习中，学生基于共同的学习任务开展学习，教师要建构开放的学习场域，师生作为学习共同体经历学习的进程，学生通过伙伴学习，进行自我调整与组间递进。伙伴共研的学习过程主要要经历如下环节（图4-82）：问题引领—场域构建—自主探究—组内共研—反思调整—全班分享—总结提升。

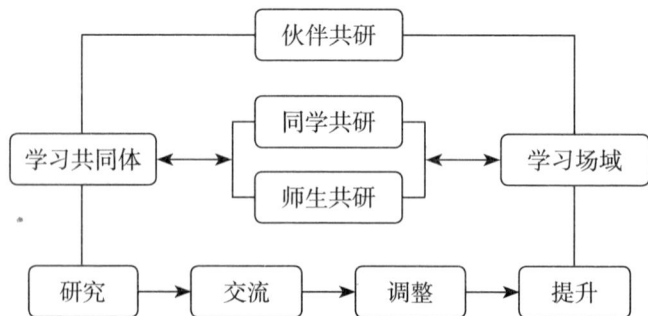

图4-82 "伙伴共研"的实践模型

高丛林指出伙伴式学习改变以教师的"教"为主线的流程，创立了以学生的"学"为主线的模式，构建了以"前置顺学—交流互动—拓展研究"这三个基本环节为主的课堂教学流程。"前置顺学"环节立足于顺应学生的主动学习，了解学生不同的学习起点。"交流互动"环节充分体现学生学习的自主性，结合"顺学单"表现出来的不同层次，学生之间交流学习心得。"拓展研究"环节是对学习成果的巩固和深化，学生可以自由组合，就大家共同关心和感兴趣的问题进行深入的研究。

邢怀庆等人构建了以伙伴学习为主要特征的"伙伴互助"课堂教学模式。在此种学习模式下，一般的新授课分为"五个阶段、四个互助"（简称"五段、四互"）来进行。（图4-83）"五段、四互"是"伙伴互助"高效课堂的基本教学流程，根据不同课节、课型、学科特点，也可以开展其他形式的伙伴互动。

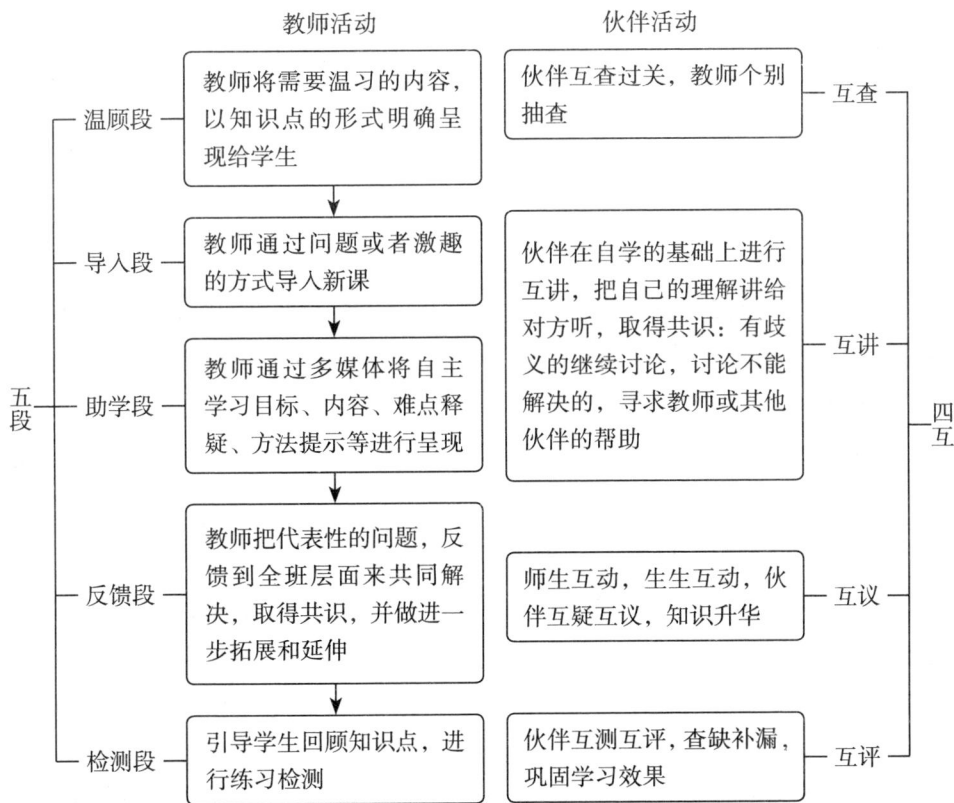

图4-83 伙伴互助"五段、四互"课堂教学流程图

以上这些研究都给予我们诸多的启发，我们在此基础上提出了我们在初中化学项目化学习中伙伴学习的学习模式。这个由教师、学生、内容和媒介四个要素共同构建了一个相互依存的伙伴学习共同体，采取的主要学习模式有：

（1）问题情境：交流式伙伴学习。交流式伙伴学习中，教师将学生的学习内容转化为情境，让学生反刍经验，引导学生从情境中生发问题，用问题驱动伙伴之间的研讨、交流。

（2）任务活动：探究式伙伴学习。教师要放手让学生尝试，引导学生关注伙伴学习的思想、方法，伙伴们在教师引导下，共同围绕学习任务而展开的协作式学习活动。

（3）评价生成：分享式伙伴学习。关注伙伴对问题的推导过程、论证过程，引导学生学会探讨、比较、概括、表达。

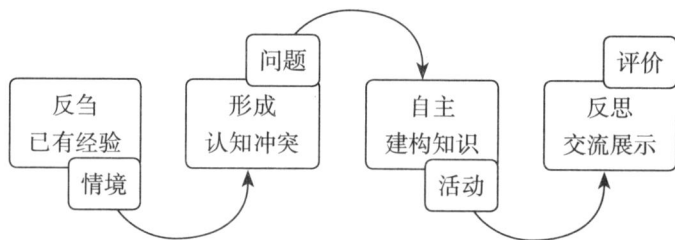

图4-84　项目化学习流程

伙伴学习并不是全盘否定教师的作用。伙伴学习是学生学习的"前台"，而教师的智慧则隐藏于"幕后"。那么，伙伴学习的实践过程中，我们的教师要确保伙伴学习的高品质、高效率。

宋尚琴认为伙伴学习的实践策略有：①伙伴学习组织的建设——灵活、多样、自由。②伙伴学习内容的设计——简单、根本、开放。③伙伴学习场域的创设——安全、多元、和谐。④伙伴学习方法的指导——合作、倾听、表达。

王亚峰从理论和实践角度总结出"小先生制"下伙伴学习教学实施的指导策略：①指导学生提高对伙伴的认识。②指导学生准备好参与到小组活动中。③指导学生建立积极的相互依存。"小先生制"下小学数学伙伴学习的高效性原则：①明确个人与小组的责任。②伙伴学习的目标和课堂教学目标有机结合。③伙伴学习的内容、过程与学科知识、结果相融合。④伙伴学习的成果与教学评价共同发展。

王娟娟等人通过案例分析对高中化学课堂的伙伴学习法实践策略进行说明。①设计伙伴学习任务单，用仪式感提升课堂专注力。②了解学生的心理与学业水平，帮助建立信赖的伙伴关系。③培养小组核心，提升伙伴合作效果。④精选学习内容，扩大交流面，提升学生的课堂投入程度。

孙雁梅指出伙伴学习在小学数学课堂中的应用策略有：①对学习任务进行合理分工，激发伙伴间的互助学习。②合理地设计学习任务，对学生的伙伴学习进行引导。③注重对学生的激励性评价，促进学生的发展和进步。④合理布置课后作业，拓展学习空间。

陈颖指出在小学语文教学中，教师需要关注课堂教学改革，灵活运用"伙伴课堂"教学模式。①合理分配学习伙伴，为学生营造合作学习气氛。②为学生提供合作探究机会，增强学生的合作有效性。③注重教学反馈，提高个性化教学。

费洁等人的语文组以课题"高年级习作教学中伙伴学习的策略研究"为抓手，以课堂研究为主阵地，以案例研究为突破口，探索以"伙伴学习"构建习作"学本课堂"新样态的具体策略。

（1）伙伴小组，习作教学中伙伴学习的孕育场。①创建伙伴小组，力求公平和谐。②培养合作能力，体验自我价值。③运用评价机制，提高整体实力。

（2）课堂活动，习作教学中伙伴学习的主阵地。①伙伴活动，以"趣"的方式吸引。②伙伴交流，以"矮"的姿态交融。③伙伴引领，以"高"的眼光审视。

（3）多元评价，习作教学中伙伴学习的加速道。①评价对象的多元。②评价过程的组织。③评价形式的变化。

黄萍为数学教学要运用全纳教育的理念，让学困生在伙伴学习策略的促进下掌握更多的数学知识。教师要合理分工，引导构建互助学习团队；设计适当的任务，引导学生共同学习；将学习延伸到课外，扩展学习空间，以更好地帮助学困生走出学习困境。

吴凡认为伙伴学习的实质是合作学习。伙伴学习在小学阶段的语文教学中运用广泛，尤其是课堂小组合作已经取得了一定的实践与理论基础。伙伴学习的价值不仅在于课内，而且在于课后的运用，其课后价值往往被忽略。发挥伙伴学习在课后的作用，是突破课堂时空限制、转变学生学习角色、引导自主合作探究的有效途径。笔者结合自己的教学实践与思考，从"着眼内部外部，构建均衡团体""依据教材学生，谨设问题任务""组长实时引领，教师适当监控""运用多种评价，诊断反馈激励"四个方面来分享伙伴学习在小学语文课后学习中的运用。

杨勇诚等人为了全面落实"立德树人"的总要求，提高初中物理教学的育人品质，在教学实践中充分利用学生的学习经验和生活经验，可以组织小组合作学习、实施分层走班授课、开展校园活动、推进多元综合评价和教师角色转变等，促进学生间的伙伴学习，让学生间的知识与技能、经验与经历上的差异成为重要的教学资源，让教师的默会知识潜移默化地影响学生的成长。

聂传虎通过高中物理知识的复习探讨如何高效地开展伙伴式互助教学。

（1）建立伙伴关系，强化合作意识。①科学组队，明确目标。②注重细节，把握原则。

（2）开展有效活动，训练学生技能。①基础为本，立定跳远。②思维先行，方法比拼。③举一反三，应用训练。

（3）完善课堂体系，优化评价机制。

邢阔认为"伙伴课堂"是以伙伴为根本展开的团体合作的新型教学模式。创设"伙伴课堂"学习的重要步骤有：①制订教学目标，明确学习任务。②合理建设学习小组，引导学生明确小组任务角色，学会进行合作、交流。③教师明确自己的角色，与学生建立有效的互动。

何项麒根据在信息科技学科教学中对合作学习设计和指导的一些经验，探究伙伴学习策略，指导学生学会合作，并让教师学会如何指导学生合作，如何设计合作的活动项目，如何让学生理解合作、学会合作、善于合作。①加深伙伴间的了解。②消除伙伴间的拘束。③建立伙伴学习团队。④开展伙伴学习尝试。

综上所述，我们认同并应用了一些策略：合理组合，科学构建合作小团队；加强小组建设，保证合作小组活动正常运行；有效地开展活动，训练学生的合作技能；培养好的学习习惯，激发探究学习的兴趣；优化评价方式，促进小组成员相互依存。

伙伴学习小组的规模、小组成员的构成（学习能力、探究能力、思维能力、知识经验）、小组成员间的关系是否融洽（成员关系的和谐与否等）、小组间的协作、小组成员的表达与交流能力和意愿等都是影响探究教学顺利实施和教学效果的重要因素。伙伴学习小组的规模受外部条件和学生内部条件的影响。外部条件主要包括场地条件和实验设备条件等；内部条件包括学生的认知水平、性格特点、兴趣爱好等，那么又该如何做好科学、合理、有效地组建伙伴学习小组呢？

① 组内异质，组间同质

伙伴合作学习小组是一种新型的结构、功能联合体，通常由4～8名在性别、学业成绩个性特点等方面具有异质性的学生组成，尽可能地使小组的组成体现一个班级的缩影。由于在每个小组内体现了合理差异，从而在全班各个小组之间组成了一个大体均衡、可资比较的小组联合体。组内异质保证了组内各个成员之间在各方面的差异和互补，为学生与学生之间的互助合作、取长补短和优势互补奠定了基础，有利于大家从不同的角度看问题；而组间同质又为全班各个学习小组之间在同一起点和同一水平上展开公平、合理的竞争创造了条件。

② 任务分割，结果整合

教师在各课时要做大量的课前准备工作，要了解学生特点，吃透教材，对是否进行小组合作学习进行正确的判断，在上课前，还要进行伙伴的介入式教育。要对合作内容、自主学习、环境氛围、交流反馈、评价激励等各个方面进行系统的设计，特别是在小组合作学习的讨论时，要把握教材的重难点，有针对性地讨论，为了避免讨论成为学优生的个人表演，可以丰富讨论的形式。

在伙伴学习中，一方面，每个人都必须为自己的学习负责，小组学习成绩的优劣与个人是否尽责密切相关。小组合作学习将小组的学习任务分解到个人，或者将全班任务先分解到小组、小组再分解到个人，使每个小组成员都承担了小组任务中的特定部分，一个人完不成自己承担的任务，不仅会影响自己的成功，而且也会给整个小组或全班的任务完成带来不利影响。另一方面，在小组的学习目标结构中，小组成员之间在学习内容和学习结果上有很强的相互依赖性。全体小组成员会形成一个"利益共同体"，在这个共同体中，一个人的成功并非真正的成功，只有在小组的其他成员也达到学习目标的情况下，整个共同体才能达到目标。这样，小组合作学习改变了传统的课堂教学中单一的"输—赢"关系，在小组成员之间产生了"大家为一人，人人为大家"的"荣辱与共"的积极互赖关系。因此，在小组合作学习中，学习成绩好、能力强的学生在自己掌握了学习内容之后，就会积极地去帮助其他学生；而学习成绩较差的成员，由于集体荣誉感和自尊心的作用，也会尽自己最大的努力去学习，以保证自己所在的小组不因个人成绩的不理想而失败，从而有效地调动了全体学生的积极性和主动性，实现了资源的共享。

例如在项目化学习"质量守恒定律的应用"的教学中，我们设计了"伙伴学习理解单"，对所用情境"白磷燃烧的实验"进行了探究，研究白磷燃烧前后，物质种类、物质总质量、微观粒子、元素种类、元素质量等是否发生改变，并寻找变与不变的规律，由学生通过伙伴学习分工合作，解决问题完成任务。

表4-1　聚集"白磷燃烧的实验"困惑与澄清问题·看看哪个小组思考与展示最优？

③分配角色，分享领导

在伙伴合作学习小组中，对具有优良品质的组员分配给他相应的扶助任务，即帮助一对一的帮扶对象（潜能生）。潜能生的成长优劣与对他成长优劣的评价挂钩。这样，既保证了学习小组成员之间分工明确，秩序井然，又能使个人的优势和特长得以充分利用和展示。发现问题或根据老师的问题、任务，通过讨论提出猜想与假设、制订计划、设计实验，根据需要进行分配任务，这一环节是教学的核心。在教师的启发下，进行实验、收集证据，在实验中加强实验规范操作、安全操作的指导，将实验数据及时填入记录表中，各成员进行任务完成情况进行分享汇报，小组进行分析论证，实质就是对探究的数据进行描述，对探究现象归纳总结的过程，最后小组形成共同的意见或结论。

生生互看，丰富学生的观察角度；生生互辩，增强学生的互动交流；生生互评，激发学生的学习动力。

④ 优化空间，促进交往

课堂教学中，学生课桌椅的排列方式直接影响到学生主动参与和相互合作的程度和方式。传统的课堂教学中，课桌椅的排列方式主要是一排排课桌椅朝前的"秧田式"，这种课桌椅的排列方式有利于同桌的两位学生之间的交流与合作，但是再大范围的合作学习就会受到严重制约和影响。因此，小组合作学习理论认为，为了有利于学生之间的合作学习，加强学生之间的交流和沟通，最大限度地促进学生之间的相互交往和相互作用，应把班级内学生的座位以4~8人合组的形式摆放，使课堂从形式、氛围到组织都有利于学生开展小组合作学习。

小组的构成遵循"组内异质、组间同质"的原则，但在实际操作中这一原则的贯彻并非易事。根据实际教学经验，小组的编排要注意以下策略。

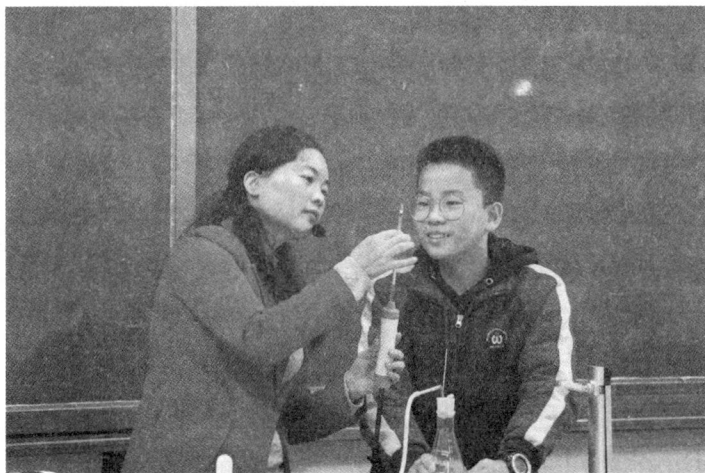

图4-85　项目化学习"质量守恒定律的应用"

首先，教师要对学生情况充分了解，课前"做足功课"。比较好的做法是教师设计一个表格，对每一学生的相关情况进行记载。

其次，根据表格记载情况，每个小组的编排应尽量使因子赋值均衡，从而大体上做到"组内异质、组间同质"。也可以采取更精确的做法将因子更加细分，因子赋分以具体数值，并给予相应权重，按最后得出的总分分组。

总之，教师工作做得越细、对学生情况了解得越多，分组的合理性就越高，教学效果会越好。有条件的学校，还可将其与学生综合素质评价系统相结合，使教师深入了解学生，将"备学生"真正落到实处。

第五章

项目评价的创意设计

评价是指在一定教育价值观的指导下，依据确立的教育目标，通过使用一定的技术和方法，对所实施的各种教育活动、教育过程和教育结果进行科学判定的过程。评价是一种价值判断的活动，是对客体满足主体需要程度的判断。

初中化学项目化学习始终关注学生素养、能力和品质的培养，指向化学学科关键能力的评价。项目化学习的开展主要是为了引导学生更加有效地融入情境，在教学情境中通过知识学习与探索活动实现知识获取目标，而学生们在主题情境中的融入效果会直接决定最终的教学效果。主要评价方向应该包括"学习意义理解""学习状态维持""学习兴趣意识""学习质量效果"等评价内容，通过相关内容的评价与判断了解学生们的融入效果，围绕评价结果调整情境构建措施。

项目化学习的开展是为了进一步激发学生探索欲望与学习需求，促使学生保持更加积极的学习状态。因此评价体系构建要关注学生的自主探究状态，深入了解学生是否能够按照情境主线开展探索活动，特别是要关注学生们是否能够根据教师的引导进行探索尝试。当教师发现学生们在自主探索中存在的不足和问题后要及时调整教学引导策略，使得学生们能够更加积极主动地进行探索尝试，实现化学知识与核心素养的有效积累。

项目化学习探究教学的引入能够有效改变初中化学教学现状，带给学生们更加丰富的学习体验，教师在应用这种教学模式时要围绕评价体系构建展开深入研究，有效利用教学评价推动教学模式的良性发展，为学习方式的变革与教学效果的提升提供有效支持。

项目化学习中的评价是多元且丰富的。本研究更倾向于狭义的教育评价，即指完成项目化学习的评价，一是了解学生的学习与课程标准、与育人目标之间的达成度，二是研判教与学双边活动中的问题，以不断改进教与学的方式；三是与区域内同类学校比较，了解学生、教师和学校的发展水平。因此，项目化学习的评价是同时运用过程性和总结性评价策略及多元主体参与的评价方法来促进学生真正投入学习。

一、活动过程的评价

项目化学习过程中的评价，可以是对整个项目化学习中的活动进行评价，也可以是对项目化学习中的某个具体环节进行评价。学生可以进行组内评价，也可以进行组间评价。可以采用书面评价或者用答辩会的形式进行评价。教师也可以针对成果报告中某些模糊不清或者不够准确的地方进行提问，可以帮助学生进一步提升思维能力，教师还要从过程和结果两方面来进行评价，使评价落实在促进学生核心素养发展的目标上。如有学生评价某些同学因为实验操作不规范而导致实验结论不准确；也有学生评价实验方案不够详细，忽略了一些小的细节，使实验现象不够明显。学生评价完后，教师要有意识地引导学生进行反思和改正。

在项目化学习"护手霜"中，我们设计如下：

［布置任务］制作护手霜需要将原料分散到水中，请大家动手操作。

［实验1］分别向盛有氯化钠、海藻糖、甘油、珍珠粉、薰衣草油的①～⑤号试剂瓶内加入约20mL水。盖紧瓶盖后振荡，观察分散过程及静置后的实验现象。

［学生活动］观察、交流、讨论物质分散的现象。

［提出问题］上述物质溶于水中形成的体系，可以如何分类？依据是什么？

［学生互评］交流分类依据及结果，认识浊液和溶液在宏观现象上的不同。

［教师评价］同学分二类和三类都是有道理的，如果分二类，就如同学们所说可以分为溶液和浊液；如果分三类，那么像珍珠粉以固体小颗粒形式分散到水中形成的混合体系称为悬浊液，像薰衣草油以小液滴形式分散到水中形成的混合体系称为乳浊液，而像食盐、海藻糖、甘油等分散得到的体系我们称为溶液。

［提出问题］像乳浊液、悬浊液分散后仍然能看得到小液滴或固体小颗粒，食盐和海藻糖为什么"消失"了？他们在水中真的消失了吗？如何证明？

［学生活动］思考，回答。同学们最先想到的方法是喝一口证明氯化钠并没有消失，在不允许品尝的情况下，又想到加热蒸发有白色固体出现也能证明。

［提出问题］既然未消失我们为什么看不到？食盐究竟以怎样的形式存在？请提出假设。

［学生活动］思考，回答。根据氯化钠的构成，学生很容易想到氯化钠在水中以钠离子和氯离子的形式存在。

［提出问题］有没有办法证明？请根据老师的提示动手检验。

［教师提示］氯离子的检验方法：向待测液中加入2～3滴硝酸，再加入3～4滴硝酸银，若待测液中有白色沉淀出现，就证明溶液含有氯离子。

［实验2］向①号试剂瓶中加入2～3滴稀硝酸，再加入3～4滴硝酸银溶液，盖好瓶盖充分振荡，观察现象。

［学生活动］动手实验，通过现象分析验证溶液中存在氯离子，从而得出氯化钠在溶液中以氯离子、钠离子形式存在。

［放映视频］放映氯化钠、海藻糖在水中分散的模拟动画。

［教师总结］海藻糖和蔗糖类似，都是以分子形式分散到水中，甘油类似于酒精，它也是以分子形式在水中分散的。

环节一　形成观念

分散系	实验操作	实验现象
溶液	食盐中加入水	固体消失不见，液体无色澄清透明
	海藻糖中加入水	固体消失不见，液体无色澄清透明
	甘油中加入水	液体无色澄清透明
乳浊液	薰衣草油中加入水	物质以小液滴形式分散到水中形成的混合物
悬浊液	珍珠粉中加入水	物质以细小的固体颗粒形式分散到水中形成的混合物

环节二　理解本质

溶解：物质以分子或离子形式均匀分散到水中的过程。

溶液：物质溶解于水后形成的均一的、稳定的混合物。

> 均一性：溶液各部分的密度、组成、性质等完全一样。

> 稳定性：外界因素不变时，溶液中的物质不会分离（即不会出现分层或沉淀现象）。

图5-1　项目化学习"护手霜"

［学生评价］那么，溶液的定义补充完整应该是物质以分子或离子的形式分散到水中形成的混合物。

［提出问题］食盐、海藻糖、甘油以分子或离子形式分散到水中就无法被肉眼识别，珍珠粉和薰衣草油分散到水中我们仍然能看到固体小颗粒和小液滴，说明它们是以什么形式分散的？

［学生回答］微粒的聚集体。

［提出问题］现在让大家对桌上几瓶溶液重新分类的话，还可以怎么分？

［学生回答］以分子形式分散的一类，以离子形式分散的一类，以微粒聚集体分散的一类。

［教师评价］很好！分类标准不同，最终的分类结果也不同，这就是物质分类观。（任晓蒙，苏州文昌实验中学校）

项目化学习的开展需要学生亲身实践，需要学生带着思考、假设、探究来行动。学生根据小组设计的活动方案，从仪器的装配、药品的选择、实验步骤和时间的安排等方面进行自主探究。教师应指导学生规范地进行实验，适时地提醒学生注意实验安全。在探究活动中，学生能够相互合作，及时沟通，很好地完成了预期的学习任务。

在项目化学习"招聘清洗员"的最后一个环节"自制洗涤剂"中，我们设计如下：

［躬行实践］俗话说得好：纸上得来终觉浅，绝知此事要躬行。请大家利用生活中常见的素材自制一款洗涤剂，并说明其中涉及的洗涤原理。

［实验材料］食用纯碱、小苏打、食盐、柠檬、橘子、雪碧、食醋等。

［资料卡5］橘油的主要成分为柠檬烯，也叫1，8-萜二烯，化学分子式为 $C_{10}H_{16}$。柠檬烯对于油类、化肥、农药、果蜡等有机化合物有着极强的溶解作用（图5-2）。

图5-2　橘子皮

[设计意图] 让学生在课堂上动手、动嘴、动脑，动起来的课堂才是在培养学生的核心素养，通过设计学生能主动参与富有学科特性的学习活动，提高学生知识迁移应用能力，实验设计与评价能力，问题解决能力，给我们的课堂教学注入了活力，促进了师生之间、生生之间的交流，突出了学生的主体地位，活跃了课堂气氛，突出了化学知识学习的社会价值。

[学生互评] 交流讨论各自的方案，展示清洗成果：橘子皮清洗水果、柠檬汁或食醋清洗水垢、纯碱或小苏打去除油污等。

[教师评价] 肯定大家好的做法，体现了同学们不仅在生活中有小妙招，还学会了应用化学原理进行解读。课后我们还可以进行拓展学习，大家课后可以关注微信公众号：生活中的化学（白醋在生活中的妙用、化学窍门去污渍等）；可在相关平台上搜索自制洗涤剂妙方等购买。

学生可以先进行组内交流，形成统一认识后再进行组间交流。交流内容可以是知识点的总结，可以是实验技能的掌握，可以是某一突发状况的解决策略，也可以是活动设计的不足之处和创新设计。如项目化学习"化学反应中的质量关系"进行成果交流时，学生交流最多的是实验设计应考虑在密闭容器中进行，否则会影响实验结论。也有学生交流实验中需要注意如果有气体生成，要考虑将气体收集起来，直接用橡皮塞塞好可能会导致橡皮塞弹出，若用气球收集可能会产生浮力，改用注射器更好，但要考虑好装置的密闭性。教师应留给学生足够的空间，允许多种思维、方法和观念的融入，鼓励学生创新性的总结成果。

项目化学习强调以学生为学习的主体，在活动中不仅要关注学生学科知识的获得，更应该关注学生提出问题、分析问题、解决问题的能力，从而培养学生的问题意识，让学生有能力运用多种学习方式解决生活中的现实问题。项目化学习中，开放民主的教学理念、精心巧妙的教学设计、广泛参与的学生状态、适时恰当的教学引领，让学生真正体会了从做中学，提高了学生的核心素养。

在项目化学习"食盐水的配制"中，我们创设了生活生产情境，紧扣学习主题。通过实物稻谷的展示瞬间有效地抓住学生的心，激发了学生强烈的探究欲望。一定溶质质量分数的溶液在生产生活中有广泛的应用。①医疗上配制溶质质量分数为0.9%的NaCl溶液作为生理盐水，不准确会使细胞失去活性。

②施用农药必须按照规定的浓度，否则会降低药效或损害庄稼。③农业上常用10%～20%的氯化钠溶液选种，配制不准导致选种失败。农业选种背景知识：按物种需要配制NaCl溶液，其密度比水大，将种子放入NaCl溶液中，漂浮的不饱满，沉下的饱满，也就是好的种子，而且NaCl廉价易得，所以农业上选用NaCl溶液来选种。

［设问］今天老师带来一些稻谷（展示实物），同学们能配制一定质量分数的氯化钠溶液把其中的好种子选出来吗？

［教师］我们今天就来配制50g16%的食盐水（本地农民通常用这种浓度）。怎样配制一定质量分数溶质的溶液？总结并写出配制一定溶质质量分数的溶液的步骤，每一步需要的实验仪器。

［提示思考］：①用什么药品配？需要多少量？②用到哪些仪器？怎样混合？③最后保存在哪里？

在此处我们的设计意图是如何配制一定溶质质量分数的溶液，三个真实问题中每一个"问题"都具有一定的综合性和复杂性，学生看似可以轻松尝试解答或操作，但深入后又发现存在一些困难。这正是处于学生最近发展区的一种表现。在这种一知半解的情形下，学生的求知欲和学习动机被最大限度地激发。三个"问题"之间是循序渐进、逐渐深入的关系。它们构建了一个关于溶质的质量分数的概念框架。学生的学习活动循着这个脚手架逐渐攀升，最终达成对溶质的质量分数知识的深入理解和意义建构。

［学生］按教师提供的解决问题的有关线索，自主确定为完成学习任务所需要的知识点清单，获取有关资料和信息，并且利用、评价有关信息与资料，填写学案上相关内容。

［教师提示］在生活中液体的量更多的是用体积表示，我们计算出的是溶液的质量，那该怎么办呢？（用密度公式进行换算）指出用液体配制时一般不用天平称量，而用量筒量取。

［**设计意图**］学生能自己学会的部分，教师不再讲，有效培养学生的自学能力。只在合适的时候镶嵌必要的点拨。接下来，学生将通过伙伴合作学习来完成，过程性评价融入其中。

［学生］小组交流。实验设计配制溶液的步骤为：①计算：m（NaCl）=50g×16%=8.0g；m（H_2O）=50g-8.0g=42.0g；V（H_2O）=42.0g/1g·mL^{-1}=42.0mL；

②称量：用托盘天平称量8.0gNaCl固体，用量筒量取42.0mlH$_2$O；③溶解：将氯化钠和水先后倒入烧杯中并用玻璃棒搅拌至完全溶解；④转移：将氯化钠溶液转移到试剂瓶中。

用到的实验仪器有托盘天平、药匙、量筒、胶头滴管、烧杯、玻璃棒。

［学生实验］提供实验仪器和药品进行分组实验：烧杯、托盘天平、玻璃棒、量筒、药匙、胶头滴管、水、食盐，动手配制50g16%的氯化钠溶液。

［学生］问题讨论：

①在溶液配制过程中，使用玻璃棒的作用是什么？②若要增大氯化钠的溶解速率，可以采取哪些措施？③使用浓硫酸配制一定质量分数的稀硫酸溶液，与配制氯化钠溶液进行比较，实验步骤上应有哪些改变？

解析：①玻璃棒的作用是搅拌加速溶解；②可采用搅拌、将氯化钠研碎、升温等方法加速溶解；③用浓酸配制稀酸，是用液体配制液体，将称量步骤改为量取。

［设计意图］协作学习阶段尽可能让学生经历实验方案设计、实验操作、完成实验报告等实验过程。教师给学生提供解决问题所要使用的材料，由学生设计方案、实施探究并收集数据，得出结论。师生间和合作小组同伴间通过不同观点的争论、补充和修正，从多个角度解决教师抛下的"问题"。为加深对溶质质量分数概念的理解掌握，促使学生智慧技能的迁移应用，设置了用浓酸配制稀酸变式情景。情景迁移使学生在学习基本原理之后不断面对新任务、解决新问题，学生不仅要运用正在学习的溶质质量分数的知识，还要调用头脑中相关的其他知识。这种迁移应用促使学生在脑海中建构起关于溶质质量分数的结构化的、顺畅的知识网络。接下来，在师生、生生对话中进行效果评价。

［教师］投影回放展示学生实验中的错误操作（学生实验时，教师在指导的同时通过照片或视频的形式记录下典型的错误操作），实验操作中有哪些不规范？对所配氯化钠溶质的质量分数有什么影响？

［学生］展开自评和互评发现，主要错误：将氯化钠放在右盘称量；量水时仰视读数；量水时俯视读数，氯化钠固体部分撒落在烧杯外面等。其中使溶质质量分数偏大的操作：量水时俯视读数。使溶质质量分数偏小的操作：将氯化钠放在右盘称量、量水时仰视读数

［教师］每一步实验步骤中都存在使实验结果不准确的因素。

[设计意图] "问题"的提出和解决过程是对学习效果的最好评价和激励。在课堂教学过程中，教师一方面在实验过程中密切关注学生的学习反应，对学生的问题做出回答，对合作探究过程中小组的参与率、秩序和成效随时给予积极肯定的评价。另一方面在实验完成后，还需要引导学生对实验原理、装置、过程、现象与结果等进行认真的理性思考。通过多媒体课件演示后，把原本机械枯燥的实验内容表现得非常生动形象，充分调动了学生的积极性，学生兴趣浓且记得牢，改进效果远胜于教师空口苍白的说教。针对实验中出现的"错误实验操作造成的后果"进行相应的误差分析，恰好可以作为生成的资源充分加以利用，引导学生进一步进行解释和探究，让学生体会定量实验在化学研究中的重要作用，培养学生的质疑和探究精神。

实验结束，大家将配制的溶液汇集到一个大烧杯中，将带来的谷粒撒入，颗粒饱满的好种子沉在下面，同学们露出欣喜的神情，仿佛看到了沉甸甸的麦田，成就感满满。

教师精心设计、提前预设、课堂生成、激励性评价使得学生学习动机得到激发，教学突显了学生的主体性，有利于转变学生的学习方式，促使学生顺利地建构知识并进一步在复杂的变式情景中运用知识，达到问题解决和知识建构的目的，有效达成化学素养培养的要求。

二、观察量表的设计

依据多元智能理论，项目评价不再是评个一二三，分个三六九，不再是总结性对学生的学习打个等次。项目评价应该是多元的，我们在学生活动中，要看到学生智力强项，努力激发潜在的智力因素服务于当前的学习，促进学生向着适合自己成长的方向个性化地发展，而不是盯着学生的弱项，始终让学生处于受挫折、受伤害的郁闷环境中学习。对学生的评价日益成为学生发现自我价值，发挥现有能力，发展个性特长的途径。每一个孩子都是一个独特的个体，引导老师蹲下身去观察我们的学生，努力挖掘每位学生的特长和潜能，寻找和创造一切教育的机会，抓住稍纵即逝的教育时机，不断强化学生身上的正能量，激发每位学生内心深处的进取之心、向善之心。

课堂既要让学生由不知到知，更要让学生的思维增值，所谓思维增值就是让学生的思维水平在原有的基础上有所提升。而课堂上师生的问题以及围绕问题所做的讨论，就是思维提升的关键所在。讨论过程中，教师适时的追问和点评就是让思维提升的一个重要方法。课堂上其实可以基于目标设计许多有意思的环节，如课堂上老师让学生看图想象，说出自己的感觉。这个时候教师需要进行适度的追问和即兴的点评，或者让学生说出自己的逻辑思维过程，或者点评学生之间角度的不同，启发学生的思维，提升学生思维。有时候教师在课堂教学的某一个瞬间一时反应不过来，这也正常，可以让其他学生先评，以此启发自己，或者在几个学生讲完之后，发现相关问题，然后进行总的点评。所以，从思维的角度而言，我们的课堂绝不能只有知识教学，如果没有思维难度，就没有思维挑战，就没有学生思维的切实提升。有思维挑战，才有值得追问的地方，有值得挖掘的地方。

美国巴克教育研究所著《项目学习教师指南——21世纪的中学教学法》中指出，项目学习中的评价包括评价学生的高阶思维、必要技能，以及学生做出高品质项目作品的工作过程，还要能够评价学生所采用的学习方法及学习表现，其中学习表现主要包括团队协作、人际沟通、问题解决、团队活动等。为了确保项目化学习的质量，教师需要综合多方面进行考量，采取多种形式对探究活动进行评价，以期检验效果，不断改进教学。因此，我们研制了一些量表用于项目化学习过程中进行课堂观察与评价。

探究活动的评价要结合学生自评、学生互评和教师同行评价等多种方式进行。自评与互评是课堂当堂评价，评价表课前发给学生，由每组推荐一位同学负责对本组及其他小组的探究活动的表现做出评价，同行评价是邀请相关专家或教研组教师等同行作出的课堂观察，除此之外，教师本人对课堂的整体感知评价和课后教师自己通过观看课堂录像，对本堂课进行反思评价。各种评价整合有利于教师精准分析学情，分析探究教学案例，从中吸取教训、总结成功经验或做出补偿教学。

表5-1　项目化学习"柠檬酸"学生自评与互评量表

评价指标	表现标准	分值	表现水平（小组互评打分）					
			组1	组2	组3	组4	组5	组6
实验方案	科学性：从宏观和微观层面理解物质溶解的本质，掌握溶解和乳化的实质	5						

续 表

评价指标	表现标准	分值	表现水平（小组互评打分）					
			组1	组2	组3	组4	组5	组6
实验方案	可行性：实验试剂和仪器选择合理，操作步骤简单，实验现象明显	5						
	创新性：设计有创新，或者仪器装置有改进	5						
实验过程	实证性：研究过程真实，有证据真实可信	5						
	重现性：减少偶然数据	5						
	合作性：小组成员间有分工，有讨论，有动手，人人参与，合作研究氛围好	5						
实验报告	科学性：基于证据进行推理和分析	5						
	真实性：实验现象或数据分析真实	5						
	反思性：对实验结果进行反思或改进实验的措施	5						
交流展示	积极性：主动积极进行汇报和展示	5						
	条理性：汇报有条理、逻辑思维严密	5						
	完整性：实验成果内容汇报完整	5						
总分		60						

　　教育同行进行课堂观察时，我们自主研发了有一定的分类体系的观察工具，对预先设置的分类下的行为进行记录，有一些是规范的数据，当然也有的是依据粗线条的观察纲要，收集对课堂事件进行细节描述的信息材料，资料收集的规则是灵活的，是基于需要在观察的过程中形成的。在观察后根据回忆加以追溯性的补充和完善，并通过描述性的和评价性的文字记录现场感受和领悟。

　　根据观察者与被观察课堂的关系，可以分为自我的课堂观察和对他人的课堂观察。在自我的课堂观察中，观察者即上课的教师。教师在开展课堂教学的同时，对自己的课堂进行的观察；观察对象主要是学生的行为，包括学生的学习行为、课堂学习参与程度、合作学习的情况、对教师授课的反应等学习性行为表现。在对他人的课堂观察中，观察者主要观察他人的课程资源运用、讲解能力、提问技巧、学生行为管理、教学准备、组织、评价和学生学习的情感表现、认知程度、目标达成程度以及课堂文化等。

表5-2　项目化学习"柠檬酸"课堂观察量表（同行评价）

评价维度	分解指标	课堂观测点	分值	打分
活动目标的契合性	1.活动的设计是否与教学目标相契合 2.活动素材的选取与教学目标的适切性	活动的设计指向教学目标；活动选择的素材与教学目标高度关联	20	
活动设计的合理性	1.活动的内容、形式、组织与学生的认知水平、能力现状和年龄特点相适应 2.学生参与挑战性任务的情况	学生对任务的投入程度；解决任务的难易程度；较难和较易任务出现的频次	20	
任务分配的合理性	1.学生活动时间分配的充足性 2.学生活动的机会均等性	大部分学生是否有充足的时间思考、感悟；所有学生是否都能参与并体验探究活动	20	
学生课堂的表现性	1.学生对探究活动的参与程度 2.学生对探究活动的响应程度	参与的学生人数；不同性格的学生受挫后再试的勇气；所有学生的表情、动作	20	
学生能力的发展性	1.学生思考问题的角度有何变化 2.学生对相关概念、原理的理解情况 3.学生对拓展性问题的探究设计情况 4.课堂生成性资源的出现与利用情况	比较活动前后学生对相关问题思考的变化；检查学生对概念和原理的理解；学生对课后延伸问题探究的设计水平；学生提出新观点和新思路的频次与水平	20	
总分			100	

　　观察量表的评价与运用，有助于师生由外到内、从他人推及自身进行反省从而进行有益的教学改进，尤其是对项目化学习中实验探究的观察，有助于训练学生的实验观察能力、扩展学生的思维创新能力，使学生逐步养成严谨求实的科学态度。另外，在课堂观察的过程中，我们还会发现某种（些）富有研究价值的主题、项目或情境，生成教师研究课堂的一种新的视角，这种"生成性"资源依托于教师的研究经验，富有灵活性。

三、学习成果的展示

初中化学项目化学习的最终目标是获得对某一概念或知识点的深度理解并形成必要的学习能力。学习成果的展示是项目化学习评价中重要的一环，这是能力进阶的重要手段和措施，与布卢姆教育目标分类学将认知维度分为"记忆、理解、运用、分析、评价、创造"和考试大纲中"知道、了解、理解、应用"相对笼统的描述不同，我们根据王磊学科能力构成模型，将能力划分为"学习理解、应用实践、迁移创新"，每个能力维度下再细分为3个子能力，根据给定角度→提示角度→自主角度、单一角度→多角度、孤立静态→系统动态依次进阶。布卢姆的目标分类学，是用高阶的学习包裹低阶的学习，不是由低到高地逐步学习具体的内容，而是翻转这一过程，从创造性认知要求的顶端开始，让学生在驱动性问题所产生的强大内动力中创造一个真实的学习过程或产品。

学习成果的展示即引导学生总结反思，展示自己的学习成果的时刻。项目化学习的评价是与成果的产生、成果的展示交流紧密相连的，完整的成果设计包含了项目产品、创意作品、设计方案等固化的显性成果，同时还包括了学习收获、学习经验、学习策略、知识规律、解题方法以及创意思路等隐性成果。

项目化学习培养学生证据推理能力的过程，其实就是不断将学生的科学思维和论证逻辑进行外显的过程。旨在培养学生证据推理能力的项目化学习让教师不再是知识的权威传授者，把课堂的时间和空间都还给学生，让学生成为主角，让学生反复开展讨论，鼓励学生将成果用语言、文字、实物来呈现出来，像科学家一样将研究的成果进行分享。成果指向驱动性问题，具有思维的真实性；成果包括了个人成果和团队成果；成果要解决真实问题，指向对核心知识的深度理解；成果同时包含做出来的和对怎么做出来的说明，一类是制作或表现出来的产品，一类是用来说明这个产品内在设计理念与过程的文本、PPT或口头报告以及一些佐证材料。

1. 项目化学习"护手霜"

项目化学习的任务：利用现有原料动手制作护手霜，并思考原理。

［学生实验］

（1）将②～⑤号瓶内液体全部倒入方形压嘴瓶，用玻璃棒搅拌均匀，观察记录现象。

（2）向压嘴瓶内加入仙婷美G57乳化剂约25滴，用玻璃棒不断搅拌直至出现膏状物。

（3）将玻璃棒取出，用滤纸擦拭，盖好瓶盖，挤压成品至手背，涂抹体验。

［学生展示］展示本组品牌的护手霜，并且涂上了自己亲手制作的护手霜。

图5-3 项目化学习"护手霜"产品

［老师］同学们感觉到很棒吧。我们化学是不是很神奇？化学来源于生活又服务于我们的生活。

［老师］在制作护手霜的过程中你有没有想过乳化剂的作用是什么？加入乳化剂前后压嘴瓶里的液体有什么变化？

［学生］加入乳化剂之前瓶子中的液体是无色、不均匀的，加入以后变成白色，相对均匀了很多。

［老师］乳化剂的结构比较特殊，它一端是亲油基，一端是亲水基，既能溶于油，又能溶于水中。乳化剂的加入，使水中漂浮的油滴分散成更小的油滴而均匀地分散到水中。乳化剂在日常生活中有哪些应用？

环节三　尝试应用

［实验3］自制护手霜

步骤1：将②～⑤号瓶子里的液体全部倒入方形压嘴瓶，用玻璃棒搅拌均匀，观察记录现象。

步骤2：向压嘴瓶内加入仙婷美G57乳化剂约25滴，用玻璃棒不断搅拌直至出现膏状物。

步骤3：将玻璃棒取出，用滤纸擦拭，盖好压嘴瓶盖，挤压成品至手背，涂抹体验。

联系生活 物质在水中的分散应用

应用1：

盐、糖等溶解到水中

应用2：

酒精等溶解到水中

应用3：

固体小颗粒等分散到水中

应用4：

油等分散到水中

图5-4 项目化学习"护手霜"

2. 项目化学习"一块饼干的诞生"

［学生实验］组长把事先揉好的面团均匀地分给每一位组员，同学设计自己的饼干，每人做出两块，大小和厚度要求稍微均匀一些。

［老师］现在面团已经被送入烤箱了，现烤现吃。给大家一段时间来准备，请各组展示本组研发的饼干、设计的品牌、包装，并计算自主研发的饼干的成本。

［学生］展示小组的学习成果，如爱心牌蔓越莓饼干等，并解读广告词的用意、包装的设计。

图5-5 项目化学习"一块饼干的诞生"成果

3. 项目化学习"牙膏"

［老师］可以利用食品级的氯化钙和食品级的碳酸钠来制作一支牙膏。请先阅读实验步骤，并在完成的过程中研发自己的牙膏品牌或广告词。

［学生］自制牙膏，加入适量的保湿剂等成分。

［学生］展示本组学习成果——牙膏，并解读品牌或广告词的用意。

[老师] 同学们体验了牙膏的制作过程，认识了制备物质的一般思路，请测出自制牙膏酸碱度。

[学生] 展示自制牙膏的酸碱度。

[老师] 一般市售的牙膏中摩擦剂的碳酸钙的含量在50%左右。那你们制取牙膏中的碳酸钙含量能达到市售级吗？如何设计装置和实验来检测呢？

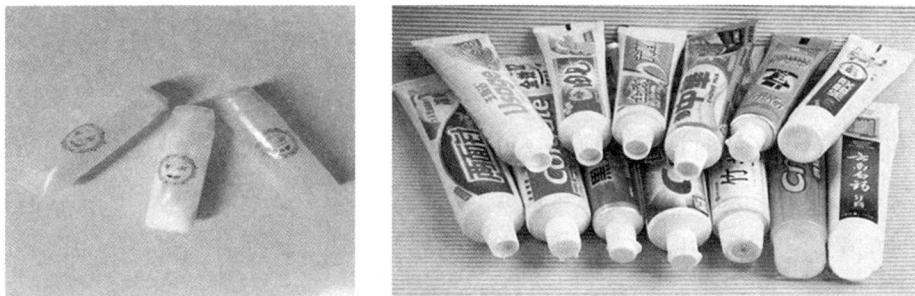

图5-6 项目化学习"牙膏"成果

4. 项目化学习"氧气包"

[老师] 我们知道实验室可以利用双氧水制取氧气，制取的氧气可用于制作小型氧气瓶、氧气袋，用于急救。同学们自己动手来做一个氧气包。

[学生实验] 先动手检查装置气密性；加药品，先用大药匙加半勺二氧化锰，旋紧橡皮塞，再往分液漏斗中加入剩余的双氧水，操作时戴好手套，最后打开储气袋阀门；打开分液漏斗活塞（液体加完后，须立即关闭），当橡皮管口的气体均匀连续不断冒出时，将橡皮管连接储气袋阀门；集满后，关闭阀门，取下橡皮管；氧气包就制作完成了。

[学生] 展示本组氧气包，并交流制取药品、步骤及注意事项。

图5-7 项目化学习"氧气包"成果

还有，如项目化学习"奶茶的制取"：项目一：奶茶成分的研究（其中涉及溶质、溶剂、溶解、乳化等概念）；项目二：奶茶口味的调节（涉及溶液的配制、溶质质量分数的计算），因为我们经常会遇到奶茶的选择：全糖、七分糖、半糖等；项目三：奶茶的制作（是不同口味的奶茶制作）。

以上所列均为项目化学习的最终成果，除了课堂上当堂展示外，我们还可以通过展览、交流的方式在课后进行公开，可以放在网络上，展示在墙上，分享给家人。公开展示学生的作品成果不仅可以让学生的学习变得更有动力，让学生再次回顾自己的项目历程，促进学生反思，而且可以让所学的知识变得可视和易于讨论，同时让整个项目变得更具真实性。展示的目的不是因为作品成果精致而美观，其实多数是比较粗糙的，不如市场上购买的产品，但是我们要展现的是学生对所学内容、概念、知识的理解和把握，同时庆祝学生自己和团队共同完成了富有挑战性的任务，让他们有仪式感和获得感。

项目化的学习倡导教学评一体化的评价方式，在综合评价的过程中，反思优化项目化学习过程和成果，多方面及时总结学习过程中的不足。同时，教师要引导学生将所学知识迁移运用到新的情境中，解决新的问题，发展学生实验认知能力。例如，在项目化学习"空气中氧气含量测定再探究"中，学生利用压强变化的原理测定空气中氧气含量后，教师抛出问题：如何测定某食品包装袋内混合气体中某一成分（二氧化碳）的体积分数？将所学知识和装置运用于新情境，解决新问题，形成测定混合气体中某一成分气体的体积分数思路和方法，建构物质分离的实验模型，在理论提炼和实践探索中提升学生实验认知能力，培养关键能力和核心素养，实现育人功能。

项目化学习的评价并不排斥测验，更不排斥纸笔测试，评价的形式、评价的主体、评价的手段更多元，与一般的评价区别最大的是，项目化学习强调更加深层次的概念理解，重视问题的解决，发展学生的高阶认知能力，促进学生综合素养的全面提升。

第六章

初中化学项目化学习的创意案例

创是指创新、创作、创造，意是意识、观念、智慧、思维，创意是创造意识或创新意识的简称，指"有创造性的想法、构思等"。创意是对传统的叛逆，打破常规的哲学，是破旧立新的创造与毁灭的循环，是思维碰撞，智慧对接，是具有新颖性和创造性的想法，不同于寻常的解决方法。创意起源于人类的创造力、技能和才华，创意来源于社会又指导着社会发展。

本研究所指创意就是一种突破和创新，以下所提供的案例皆是对原有的教学方式、学习方式、课程内容、课程资源以及学习评价机制等方面进行改进、改变、拓展、完善和创新。初中化学项目化学习没有现成的案例，所有案例皆为我们原创。创意的学习内容能激发学生学习内驱力，创意的学习方式能维持学习兴趣，创意教学设计能提升教学品质，创意的教育成果能提升课程品质，可以为学校和教师开展教育教学提供强有力的资源。

一、项目化学习"食品脱氧剂"的教学设计

以生活中常见的食品脱氧剂中的铁系脱氧剂为素材，开发了适合初中化学创意课程的教学案例。通过脱氧剂的作用、成分、原理、制作的探究分析对金属的性质、冶炼、运用等知识展开复习巩固，教学过程中不断引导学生生疑、解疑、再生疑来完善知识网络，帮助学生拓宽视野和思路，提升知识分析解决问题的能力，微型实验装置的设计培养学生的科学探究能力，发展"变化观念与平衡思想""科学探究与创新意识""科学精神与社会责任"等化学核心素养。

1. 项目主题的确定

本节课是对金属的性质、冶炼、运用进行的中考首轮复习，本章内容主要包括认识常见的金属、金属的物理性质、化学性质、金属的冶炼、合金、金属锈蚀等，其中重难点是金属的化学性质和金属铁的冶炼，根据学情去巩固和应用知识，提升学生的思维能力，启发创新意识，激发科学探究精神。

在金属中最常见也最重要的是铁，所以巧借食品脱氧剂中铁系脱氧剂（主要成分是铁粉），通过探究脱氧剂的作用、成分、原理、制取来复习金属的性质、冶炼、锈蚀和防护，内容充实，取材新颖，每一步都是环环相扣，顺理成章的。课堂中学生生疑、解疑、再生疑过程中不断进行思维冲浪，有效避免"炒冷饭"现象。

2. 学习目标

（1）通过以对脱氧剂成分的探究，复习铁的物理和化学性质，掌握物质探究的一般规律和方法。

（2）通过对脱氧剂作用原理的探究，复习金属的生锈原理和防锈措施，形成金属性质决定用途的化学观念。

（3）通过对脱氧剂的配制的探究，对实验装置的改进，从定性与定量的不同角度分析实验问题，从而构建金属冶炼的一般方法。

（4）通过用观察、思考、分析与探究脱氧剂的成分、原理、制取，使学生感受生活处处皆化学，化学是真实、有趣、有价值的。

3. 学习流程

本课以脱氧剂为载体，这个流程前面已经举过例子，我们分4个步骤对脱氧剂的作用、成分、原理和制备逐步进行探究。项目化学习"食品中的脱氧剂"学习流程（见图4-1）。

4. 项目实施

（1）脱氧剂视频引入，激发学习兴趣

随着人们生活水平的不断提高，对食品安全、食品保鲜的方法要求越来越高，保鲜方法也是种类繁多。脱氧剂是现在普遍使用的保鲜剂，用于坚果、糕点、茶叶等食物延长保鲜期。但它的存在往往被人忽视，又或者被误解为干燥剂，以脱氧剂为载体展开金属的复习是有创意之处。通过视频展示各种食品中放置的脱氧剂并向同学提出问题：视频中一包一包的物质是什么？为何要放在食品中？它的成分会有哪些呢？来激发学生对本节课的学习兴趣。

（2）根据生活经验，推测脱氧剂的作用

［教师］为什么要把脱氧剂放在食品中呢？

［学生］保鲜、延长保质期、抑制霉菌生长、除去氧气等。

学生能根据生活经验、现有基础知识进行作用阐述，引导学生在生活中要做一个有心人，善于观察、思考，意识到生活与化学是息息相关的。

（3）探究脱氧剂的成分，复习金属的性质和运用

① 成分猜测，理论排除

［教师］脱氧剂能起到这么多的作用，其究竟有哪些成分？

［活动与探究］学生取一包未使用的脱氧剂，用剪刀剪开袋子，将脱氧剂倾倒于白纸上，观察并对脱氧剂成分进行猜想。

［学生］可能含有铁粉、碳粉、石灰石、食盐、高锰酸钾、氢氧化钠等。

教师引导学生根据对物质的颜色，脱氧剂需要无毒、安全、能除氧等角度排除和保留一些猜想，利用证据推理初步确立脱氧剂中的主要成分是铁粉，为下一步用实验去验证和猜想作铺垫。

② 讨论验证思路，确定实验方案

［教师］如何证明黑色粉末是铁粉？

［学生］用磁铁检验。

［教师］能被磁铁吸引的黑色粉末一定是铁粉吗？

［学生］不一定，如四氧化三铁也能被磁铁吸引。

［教师］如何进一步证明黑色粉末是铁粉？

［学生］先进行小组讨论，然后回答

a. 先用磁铁吸，若能被吸引，再取少量样品于试管中，加入稀盐酸，若产生气泡，则为铁。

b. 先用磁铁吸，若能被吸引，再取少量样品于试管中，加入硫酸铜溶液，若产生红色固体，则为铁。

c. 先用磁铁吸，若能被吸引，再取少量样品于试管中，加入硝酸银溶液，若产生银白色固体，则为铁。

……

学生进行小组讨论得出验证方法，不仅增加了小组合作意识，还增强了团

队的参与意识，为后续顺利完成实验操作奠定良好的基础。

③ 基于实验，验证成分

学生通过实验操作、现象记录分析，得出主要成分；能总结归纳出验证物质的一般过程与方法；通过反应方程式书写归纳出金属的性质、反应特点、反应类型，巧妙复习金属活动性顺序表以及运用。

［教师］脱氧剂中的白色固体又是什么物质呢？请根据提供信息：脱氧剂的成分表来找一找。

首先，脱氧剂的其他成分的探究不是本节课的学习内容，其次，其他成分的实验探究对于中学生来说有一定的难度，所以采用阅读的方式来解决这个问题。

实验验证加阅读理解得出脱氧剂的主要成分，这个过程从宏观和微观方面思考问题，渗透化学变化、元素守恒观，巩固基础知识并提升学生思维能力。

（4）揭秘脱氧剂的作用原理，复习金属的生锈、防锈、应用

① 基于知识，得出脱氧剂的作用原理、金属防锈方法

［教师］脱氧剂的保鲜原理是什么？

［学生］铁粉生锈消耗氧气和水。

［交流与讨论］铁生锈给国家和人民财产造成巨大的损失，除锈工作尤为重要，请同学们来说说有哪些除锈的措施？

［小结归纳］合理选材、表面保护、环境处理、电化学保护等。

② 基于实验现象，完善知识体系

［教师］铁能在纯氧中剧烈燃烧，铁粉在空气中能燃烧吗？

［学生］不能，因为空气中氧气浓度不够。

［教师演示实验］铁粉在空气中燃烧

学生发现铁粉能在空气中燃烧，说明燃烧的现象不仅与氧气浓度有关，还与氧气的接触面积有关。通过实验现象，产生认知冲突，完善知识体系。

③ 趣味实验，感知应用

［教师］请同学按以下步骤进行实验，在实验过程中感受温度的变化，实验后脱氧剂的颜色变化，探讨白色固体的作用，让你联想到了铁粉还有什么用途？

[趣味实验]

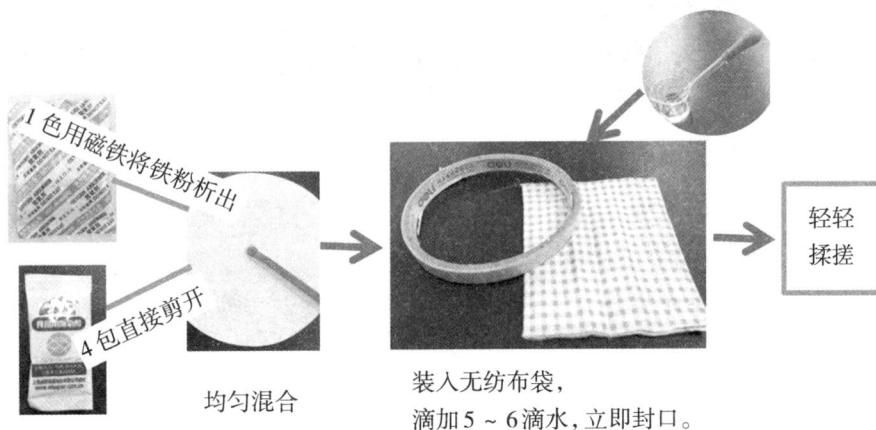

图6-1　铁生锈发热实验探究

[实验步骤]

1. 学生用磁铁吸取脱氧剂中的铁粉→装入无纺布袋子中→滴加5～6滴水→封口并轻轻揉搓→感知温度的变化。

2. 观察使用后的脱氧剂的颜色。

3. 探讨白色固体的作用。

[小结归纳]

1. 铁生锈是放热、缓慢氧化的过程，产物红棕色，主要成分是氧化铁；

2. 食盐等物质能加快铁的生锈速度；

3. 利用铁生锈放热原理还可以制作暖宝宝等发热用品。

这不仅是个趣味实验，更是个探究实验，主要有两个创新点。其一是产生现象快且明显，相对于书本上用于研究铁生锈的实验，铁钉生锈时间长，不易在课堂上观察实验现象，而在本实验过程中学生可以直观感受铁生锈是一个缓慢氧化放热的过程，氧化后铁锈是红棕色的；其二是探究味浓，本实验根据发热现象，学生顺理成章就会联想到用途，此时展示暖宝宝等产品的成分表，学生也会瞬间明白其中的作用原理，让学生真实体会到化学来源于生活，又服务于生活。

（5）模拟脱氧剂的制备，复习金属的冶炼

① 直面困难，研究改进方法

［教师］如果今天我们要现场制作食品中的脱氧剂，我们需要准备些什么？

［学生］需要铁粉、食盐、保温材料等。

［教师］铁粉怎么来？

［学生］金属的冶炼。

［教师］书上实验室模拟炼铁的装置有何不足？

［学生］实验操作复杂、危险、试剂用量大、污染大等。

② 勇于创新，建立微型实验

［交流与讨论］如何改进实验？

［活动与探究］教师演示实验：微型装置炼铁。用手机同屏技术将实验过程和现象同步放映到黑板上，以便学生观察。

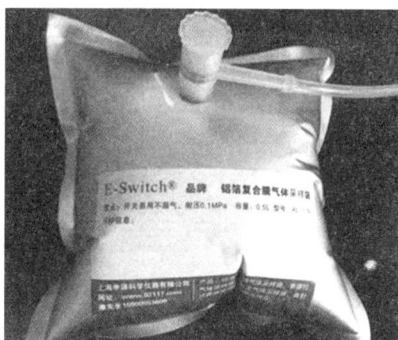

图6-2 气体采集袋

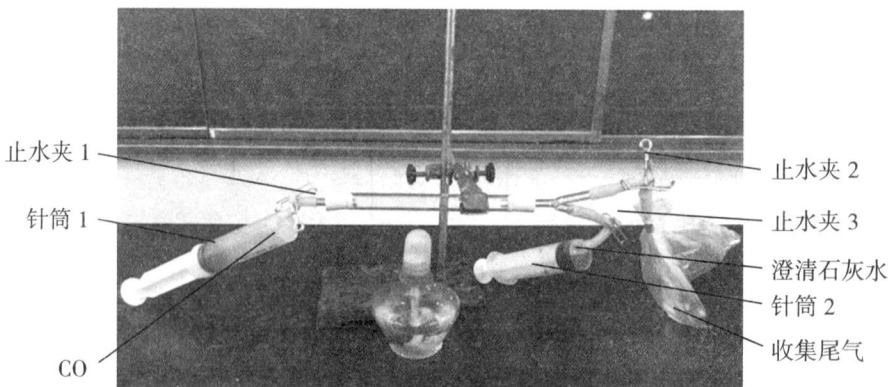

图6-3 自制微型装置

［实验步骤］

1.检查装置气密性。

2.装药品：针筒1在专业的气体采集袋抽取50mL的CO气体，针筒2抽取10mL澄清石灰水，玻璃管内放少量的氧化铁粉末，按图连接好装置。

3.打开止水夹1和止水夹2，推动针筒1约打入30mLCO（玻璃管的容积约20mL），随后关闭止水夹2。

4.点燃酒精灯加热，打开止水夹3，一边推针筒1，一边拉针筒2。

5.观察现象，用磁铁检验产品。

［学生］观察并记录实验现象：玻璃管内粉末变黑，石灰水变浑浊，黑色粉末不能被磁铁吸引。

一氧化碳还原氧化铁实验，教学演示困难的原因：一氧化碳有毒，易发生爆炸；实验装置及操作比较复杂；一氧化碳的制取和携带不方便；所以很多教师就在课堂上播放实验或者画实验，甚至是直接讲实验，这对培养学生的科学素养以及学习化学无疑是不利的。经过研究、数次实验论证，本人改进传统实验，将其改成此密闭的微型实验，利用专业的气体样品采集袋来收集、储存一氧化碳，携带和使用十分方便。通过手机同屏技术，将实验放大投屏，便于学生观察，大大提升了教学效率。

创新的实验教具有利于提高上课效率，培养学生的创新思路。学生观察到红棕色粉末逐渐变黑，但是不能被磁铁吸引，产生知识冲突，如何解决呢？

③基于实验现象，产生认知冲突

［教师］黑色粉末不是铁粉，那是什么物质？请同学看以下材料并回答问题。

［定性分析］

表6-1　信息资料

物质性质	四氧化三铁	氧化亚铁	氧化铁	铁粉
颜色	黑色	黑色	红色	黑色
能否被磁铁吸引	能	不能	不能	能

［学生］黑色粉末是氧化亚铁。

［教师］请同学们将书本实验与课堂实验相结合、对比，能找找是什么原因导致产物不是铁呢？

［学生］用酒精灯加热温度不够，应该用酒精喷灯。

［教师］让我们看以下一段材料，判断一下同学的猜想是否正确。

［定量分析］

［交流与讨论］是什么原因导致产物不是铁呢？

资料：

1. 氧化铁在一定条件下能逐步失去其中的氧；

2. 某炼铁厂对氧化铁和一氧化碳进行热反应分析，获得相关数据并绘制成图6-4。

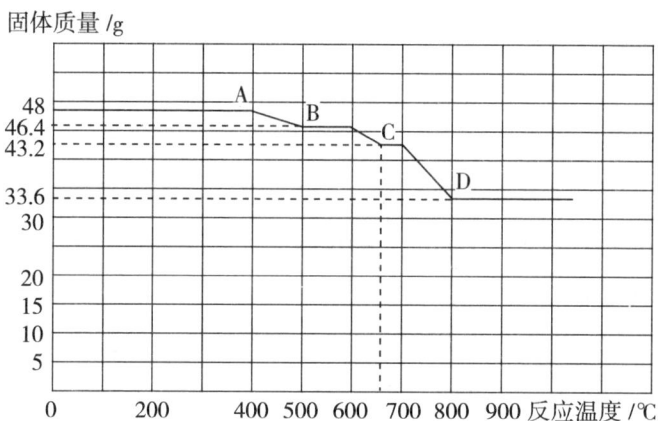

图6-4　氧化铁和一氧化碳反应

3. 相对原子质量：Fe：56　O：16

算一算、推一推：A、B、C、D物质的化学式。

［学生］进行计算，得到产物的种类与温度有关，炼铁需要高温。

一氧化碳还原氧化铁实验是本章内容的重点，也是难点，利用课堂生成的问题，学生产生认知冲突，利用冲突来延伸、拓展知识。通过从定性分析到定量计算，从宏观辨识到微观解析，将难点分散，学生思维能力、分析能力、理解能力、探究精神不断得到提升、质的飞跃。

［教师］金属冶炼的方法不止火法冶炼，还有湿法冶炼、电解法，等等。使用金属的先后顺序与金属的活动性、金属冶炼的工艺难度有关。

提供信息：文献资料：食品脱氧剂配比的优化

课后活动：学生课后按照配比完成脱氧剂的制作

（6）创意板书，归纳总结

板书是教学设计的重要组成部分，是对一节课知识的高度提炼。如何设计有创意的复习课的板书，让板书富有条理性、概括性、简洁性、美观性？本人将本课内容板书设计成思维导图式的板书，使板书条理清晰、美观大方，有创意的板书有利于提升学生的创新思维能力。

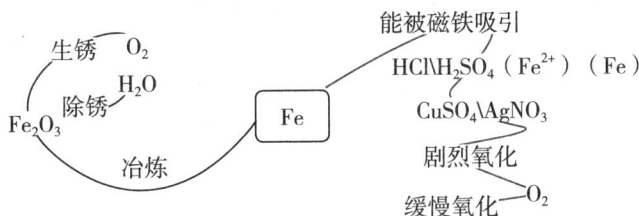

图6-5　板书设计

5. 实施反思

本课设计教师破旧立新，以学生在生活中直观可见的"食品脱氧剂"为情境素材，有创意地构思教学流程，将旧知与新知有机结合完善知识体系，教学过程中让学生有真实体验感。例如，利用脱氧剂中的铁粉代替书本的铁钉、铁丝网进行金属生锈的探究，学生能在较短时间内感知发热现象、观察到铁锈颜色，学生能立即联想到如何利用缓慢氧化发热制作暖手宝等产品，真实体验有效促进学生从宏观现象了解微观原理，有助于认识物质、掌握物质性质，深刻体会化学来源于生活又服务于生活，让学生真正爱上化学。

真实情景产生真实疑问，进行有效探究，食品脱氧剂教学在生疑、解疑、再生疑中将知识教学和能力培养进行有效结合，通过跨学科知识来优化学生认知、提升学生探究能力和思辨能力。如证明脱氧剂中黑色粉末是铁粉，学生的一致建议用物理知识磁铁吸，但老师给出提示四氧化三铁也能被磁铁吸引后，学生意识到只用物理方法是有缺陷的，需要物理、化学知识相结合。再如，CO还原Fe_2O_3后得到的黑色粉末并不是铁粉，通过资料卡分析得出成分，学生立即再生疑是什么原因导致的，通过定量计算解疑，发现与温度有关。在此过程中，学生富于想象，敢于表现，反思意识强烈。

微型实验装置、手机同屏技术是本课的一大亮点，提高教学效率，激发学生创新思维意识。微型实验装置打破传统装置的弊端，让实验操作简单、现象明显、安全有效。

项目化学习需要教师有创意的教学行为，如有创意的教学情境、创意的上课思路、创意的实验和实验教具、创意的现代教学设备、创意的教学板书；需要让学生成为课堂的主角。有创意的复习课要让学生在原有知识的基础上巧妙延伸、拓展，产生更多更新更深的认识，同时能够真正起到温故而知新的意义。

二、项目化学习"松花蛋"的教学设计

复习课是初中化学教学中一种重要的课型，然而传统的复习课往往是"练习——讲解——归纳"。新课程要求课堂教学是教与学的交往和互动，应尊重学生的认知发展规律，建构主义学习理论也认为知识不是通过教师传授得到的，而是学习者在一定的情景下，借助他人的帮助，利用必要的学习资料，通过意义建构的方式而获得的。以酸碱盐复习为例，进行基于知识建构的主题式复习课设计和实施的尝试。

1. 项目主题的确定

复习课是初中化学教学中一种重要的课型，它内容多、容量大、节奏快，主要目的是继续巩固和加深已经学过的知识，使之系统化。对于复习课的上法，笔者一直深感困惑，长时间以来几乎都是采用练习——讲解——归纳这样的模式来进行的。这样的课堂仍是"以教为中心"的传统课堂教学模式，无怪乎学生上到复习课就无精打采，效率低下。新课程倡导"以学生为中心""一切为了学生的发展"，新课程背景下的课堂教学应该尊重学生的认知发展规律，符合学生的学习心理诉求，应该是教与学的交往和互动。建构主义学习理论也认为知识不是通过教师传授得到的，而是学习者在一定的情景（即社会文化背景）下，借助他人（包括教师和学习伙伴）的帮助，利用必要的学习资料，通过意义建构的方式而获得的。建构主义理论认为，情景、协作、会话、意义建构是学习环境的四大要素。

沪教版第7章酸碱盐是初中化学中重难点十分集中的一章。本章既是对以前所学知识的梳理、归纳，又是化学知识的延续、发展、深化。要求学生对单质、化合物、酸、碱、盐之间的相互转化关系有大致了解，理解掌握典型的酸、碱、盐的性质及运用，在基本实验技能以及探究能力方面再上一个台阶。在经历了酸、碱、盐知识的学习之后，学生迫切地需要将块状的、零碎的知识

系统化、条理化，由此展开一节有效的章节复习课，就显得十分必要。

2. 教学过程

环节一：认识松花蛋

［创设情境］松花蛋又称皮蛋、变蛋、灰包蛋等。松花蛋含较多矿物质，它能刺激消化器官，促进营养的消化吸收，中和胃酸，具有降压、润肺、养阴止血、保护血管等功效。

［趣味互动］全体学生品尝松花蛋，谈感受。有学生感觉有些涩，于是提出在家里吃松花蛋时会加点醋。加点醋再让学生品尝，谈感受。教师趁势追问学生原理，学生根据生活常识和已有知识猜测醋中和了松花蛋中的碱，使口感变好。教师肯定学生答案并进行补充：加点醋，醋能中和松花蛋的一部分碱性，又能杀菌。

［提问］剥下来的蛋壳中有没有化学知识？如何鉴别蛋壳的主要成分？

［回答］蛋壳的主要成分是碳酸钙（$CaCO_3$）；取少量样品于试管中，滴加稀盐酸，并将产生的气体通入澄清石灰水中，若石灰水变浑浊，则证明是碳酸盐。

［追问］能否省略通入石灰水的过程，看到气泡就做出判断？

［回答］不能，与酸反应产生气体的还可能是活泼金属。

［小结归纳］涉及的酸碱盐知识：（碳酸）盐+酸；碱+非金属氧化物；金属+酸。

［资料卡片］松花蛋的制作原料：鸭蛋（鸡蛋、鹌鹑蛋）、纯碱、生石灰、食盐、茶叶、草木灰、水等。灰料中的碱性物质从蛋壳外渗透到蛋黄和蛋清中，与其中的蛋白质作用，致使蛋白质水解、凝固并放出少量的硫化氢气体。硫化氢气体则与蛋黄和蛋清中的矿物质作用，于是蛋黄、蛋清的颜色发生变化，蛋黄呈墨绿色，蛋清呈特殊的茶绿色。

表6-2　原料分析

物质名称					……
（主要成分）化学式					……
物质类别					……

［学生活动］认识原料：原料中的哪些物质你能写出化学式？请在学案上完成表格。

［交流反馈］展示学生答案并进行自评、互评和自纠、互纠。

［设计意图］此环节在引入松花蛋这个具体情境时，先让学生从观察、品尝、查阅资料等方式认识了松花蛋。初步感受松花蛋这一生活中的实物与化学知识之间的密切联系。通过蛋壳成分的分析，巩固酸碱盐性质和基础方程式的书写，随即抛出松花蛋的制作原料，并开展学生活动：认识原料，将生活情境转化为化学问题，巩固物质类别和化学式的书写。

环节二：制作松花蛋

［学生活动］寻找原料：制作原料包中缺少食盐和纯碱，桌上有三瓶没有标签的白色固体药品，分别是纯碱、小苏打、食盐，如何一一鉴别？请四人一个小组，讨论设计实验方案，并进行实验，鉴别出三瓶没有标签的药品，贴上标签。

［交流反馈］小组派代表来汇报实验方案和过程。

［小结归纳］利用以下化学反应原理来鉴别：$Na_2CO_3+2HCl=2NaCl+H_2O+CO_2\uparrow$；$NaHCO_3+HCl=NaCl+H_2O+CO_2\uparrow$；$2NaHCO_3=Na_2CO_3+H_2O+CO_2\uparrow$。

［学生活动］探究原理：①将提供的制作原料和鉴别出来的食盐、纯碱进行混合，加蒸馏水充分搅拌。②这些物质混合在一起会发生哪些化学反应（完成方程式的书写）？③请用料液包裹蛋，完成松花蛋的制作。

［交流反馈］展示学生实验过程及反应原理方程式的书写。

［小结归纳］涉及化学反应：$CaO+H_2O=Ca(OH)_2$（金属氧化物→碱）；$Ca(OH)_2+Na_2CO_3=CaCO_3\downarrow+2NaOH$；$Ca(OH)_2+K_2CO_3=CaCO_3\downarrow+2KOH$（碱+盐）。

［学生活动］处理废料：多余的料液如何处理？

［回答］主要含碱性物质，因此可用酸来中和。涉及反应：$2NaOH+H_2SO_4=Na_2SO_4+2H_2O$等（碱+酸）。

［追问］如何确定废料处理好了，可以排放？

［回答］酸碱指示剂的使用。

［设计意图］此环节教师开发了松花蛋的制作微型实验盒，并请董新伟老师所在的魏博士科学团队帮助完成制作。借助微型实验盒的功能，让学生得以在课堂上进行松花蛋的制作，让知识不仅仅停留在平面上。学生在打开实验盒后发现，原料缺少了氯化钠和碳酸钠，由此引出学生活动：寻找原料，其化学问题即为物质的鉴别。在学生充分讨论形成方案之后，开展学生分组实验。此

过程将充分调动学生的积极性，让学生以问题的解决为动力，自主进行知识的应用和迁移。在解决了原料的问题之后，学生开始进行原料的混合，教师随即抛出问题：在此过程中发生了哪些化学反应？在学生讨论和回答之后，进行归纳总结。学生完成松花蛋的制作之后，多余料液的处理环节，不但渗透了酸碱中和反应和指示剂的知识，更渗透了绿色化学的思想。为了激发学生做成功松花蛋的信心，教师将自己用同样原料完成制作的过程拍成微视频，跟学生做了分享。

环节三：保存松花蛋

［资料贴士］松花蛋是用碱性物质浸制而成的，蛋内饱含水分，若放在冰箱内贮存，如果温度太低，水分会逐渐结冰，从而改变松花蛋原有的滋味。而且，低温还会影响松花蛋的色泽、咸度和硬度。所以，冰箱内不宜存放松花蛋。保存方法：可以放在塑料袋里面，密封保存，置于阴凉通风处，一般可保存3个月左右且风味不变。

［提问］为什么松花蛋一般可保存3个月左右？

［回答］学生根据生活常识和已有知识猜测碱性物质杀菌。

［揭示］碱性物质杀灭了鲜蛋中有可能引起蛋白质腐败的细菌；因为里面有食盐，有防腐的作用。

［**设计意图**］此环节再次巩固了碱性物质的性质和氯化钠的用途。同时以资料卡的形式给出课外的知识，作为学生现有知识的补充，锻炼了学生获取知识的能力，拓宽了学生的视野，让学生再次体会化学与生活的紧密联系。

课堂总结：知识框架的建构（如图6-6）

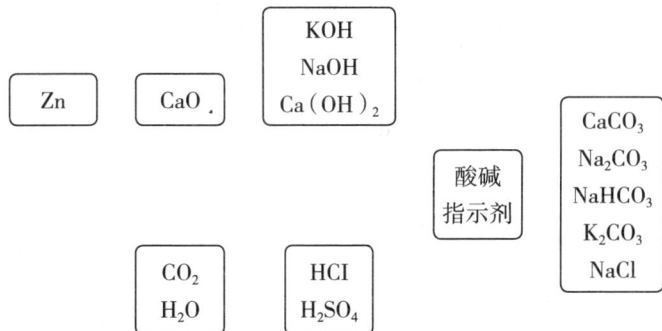

（a）

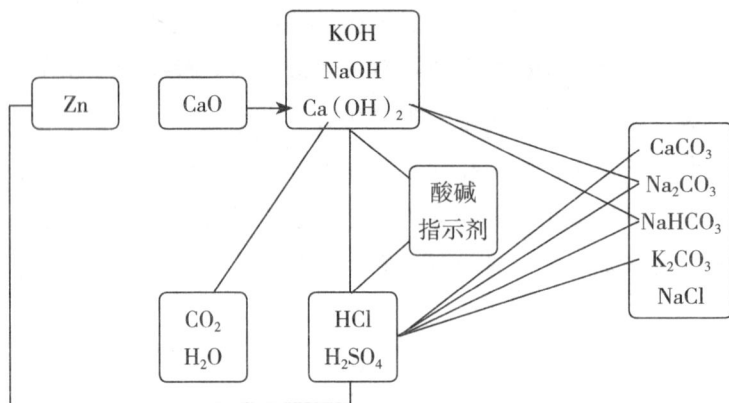

（b）

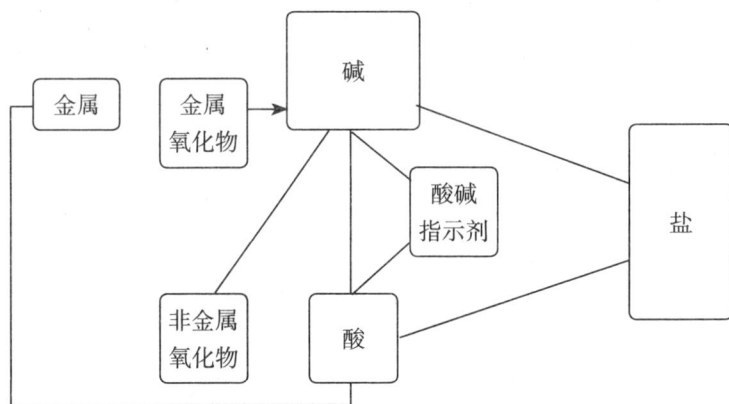

（c）

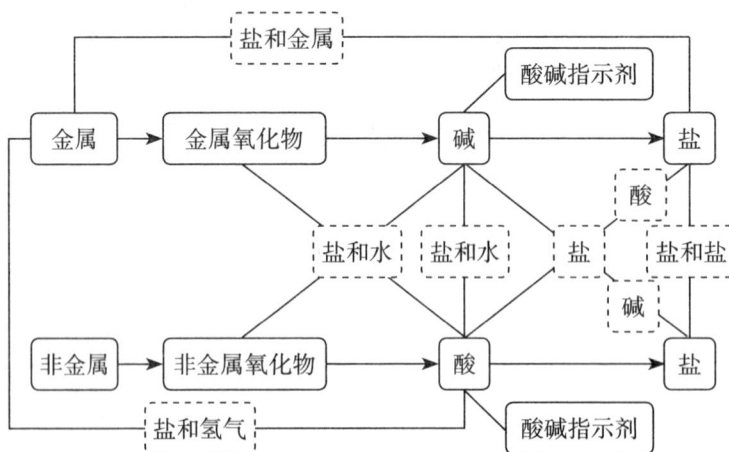

（d）

图6-6 项目化学习"松花蛋"知识框架的建构

[**设计意图**] 引导学生回顾本节课涉及的化学物质以及相互之间的反应（图a、图b），让学生在本节课复习的基础上，先进行浅表的知识梳理和归类；接着引导学生从物质的类别角度对涉及的化学物质进行再次认识，进而从物质的类别角度进行深层次的知识建构（图c）。最后留给学生课后任务：个性化地完善知识框架（预期最好效果为图d），自主完成酸碱盐知识建构。

3. 实施反思

（1）教学结构的设计

本节课采用主题式教学，创设了一以贯之的教学情境，以松花蛋为线索，引导学生经历"认识松花蛋""制作松花蛋""保存松花蛋"三个环节（教学结构图如图6-7），在此过程中，将涉及的酸、碱、盐的知识和相应化学方程式加以巩固梳理，帮助学生自主建构起相关知识的网络结构。过程中渗透学科思想和方法，引导学生进行辩证思维、对比分析、科学探究等。在潜移默化中训练科学的思维方法，培养学生的科学素质，使学生始终能主动地参与学习，成为学习的主人。

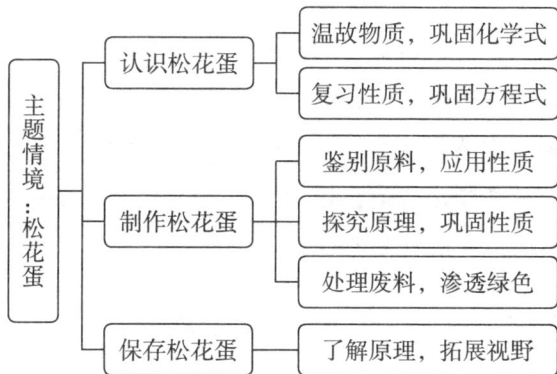

图6-7 松花蛋学习流程

（2）教学方式的设计

课堂教师活动注重"三引"——引发问题、引导思维、引领思想。

本节课以问题为主线，让学生在解决问题中得到提升：课堂力争成为学生活动的课堂，将第一体验过程给学生；课堂力争成为学生展示的课堂，将第一表达机会给学生；课堂力争成为思辨的课堂，将第一思考时间给学生；课堂力争成为发展的课堂，将第一认知反思给学生。教师只需在情景创设、组织调控、适时点拨、有效促成和提炼提升中发挥辅助作用：通过三个环节引发问题；通过提问追问引导思维；通过系列活动，引领学生的分类比较、有序操作、环保意识、资源利用等化学思想。

（3）学习方式的设计

项目化学习过程中，多种学习方式如伙伴学习、情境式学习、探究式学习等相互融合。

通过学生独立书写化学式后自主评价以及鉴别方案的设计，学生逐渐将酸碱盐的知识实现自我内化；通过小组合作、生生互动、组组互动、师生互动，将同伴、老师的思想、方法实现自觉迁移；通过"抓点——连线——建网"的过程建构了具体物质的性质联系，通过"从特殊到一般"的过程，实现了对知识的探究式学习。

以"认识松花蛋"——"制作松花蛋"——"保存松花蛋"为活动主线，将酸碱盐的知识有机地融合在以"松花蛋"为项目主题的教学中，改变了章节复习课的常见模式，使学生在兴趣盎然中不知不觉地巩固了酸碱盐的知识。复习课不能仅仅是已学知识的简单堆积、简单重复，而应在学生认知基础上，引导学生进行网状知识建构。将知识点群纳入一个相互联系、相对完整的网状结构中，可以帮助学生发散思维、让学生在建构知识结构的同时，其思维的深度和广度也得到锻炼。本节课旨在体现酸碱盐化学学科知识的本体价值，同时，也希望体现化学学科的应用价值，让学生感受到了真实的化学、有趣的化学、有用的化学。（周洁，常州中天实验学校）

三、项目化学习"无土栽培"的教学设计

聚焦学生核心素养的化学课程改革提出创设真实的情境问题，在问题情境中培养学生的核心素养。基于此，文章试图以培养学生发展核心素养为导向，从情境激趣导入、人境互动融合、思维启迪延伸等方面，深入探讨如何引导学生进行情境式学习。

1. 项目主题的确定

情境学习理论认为，情境是条件，是指引，它是学习发生与进行的必要条件。真实而有意义的情境，可以激活学生的参与热情，勾起学生的参与意识，引发学生的情感共鸣；用情境作为载体贯穿整个教学过程，可以在"与情境的

相互作用中不断挖掘与重要事件有关的信息和内容", 引导学生置身于真实的情境中解决问题, 使教学活动逐步深入, 最终实现预期目标。

因此在酸碱盐的复习教学里, 设计了项目化学习"无土栽培", 以番茄无土栽培营养液为主题情境, 设计了认识营养液、探究营养液、配制营养液和使用营养液四个环节, 逐步深入, 推进教学。主要问题情境如下:

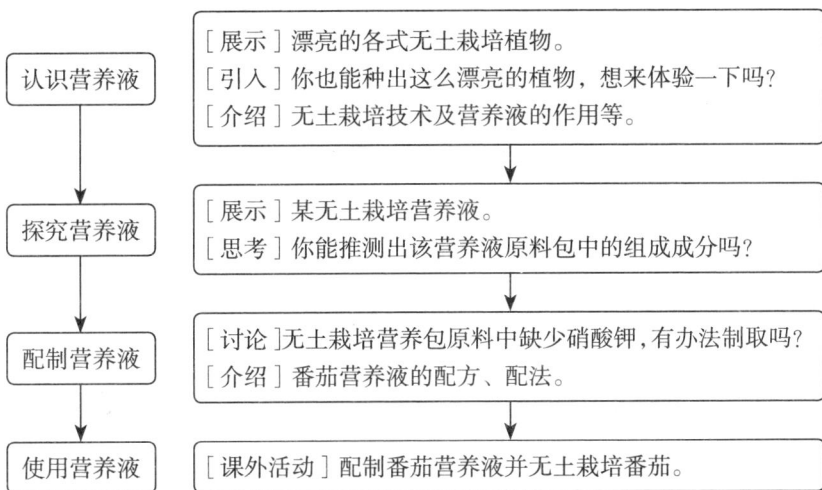

图6-8　问题情境线索

先以生活中各种漂亮的无土栽培植物引入, 引起学生注意, 进而发现这么漂亮的植物自己也能种出来, 激起学生的兴趣, 让学生迫不及待想去了解它、栽培它, 从而引出无土栽培技术及栽培关键——营养液。而要配营养液, 先要知道它的成分, 教师可以自然地引导学生去认识、推测营养液成分。在此过程中, 学生化身"福尔摩斯", 层层深入寻找真相, 体验亲身实践获得真相的乐趣。当发现推得的成分居然与市售的番茄营养液成分一样时, 学生恍然大悟, 瞬间让"纸质"的结论变得立体、鲜活, 贴近生活。最后, 课外活动用这个配方配制营养液, 栽培番茄苗, 让学生学以致用, 极大地激发了学生的学习热情, 让学生对化学"源于生活, 用于生活"这一观念有了更深层次的感悟。

2. 学习目标

情境学习理论认为学习的实质是个体参与实践, 形成参与实践活动的能力。"参与"是情境学习的核心要素。通过特定的情境, 激发学生的学习动机, 促使学生深入情境, 成为情境的有机组成部分。在融有"人"的问题情境解决中，促进学生的有效参与、互动合作，实现实践共同体成员的"合法边缘参与"，让情境因有"人"的深度参与而更有"情感"、温度和生命力。

（1）情境发展促进深度互动

如在"酸碱盐"复习课中营养液的认识部分，师生间只进行了简单的情感上的互动。而营养液成分的探究中，先让学生课前根据自己的水平，查阅、了解并整理常见的无土栽培的肥料，小组互相交流、完善、整理后形成小组成果后汇报；接着通过游戏，让各组代表通力合作完成"不能共存离子组配对"任务，拼接成"鱼骨头"造型，促进思维的互动。在实验鉴定离子过程中，让学生自主讨论、形成实验方案；在分组实验操作时，设置为4人一组，2人负责A液的检测，2人负责B液的检测，并让他们二次分工，尽量让每一位同学都参与进来。配制营养液过程中，教师引导学生在独立思考的基础上，进行组内、组间交流讨论形成思路，寻找制备硝酸钾的方案，总结酸碱盐之间的反应规律，让不同层次的学生都能有所收获。在任务导向中增强学生与情境、与师生间的交流、互动，循序渐进，在学生的"最近发展区"，不断加深其参与程度，让"弱势"的同学也能从"幕后"走向"台前"，由"边缘"靠近"中心"，促进学生知识的掌握、能力的提高。

（2）情境牵引促进多维融合

学生的学习过程不可能采用单一的学习方式，情境式学习的过程中常常会结合其他的一种或多种学习方式来解决问题。借助情境的牵引，学生在不同的情境中可以使用不同的学习方式，在一个情境中也可以融合不同的学习方式。比如，在本课营养液情境下，用游戏式学习巩固离子的共存问题；用探究式学习研究营养液成分，其中可结合问题式学习探求营养液中的离子，通过小组合作式学习来解决问题。学生在此过程中，根据实际需要，灵活选择、有机融合不同的学习方式去研究问题。

另一方面，情境的牵引可以重构教学内容，进一步促进学生知识、观念的建构，提高学习的效率。比如本课就借助情境牵引，运用多种学习方式复习酸碱盐的反应规律、离子的共存问题、复分解反应的条件、化肥的种类、物质的分类等知识，在此过程中，让学生学会分析处理信息、实验验证、推理等方法，促进学生元素观、电荷守恒观、分类观等观点的建立，实现情境牵引下的知识、方法、观念、能力等的多维融合。

3. 项目实施

真实情境问题的解决，无套路可言，需要学生灵活运用多种学习手段，在多维思考中挖掘问题背后的知识体系、在寻求问题解决中激发创造性思维，发展核心素养。情境式的学习要注重学习过程中思维的启迪以及实践后的评价反思。

本课以营养液为基本框架构建课堂，逻辑上环环相扣，在与情境的不断交融中，在知识的深度挖掘应用中，启迪学生思维，解决实际问题，促进学生深度学习。以下为营养液成分探究的课堂实录：

［实物展示］无土栽培营养液原料包：A包、B包。

［引导思考］为什么将原料分开放置呢？

［教师解释］因为营养液中某些成分在高浓度的情况下混合易产生沉淀。因此，将两包先分别溶解稀释后，再混合配成一份完整的营养液。

［实物展示］这是用某A、B营养包，分别配得的A液和B液。

［思考］结合资料，你能推测出A、B液的组成成分吗？

［提示］为了保证植物的正常生长发育，营养液中必须包含植物生长所需的各种营养元素。

［提问］你知道植物生长过程中需要哪些元素吗？你知道哪些肥料中有这些元素？

［学生活动］查阅资料并进行汇报

［介绍］常见肥料

［追问］这些元素在溶液中一般以什么形式存在？分子，离子，原子？

［学生回答］离子。

［讲述］营养液配制的原则：避免沉淀的产生。我们学习过的哪些离子间会发生反应，不能共存呢？

［游戏］拼接"鱼骨头"

［思考］营养液中存在哪些离子呢？

问题1. 已知A液中含钙盐，B液中含磷酸盐，推测A、B液中分别含有什么离子？

问题2. 营养液配制的原则：避免沉淀的产生。高浓度的Ca^{2+}和SO_4^{2-}、PO_4^{3-}易形成沉淀，在较稀的浓度下混合。还可以确定哪种离子？在哪种溶液中？为什么？

问题3.硝酸根离子在哪种溶液中？为什么？

问题4.其他离子能确定吗？怎样通过实验鉴定上述离子？

［讨论］如何设计实验检测营养液中Mg^{2+}、NH_4^+、K^+。A、B溶液中已存在的离子在实验中会干扰上述离子的检测吗？

［学生活动］汇报实验方案、进行实验并汇报实验现象和结论

［推测］K^+存在于哪种溶液中？

［介绍］钾离子的鉴别方法和仪器

［思考］请罗列A、B溶液中的离子。结合已查到的信息，你能推定两营养包中的组成物质吗？

［讨论］（通过信息分析，结合物质水溶性、用途、水溶液酸碱性等综合分析）推得结论。

［展示］某番茄营养液的配料表资料

［讲述］这正是番茄的某种营养液配方。

课一开始，设置悬念，给出一份某未知无色营养液（A、B液），猜测其成分（物质）。教师引导学生由营养液提供的营养元素进行突破，让学生通过查阅资料发现必须存在营养元素N、P、K、S、Ca、Mg，进而引导学生根据元素查找常见无土栽培的肥料，推测这些肥料形成的溶液中的离子种类（K^+、Ca^{2+}、Mg^{2+}、NH_4^+、PO_4^{3-}、SO_4^{2-}、NO_3^-）。通过4个问题，推测出A、B液中存在的离子：根据问题1，得出A液中存在Ca^{2+}，B液中存在PO_4^{3-}；根据问题2，结合离子共存知识，确定SO_4^{2-}存在于B液中；利用电荷守恒原理，确定唯一剩余的阴离子NO_3^-存在于A液中；问题4中其他离子（剩余Mg^{2+}、NH_4^+和K^+）确定，借助实验检测出Mg^{2+}、NH_4^+存在于B液中，通过推理确定K^+存在于A液中，借此还拓展了先进仪器、实验等确定K^+的方法。通过收集到的信息，由营养液中的离子推定原料包中的物质，将微观的微粒与离子符号建立联系，利用微观粒子推得宏观物质，进行"宏观辨识和微观探析"，促进学生宏观—微观—符号三重表征思维的发展。在这一过程中，学生充分体验了科学探究的一般过程，学习通过综合运用调查、分析、推理、实验探究等方法，进行信息的分析处理、实践的检验、基于证据的推理，得出结论。

4. 实施反思

学生在真实的问题情境解决中，在老师的引导、同伴的互助中，运用多种知识、方法、思维方式去解决问题，实现知识的深度理解和运用，促进学生化学学科观念的形成、学科思维的发展，培养学生核心素养。同时，置于真实情境下的问题解决与否，能用于检验学习的成效。情境式学习可以进行过程和结果的学习评价，一方面通过实际问题的解决情况来判断学习的成效；另一方面，可以对实践过程中表现出来的知识、思维、能力、行为等进行过程性的自评、互评等，通过过程评价和结果评价相结合，综合评价学习成效。

最后，在情境式学习中，教师可以引导学生对问题进行拓展，延伸课程的深度和广度；或将在情境中获得的认知迁移到其他情境中，以解决新问题、发展新认知，在不断地学习和引导中，逐步培养学生由被动接受情境到主动发现、运用、建构情境，在问题研究和解决过程中，促进学生核心素养的发展。

（周晓燕，苏州市吴江区实验初级中学）

四、项目化学习"自嗨锅"的教学设计

注重化学课堂的实效，设计合理且有创意的情境，进行有主题的项目化学习，使学生在生动的情境中体验化学的魅力，探究生活中的化学原理，掌握相应的化学知识。2011年课程标准强调指出："要启迪学生的科学思维，培养学生的实践能力；引导学生认识化学、技术、社会、环境的相互关系，理解科学的本质，提高学生的科学素养。""培养学生终身学习的意识和能力，树立为中华复兴和社会进步而勤奋学习的志向。"同时修订稿也指出"让学生在熟悉的生活情境和社会实践中感受化学的重要性"。本节课以孩子们热捧的"自嗨锅"为载体，通过信息分析概念，同时通过实践和经验得出科学的结论，再通过拓展和联系生活中的衣食住行，充分理解什么是有机化合物以及有机高分子化合物。

1. 项目主题的确定

本节课的重点和难点都是对概念的理解，但是又不能失去化学的趣味性。卢梭说过："问题不在于教他各种学问，而在于培养他有爱好学问的兴趣，而且在这种兴趣充分增长起来的时候，教他以研究学问的方法。"爱因斯坦也曾说过："我认为对于一切情况，只有'热爱'才是最好的老师。"本节课用

"自嗨锅"引入课堂，同时借助"梦里的怪蛇"故事，让学生感受凯库勒与苯环的故事，激发学生的学习兴趣，对于刚刚接触化学不久的初中生来说，兴趣的培养和保持很重要，可以为后续的学习保持动力。

2. 学习目标

本节课基于课程标准的要求和初中学生的学情，从提高学生化学素养的角度入手，借助"自嗨锅"吸引学生的注意力的同时，设计合理的实验探究其中几种物质的成分，使学生感受到化学学习的最重要方法就是探究，从中获得进一步学习有机化学的基础知识和基本技能。引导学生认识化学在促进社会发展和提高人类生活质量方面的重要作用，让其感受"衣""食""住""行"都离不开有机物，离不开化学，培养学生的社会责任感。通过本节课的探究和学习使学生初步知道"什么是有机化合物""什么是有机高分子化合物"，以及有机化合物与生产生活的关系，并且可以通过自己的分析解决简单的问题。初步完成几个小实验，掌握基本的化学技能，培养合作意识和概括能力。

3. 课程实施

（1）分析文字信息，形成科学概念

［教师］同学们打开你们桌上的"小黑碗"，你们都认识吧。

［学生］当然，网上最流行的"自嗨锅"，正好快吃中饭了，都饿啦！

［教师］同学们最喜欢这里的哪一包材料？

［学生］有菜材料包、牛肉、粉丝……

［教师］很好，每个人口味不同，老师对这包"粉丝"也很感兴趣，请打开包装袋，取出少许粉丝用坩埚钳夹持，用酒精灯点燃，然后放在石棉网上观察现象。每组选代表交流一下看到的现象。

［学生］烧焦变黑了，生成灰……

［教师］很好，之前我们烧过面粉、葡萄糖、蔗糖等，发现都变黑了，那么它们燃烧的现象一样，能是一种物质吗？

［学生］不能，只能说明它们都含有碳元素。

［教师］非常好，点燃或加热后变黑，说明这些物质中含有碳元素，那么刚刚烧的粉丝也变黑了，则说明其中也含有碳元素。

资料：地球上含碳的化合物非常之多，已经发现的物质中含碳的化合物占绝大多数。人们把含碳元素的化合物称为有机化合物。组成中不含碳的化合物一般叫作无机化合物。

请同学们分析这些信息，然后总结什么是有机化合物和无机化合物。

［学生］有机化合物，是指含有碳元素的化合物。无机化合物，是指其组成中不含有碳元素的化合物。

通过以上的探究和信息分析，学生对于有机物和无机物有了初步的认识，通过自己动手实验探究并观察现象，学生的印象深刻。

（2）通过实验，分析科学方法

［学生］从材料包中取出自己喜欢吃的物质，放在表面皿上并滴加碘酒，观察实验现象。

［学生］我们小组分别取了玉米、藕片和土豆片，滴加碘酒后观察到它们都变蓝了，说明它们这些物质中都含有淀粉。

［学生］我们组分别取了藕片、土豆和胡萝卜，滴加碘酒后前两种明显变蓝，胡萝卜的颜色变化观察不是很明显。

［教师］同学们认真想想此处是哪种物质变蓝了呢？是物质的主要成分淀粉还是碘酒变蓝了呢？那么碘酒本身是什么颜色呢？

［学生］……

此处不同的同学概括的现象不一样，有的同学一直都不知道是哪种物质变色，只知道碘酒和淀粉相遇就变蓝了，同时碘酒本身的颜色同学们也不是都清楚。因此，教师在学生们产生了两次认知冲突后，再进行演示和解释。

［教师］取两支试管，一支加入少量碘酒溶液，另一支加入少量的淀粉溶液，然后向淀粉溶液中滴加少量的碘酒，展示给同学们看；最后给出关于淀粉变色原理的小信息。

> 所谓的这种变色，还有一定的局限性，前提必须是直链的淀粉。因为直链的淀粉在其链上存在许多的缺陷，这些缺陷吸附碘离子，正好被碘离子给补上，这样分子间距离变小了，由于光的性质（主要是光的波长），从这个链上透出的光就变成蓝色了，所以是淀粉变蓝了。

此处的演示实验中向蒸馏水和淀粉溶液中加入碘酒，是设计的对比实验。便于观察碘酒原本的颜色就是棕褐色的，淀粉溶液是无色的，加入碘酒后变成蓝色。通过观察实验和信息的处理，从而分析得出科学的实验结论，从而培养学生的科学品质，正如达尔文说的："科学就是整理实事，以便从中得出普通的规律和结论。"学习知识要精益求精、严谨科学，不能模棱两可。

（3）实践中产生认知冲突，解决问题

[教师] 请同学们拿出小黑碗中的"加热包"，看看标签上的成分，大家说说主要成分的分类，说出自己的看法。

> 品名：食品专用发热包
> 主要成分：铝粉、氧化钙、碳酸钙、氢氧化钠
> 产品标准代号：Q/NCZD 001
> 保质期：一年
> 净含量：80 克
> 生产日期：见包装标示

[学生] 铝粉、氧化钙、氢氧化钠都不含碳元素，属于无机化合物，而碳酸钙中含碳元素，属于有机化合物。

[教师] 有不同看法吗？看来大多数同学都赞同他的说法了。请同学们再仔细讨论一下什么是有机物，什么是无机物。

[学生] 铝粉不是有机物，也不是无机物，因为铝粉只由铝元素这一种元素组成，不属于化合物，那么肯定也不属于无机物或者有机物。

[教师] 请同学们看看教材的70页：

> 我们熟悉的一氧化碳、二氧化碳、碳酸钙和碳酸等少数含碳化合物，由于它们的组成和性质跟无机化合物很相似，人们就将它们归入无机化合物来研究。有机化合物除含碳元素外，还可能含有氢、氧、氮、氯、磷和硫等元素。

[学生] 其中的碳酸钙也不是有机物，因为它是特例，其组成和性质与无机物相似。

"认知冲突"的概念源于教育心理学家皮亚杰提出的认知发展理论，即认知的发展过程是"平衡——不平衡——新的平衡"。所谓认知冲突指的是认知发展过程中，原有概念（或认知结构）与现实情境不相符时在心理上所产生的

矛盾或对立。此环节我设计的这个"认知冲突"就是为了通过这个小陷阱，让学生把概念中的中心词"化合物"深深地记在脑海中，通过打破刚刚建立的认知平衡，制造一个不平衡，原有的认知结构无法同化新的知识，只有通过自己的理解和加工建立起新的认知平衡。

（4）科学辨别信息，合理质疑

在信息爆炸的时代，我们获得信息的渠道和方法越来越多，其实当一个信息被捕捉到以后，人们的做法各不相同，有人会对所有的信息深信不疑，尽管同一天获得的两个信息有矛盾，也不加思考和甄别，作为教师的我们在教会学生适量的科学知识的同时，还要培养学生的辨别能力。

本节课开始的第一个探究活动就是，请同学们烧粉丝。大家都很积极地进行实验，很多同学觉得有实验做就好，但是烧粉丝没什么特别的。老师问的问题也很简单，就是看看现象，烧完了"变黑"有灰烬生成。很多同学概括现象后很自然地就得出了结论——粉丝中含有碳元素。在课堂教学快结束的时候，老师又设计了一个小环节，某知名媒体上的一则关于"假粉丝"的视频报道，具体内容是：

有人用打火机引燃粉丝并且越烧越旺，然后边烧边讲解说："某某粉丝能燃烧还发出噼里啪啦的响声，这是黑心的商家，他们的粉丝是用塑料做的，不是真正的粉丝。"还危言耸听："现在的人都得这病那病的，都是这些食品造成的。"

［教师］大家对这个视频涉及的内容有什么看法呢？

［学生］感觉有些担心，看着粉丝燃烧得那么旺，有黑色的小液滴滴下来很像塑料……

［学生］不会的，我们都知道粉丝的主要成分是淀粉和水。其中淀粉是有机化合物，有可燃性，视频中的消费者用的粉丝较细，在室外空气流通较快，氧气充分，剧烈燃烧是完全有可能的。

接下来专家的分析是同学们明白了所有现象的化学原理，我们每天都会面对很多的信息，那么我们该如何甄别这些信息的真伪呢？其中信息的来源和自己掌握的科学知识才是判断信息真伪的重要依据，所以大家要多学习科学文化知识，而不是人云亦云地相信和传播不实信息。当一个新的我们完全不了解的东西呈现在我们面前时，我们应该首先保持合理的质疑，这到底是真的还是假的？有没有什么可靠的依据？然后再想办法去验证它的真假，而不能盲目地信以为真，更不能任意传播。

4. 实施反思

项目化学习以"自嗨锅"做引子进行创意教学，针对锅中的各种材料包进行探究，从而学习"有机化合物"的概念，认识有机化合物的基本特征，通过实验探究和一系列的小问题串贯穿一堂概念课，很精彩也很有创意，使得课堂丰富有趣、层次分明、脉络清晰。这节课很受学生的欢迎，下课铃声响起时同学们还意犹未尽，学生们拿到自己的"自嗨锅"的那一刻，课堂进入了高潮，教学效果非常好。这样的学习方式有利于学习兴趣和参与度的提升，有利于个体学习成就感的提升，有利于化学基本观念的形成与建构，有助于"宏观—微观—符号"的有机融合，有利于学生知识建构和高阶思维能力的发展。一堂课能传播的知识是有限的，一节课也无法让学生把一种能力完全掌握和提升，一个课堂案例也不能练习所有的基本技能，但是经过教师每天课堂反复的、用心的引导和设计，可以有针对性地提升孩子们的某些能力是所有课堂应承载的责任。

五、项目化学习"魔盒的奥秘"的教学设计

本研究以课程标准为依托，将教学中最核心、本质的内容从学生所学的课本内容中剥离出来，教师在创造性思维的驱动下融入学科的核心素养革新教学，建立项目化学习的教学架构，以最终培养学生创新精神为目的开展教学活动。简而言之，就是不拘泥于某一种教学形式，而是让学生学会多元化思维方式，将已有经验组织化、逻辑化，通过思维加工，获得新认识，形成新经验。

1. 项目主题的确定

"兴趣是一个人最好的老师。"化学对于初中生而言，是一门全新的学科，在教学过程中，化学教师如果能通过灵活多变的教学方式调动学生的注意力，让学生以轻松、愉快的心情学习化学，主动地投入教学活动中，就能有效提升教学效率。同时优质的化学课堂能为学生提供一个展示自我的平台，促进学生化学学科核心素养的形成和发展。但由于传统教学的影响，很多教师在物质性质的教学复习中，容易陷入物理性质有几条、化学性质有几条的套路，然后学生进行机械记忆学习，这样的教学学生很被动，易疲倦，课堂效率不高，

更不利于培养学生的化学学科核心素养。

这节关于"氧气和二氧化碳的性质和制备的复习"以探求气体的性质和制备知识为主旋律，同时"以学生为主体、以素养为主旨"，通过适当的问题、适切的活动、适时的交流，使"记忆型教学"走向了"思维型教学"。本节课以专题形式对教材内容进行整合，并使用自制教具对教材实验及内容进行了创新设计，以更加简便的方法完成了氧气和二氧化碳的性质和制备内容教学的复习。让学生在有意义的学习经历中重构了知识，拓宽了眼界，发展了思维，润泽了情感，涵育了素养。

2. 学习目标

本节课是沪教版九年级化学第2章"身边的化学物质"的复习课。氧气和二氧化碳是学生第一次从化学的角度系统地研究物质，这节复习课让学生通过对魔盒中气体的探究构建氧气和二氧化碳的知识体系，是对这些知识的一个巩固和深化，也对后面学习新的物质起到了指导作用。而且在揭秘过程中学生亲历真实、复杂问题的分析与解决过程，培养科学探究能力，开阔视野，激发学习动力和创新意识。具体项目学习目标如下：

（1）通过实验探究，增进氧气和二氧化碳的性质等知识的理解与应用，能够依据所学知识和"性质决定用途，用途反映性质"的学科思想对身边的一些现象，如二氧化碳通入紫色石蕊试液中，溶液由无色变为红色；进入菜窖或深洞前进行灯火试验等进行解释。

（2）通过对比的方法复习巩固氧气和二氧化碳的实验室制法，培养严谨的科学探究精神和运用学科方法学习化学的能力，渗透学生的模型认知能力，有利于学生今后学习化学气体的制备方法。

3. 项目实施流程

项目化学习从魔术实验引入，学生带着揭秘魔术的动力进行探究性学习。沿着学生探究的思路和进程，学习分为探索发现、提出问题、做出猜想、实验验证、探究制取方法以及总结交流等主要环节。项目化学习实施流程如图6-9：

情境设计	问题设计	学生活动	活动目的
展示魔盒实验"漂浮的肥皂泡"	对于这个魔盒，你有哪些问题？	思考讨论回答，发现问题	魔盒实验引入，激发探究兴趣
板书学生提出的问题	分析原料，你觉得魔盒里的气体是什么？	小组讨论思考回答	培养学生善于提出有价值的问题
学生猜想可能是氧气	如何利用提供的药品和器材设计实验	分组实验，验证猜想	复习氧气的性质
学生猜想可能是二氧化碳	本节课你有哪些收获？	小组讨论，设计实验	复习二氧化碳的性质
设计实验探究魔盒中的气体成分	如何捕捉魔盒中的气体？如何设计实验检验气体的成分？	学生动手组装发生装置，并说出优点	培养学生实验探究能力
探究制取魔盒中的气体	根据信息，实验室制取氢气如何选择发生装置和收集装置？	学生讨论回答	复习氧气和二氧化碳的实验室制法
拓展延伸	如何检验氧气？体现什么性质？还有什么物质能和氧气反应？	绘制思维导图	总结反思，学以致用
总结与交流	如何检验气体是二氧化碳？体现二氧化碳的哪些性质？	思考回答、书写与氧气反应的符号表达式	培养学生的创新意识，构建完善的知识网络
确定气体成分后，创意实验"1体积水溶1体积二氧化碳"	实验室制二氧化碳的药品？发生装置？收集装置？	思考回答、书写与二氧化碳反应的符号表达式	建构实验室制取气体的一般流程，渗透模型认识能力

图6-9 项目化学习"魔盒的奥秘"学习流程

4. 项目实施

（1）魔盒实验引入，激发探究兴趣

由于中学生对魔术及其揭秘非常感兴趣，所以首先老师带来了一个魔盒，向学生们展示实验"漂浮的肥皂泡"，一个长方形的玻璃缸，在底部铺上一层食用小苏打，再倒入白醋，在玻璃缸的上方吹入肥皂泡，肥皂泡真的能在魔盒中漂浮。根据已有生活经验，学生知道用肥皂水能吹出彩色的泡泡，但无论往哪个方向吹，泡泡最终会因为比空气略重而飘落到地上。他们很好奇这个魔术是如何表演成功的。

图6-10　漂浮的肥皂泡

（2）问题探究，知识重构

［老师］大家基于观察，对于这个魔盒，你有哪些问题？

［学生］思考讨论得出魔盒中有看不见、摸不着的物质——一种密度比空气大的气体，为初探气体的成分。

［PPT］展示魔盒中所用原料主要成分的化学式：白色粉末食用小苏打（$NaHCO_3$）和白醋（CH_3COOH）的化学式。

［学生］小组讨论，分组回答。

［老师］你觉得魔盒中的气体是什么？如何探究？

［学生］作出猜想，魔盒中的气体可能是什么？学生提到可能是氧气后，继续提问：

［老师］如何检验氧气，体现氧气的什么性质？还学过哪些物质可以和氧气反应？

［PPT］氧气的性质。

学生提到可能是二氧化碳，继续提问：

[老师] 你有哪些方法检验气体是二氧化碳？体现二氧化碳的哪些性质？能否用燃着的木条验证二氧化碳？

[PPT] 二氧化碳的性质

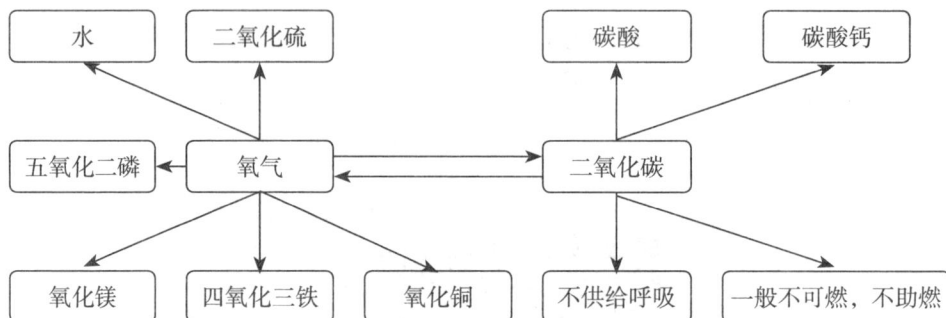

图6-11　氧气和二氧化碳的化学性质的知识结构

[设计意图] 从生活中走进化学，将知识融合在主题"魔盒中的奥秘"的情境中，并在这个主题下培养学生善于提出有价值的问题，同时分组讨论还可以提高学生的表达、交流、协作能力。

（3）问题解决，创新思维

根据同学们所提出的猜想，这些问题的核心是魔盒中的气体是氧气或者是二氧化碳？下面我们就要通过深入探究，寻求问题的答案。大家想一想，我们要怎样开展研究？请学生设计实验探究魔盒中的气体成分。

[实验一] 捕捉魔盒中的气体

每小组学生代表分别用装满水的塑料瓶在魔盒中排水集气。

[实验二] 检验魔盒中的气体

提供的药品和器材：澄清石灰水、紫色石蕊试液、木条、火柴、酒精灯，学生分组实验，根据学生们分享的实验结论，得出魔盒中的气体是二氧化碳。

[设计意图] 通过实验探究，将学生的积极情绪带进教学中，以促使学生主动参与探究、体验，利用所学知识解决实际问题，并在解决问题的过程中形成知识、培养能力、转变学习方式。同时使学生体验学有所用，如此可加强学生对氧气和二氧化碳化学性质的掌握。

[实验三]创新实验：1体积的水能溶解1体积的二氧化碳

传统课堂对于二氧化碳溶于水的比例以讲述教学为主，本节课教师请学生利用所给的器材和药品进行创新设计。

提供的药品和器材：装满二氧化碳的塑料瓶、紫色石蕊试液、水、弹簧夹、带导管的单孔橡皮塞、烧杯。

[学生实验]先向装满二氧化碳的塑料瓶倒入约1/4体积的水，塞上带导管的单孔橡皮塞，用弹簧夹夹紧胶皮管，然后振荡塑料瓶，发现塑料瓶变瘪了。继续进行实验探究，将胶皮管伸入紫色的石蕊溶液的烧杯中，打开弹簧夹，观察到紫色石蕊溶液倒吸入塑料瓶中，进入的液体约是塑料瓶体积的1/4。

[**设计意图**]通过创新设计的实验探究之后，学生的化学思维打开了，能生动理解1体积的水能溶解1体积的二氧化碳。在培养学生创新意识的同时，让学生认识到科学探究是进行科学解决化学问题的重要途径。

（4）再探魔盒中气体的实验室制法

实验室制取氧气和二氧化碳的基础设计思维流程：①确定实验室制法的反应物、反应原理；②确定发生装置；③确定气体的收集方法。

[学生]学生动手将老师给出的纸质装置图拼接成固液常温型发生装置，并说出这种组装的优点。

[拓展延伸]控制反应发生和停止的发生装置

[**设计意图**]以实验室经常使用的两套控制反应发生与停止的装置原理的分析，让学生获得科学探究与创新思维的体验。

[老师]实验室制备氧气还有哪些方法？请写出相应的符号表达式。发生装置与上述一样吗？

[学生]学生动手将老师给出的纸质装置图拼接成固体加热型发生装置。

[老师]高锰酸钾制氧气和氯酸钾制取氧气发生装置上有何差异？

[归纳]发生装置的选择依据

[老师]氧气和二氧化碳用什么方法收集？

[学生]收集装置的选择依据

[PPT展示]三种收集装置：排水法、向上排空气法和向下排空气法。

[老师]分别适用于收集哪些气体？

[PPT展示]三种收集方法合一的多功能瓶

［老师］如何利用多功能瓶收集氧气、二氧化碳和氢气？气体分别从哪段导管进入？

［设计意图］深入思考并刷新产生新的认知后，让学生归纳得出：实验室制取气体的一般流程。学生亲身感受到：发生装置和收集装置的选择是多元的，随着不断学习会发现不同的装置有不同的优点，真是学无止境。

（5）总结与交流

［学以致用］氢气的性质和实验室制法

［学生］根据教师给出的氢气的性质以及实验室制取氢气的反应原理，选择合适的发生装置和收集装置。

［设计意图］氢气的实验室制法穿插其中，学生的思维在亲历的实验活动中得到了有序发展。帮助学生建构实验室制取气体的一般思路，为今后化学气体制备的学习打下基础，初步尝试渗透学生的模型认知能力。

5. 实施反思

总之，复习课对教师而言，应该做到"反复而不重复"，这样学生才能"温故而知新"。本节复习课设计了"魔盒中的奥秘"，将"魔盒中的气体是什么？如何捕捉？如何检验？实验室如何制备？"等问题形成主干线，在问题解决的过程中让学生对氧气和二氧化碳的性质和制备的知识加深理解，形成知识网络，建立认知模型，并且这也使得学生应用知识解决新问题的能力和思维能力得到了加强。因此，教师要积极转变教学观念，寻找适合学生发展的教学方式，通过项目化学习提高课堂教学效率，促进学生化学综合素养的全面发展。

六、项目化学习"自制酸碱指示剂"的教学设计

知识和经验的简单叠加不能自觉转换成能力，只有在结构化的知识和类别化的经验基础上，通过正确的化学学科的认识方式才能形成学科能力，因此我们寄希望于通过项目化学习，围绕真实问题确立主题，打通化学知识与实际生产生活的联系，把课堂交给学生，激发学生主动学习的热情，让学生真正参与到学习中。

1. 项目主题的确定

"溶液的酸碱性"是沪教版化学第7章的内容。本章以几种常见的有代表性的酸、碱、盐的性质与反应为主线，并根据性质引出应用。本节内容贴近生

活，涉及的实验操作也不复杂，容易引发学生的学习兴趣，也完全在学生能力范围之内，因此，在清楚学生课前预习的情况后，教学时可以大胆地把大部分时间交给学生探究、交流和总结，形成对酸、碱、盐的大致认识。

利用紫甘蓝自制酸碱指示剂的想法来自化学家波义耳的酸碱指示剂发现，过程中亲历真实、复杂问题的分析与解决过程，给同学们讲述科学家的故事，学习科学家严谨求实，实践与科学联系的研究方法。在学习到知识的同时，培养了科学探究能力，激发了学习动力和创新意识，还进行了科学精神的传扬。

2. 学习目标

（1）通过学生自主学习、合作学习知道常见溶液的酸碱性，了解用酸碱指示剂（酚酞、石蕊）和pH试纸检验溶液酸碱性、酸碱度的方法。

（2）会用溶液的酸碱性的知识解释生活中的一些有关现象，知道酸碱性对生产、生命活动的重要性及其影响。

（3）通过自制酸碱指示剂的制、评、验的过程，提高学生实验基本操作、观察、对比、整理和表达的能力，体会化学的严谨性和实用性。

（4）从定性走向定量，初步感受到化学测量在化学研究和生产、生活中的重要作用，进一步渗透化学的基本观念和化学学科的核心素养。

3. 项目实施流程

项目学习通过生活中的常见现象为情境引入，让学生带着解决问题的探索精神去研究，在整个指示剂的制作过程、知识和能力的学习过程中，老师将所做的知识设计成提出了一个问题并以此作为引子，所有的问题都由学生通过小组合作的方式去讨论、设计、完成。

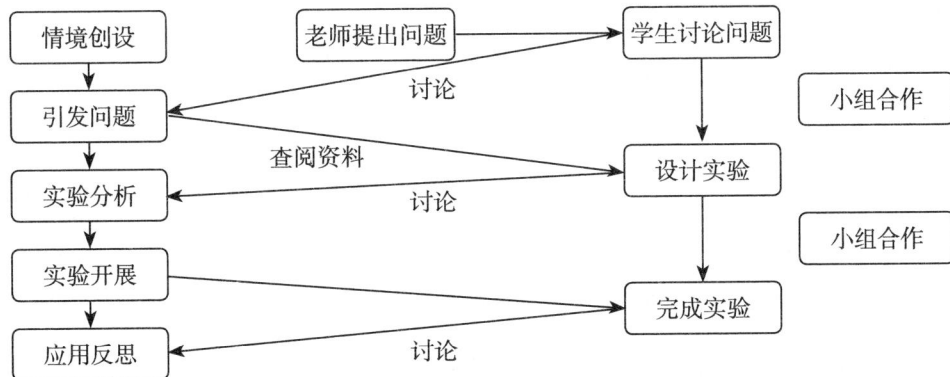

图6-12 项目化学习"自制酸碱指示剂"学习流程

4. 项目实施

表6-3　项目实施概述

教学环节	教师活动	学生活动	设计意图
情境引入	生活中你发现过这样的现象吗？ 放过白醋的萝卜变得更红了；放了纯碱蒸制的紫薯馒头变成了蓝色；沾有咖喱污渍的衣服在用肥皂洗涤时污渍处变成了红色。这些生活中有趣的现象都和溶液的酸碱性有关。	观看图片，思考	以生活经验为起点，从生活走进化学，引起学生对化学学习的兴趣和求知的欲望。 引出课题。
环节一：溶液的酸碱性之我见	关于溶液的酸碱性，谈一谈你的知识储备！ 知道溶液分为酸性、碱性、中性，能列举常见的代表性溶液。 知道酸碱指示剂可以用来检验溶液的酸碱性。紫色石蕊试液在酸性溶液中呈现……无色酚酞试液在酸性溶液中呈现…… 〔提问〕利用大家储备的知识，能不能帮老师解决一个问题。	通过网络平台检测课前预习情况 利用知识储备，解决实际问题。 学生演示	通过学生展示自主学习的成果和解决简单问题，体现对知识的掌握程度，为后续问题的展开作铺垫。
	〔提问〕大家想不想利用生活中的物质自制酸碱指示剂，检验身边物质的酸碱性？	思考	提出面临的实际问题，激发学习兴趣，引发探究欲望。
环节二：自制酸碱指示剂并检验常见溶液的酸碱性	受到波义耳的启发后，我们也可以试着从植物的花瓣或者果实中提取色素来自制酸碱指示剂 制 〔实验步骤〕 1.取适量植物的花瓣或果实先用手撕碎再在研钵中捣烂，加入酒精溶液浸泡，上层清液待用。 2.在点滴板中加入酸性、中性、碱性的溶液各一种，滴加少量植物浸取液，观察并记录现象。 评 〔提问〕 1.你获得的植物浸取液能用作酸碱指示剂吗？ （条件：在酸性或碱性条件下显示颜色需不同）	同学讲述酸碱指示剂的发现史 分组实验①，观察记录、拍照上传、交流展示	通过自制酸碱指示剂的过程，学生重走科学家的发现之路，感受规范实验操作的重要性，并体会化学与生活的密切联系。 通过对实验结果的分析评价，内化对酸碱指示剂的认识。

教学环节	教师活动	学生活动	设计意图
环节二：自制酸碱指示剂并检验常见溶液的酸碱性	2.符合条件的这些自制酸碱指示剂哪种更好？ （角度：检测范围、变色明显、成本、易于制备等） [验] 利用自制酸碱指示剂来检测自己带来的物质的酸碱性。 [交流] 学生代表展示实验结果	分组实验②，观察记录	利用自制酸碱指示剂检验物质的酸碱性，体会到化学是一门真实、有用的科学。
环节三：溶液的酸碱性在生活、生产、生命活动中的重要性	在学习了溶液酸碱性的相关内容后，我们来解释刚开始上课提到的生活中的现象。 其实，溶液的酸碱性不但可以用来解决生活中的小问题，还和工农业生产、生命活动的关系十分密切。 [视频] 酸碱性的重要意义 （酸碱性与工农业生产、环境、人体健康的关系）	利用所学，解决问题观看视频	从化学回到生活，引导学生以化学的视角去认识生活、生产、生命活动等方面的有关问题，感受化学学习的重要性。

5. 实施反思

（1）学生的自我学习意识增强，提升学科素养

化学让大多数学生倍感神秘，充满好奇，产生较强的学习欲望和学好化学的愿望，但部分学生对化学学习又缺乏自信，特别是随着学习的深入，学习内容的增多以及学习难度的加大，有些学生容易打退堂鼓，对化学学习失去兴趣和信心。课堂上基于项目化学习理念开展教学，在学习主题的确立上，既充分考虑学生的生活经验，体现学习研究的价值，激发学生兴趣，调动学生参与热情，又重视学生已有知识背景，确保学习研究具有较强的可行性和可操作性。小组合作学习使每个学生不仅可以结合自身的特点，在小组合作中发挥优势和特长，亲身获得成功体验，而且还可以在看到与自己水平相当的同伴取得成功时，受到鼓舞和激励，增强学习信心。

（2）知识融合，提高学习能力

基于项目化学习理念开展主题教学，学习的素材源于教材，但又不拘泥于教材，所涉及的知识与技能也不受限于教材的某一章节。注重新旧知识联系，

加强学科知识融合，对促进学生深度学习，提高课堂教学效率尤为重要。学生在面对需要解决的实际问题时，不仅要主动激活已有认知和经验，而且要融会贯通地学习和理解新的知识，这样既促进了知识的迁移和应用，又拓展了知识的深度和广度，使获得的知识更为灵活，理解也更为深刻。

在中学化学教学过程中，课堂教学应从教授"是什么（知识性知识）"逐渐向"为什么（逻辑性推理）"和"怎么办（程序性应用）"转变，认识化学的本来面貌。课堂教学，应该让思维深刻发生，让素养生根发芽。通过实践发现，将项目化学习融入平时的初中化学课堂教学中，研究的主题更明确、探究活动更深入，且使教学重难点能轻松地突破，更重要的是，每位学生的想法都得到充分的展示，学生收获的不仅是知识，更是一种成功体验，是利用学科知识解决实际问题的能力和学科关键能力的提升。

七、项目化学习"蚕丝"的教学设计

照本宣科已难以适应当前的教学要求，我们不断研究初中化学创意课程实施，对初中化学国家课程进行一定的改革与创新，形成校本化实施，帮助学生通过化学课程学习逐步形成正确的价值观念、必备品格和关键能力。初中化学项目化学习是校本化实施的产物，我们联系学生生活实际，将一些地方资源、社会热门事件和化学最新成就等有机融入课程实施中。本案例呈现如何利用地方特色蚕丝资源开发出创意课程学习内容，通过生态蚕丝的性质学习，运用观察、实验探究等方法获取蚕丝的性质，用文字和化学语言表述有关的信息并进行加工，让学生在科学探究中感受并赞赏化学对社会发展的重大贡献，并逐步树立珍惜资源、合理使用化学物质的可持续发展观念。

1. 项目主题的确定

义务教育阶段的化学教育，要注意从学生已有的经验出发，让他们在熟悉的生活情景和社会实践中感受化学的重要性，了解化学与日常生活的密切关系，逐步学会分析和解决与化学有关的一些简单的实际问题。学生是课堂活动的主人，学生只有在自主活动的过程中，才能学得积极主动，才能体验自身的存在与价值。化学创意课程必须从学生兴趣出发，在学生生活中挖掘教育资源。

苏州盛产丝绸，蚕丝的主要成分是蛋白质，那我们就可以围绕生态蚕丝为主题的情境，结合沪教版初中化学教材，研发项目化学习的课程，让学生在这样的课程学习中主动地体验科学探究的过程，以便学有所用。

2. 学习目标

基于生态蚕丝的化学创意课程，围绕蚕丝的化学性质探究及相关应用揭秘，认识科学探究是进行科学解释和发现、创造和应用的科学实践活动，使学生初步了解化学对人类文明发展的巨大贡献，认识化学在实现人与自然和谐共处、促进人类和社会可持续发展方面所发挥的重大作用。具体学习目标如下：

（1）通过蚕丝性质的一系列探究，了解蚕丝的成分，认识蛋白质的化学性质，帮助学生从化学视角去看待世界，培养科学探究能力与创新意识。

（2）通过对蚕丝、棉线、化纤三种材质的围巾的鉴别，运用蛋白质、天然纤维等性质对生活中的现象进行解释，激发学习兴趣，在探究与体验中发展学科关键能力。

3. 项目流程

表6-4　项目流程概述

环节	主要活动	驱动性问题	设计意图
基地参观视频引入	参观我校省级蚕丝课程基地并观看从蚕茧中抽出蚕丝的缫丝工艺视频	—	通过蚕丝文化进课堂，激发学生的探究欲
观察发现提出问题	通过观察仅20微米左右粗细的蚕丝，联系蚕丝的广泛应用，猜想蚕丝究竟具有怎样的性质		通过观察微细的蚕丝，促进探究问题的提出
实验探究揭秘性质	讨论研究思路，设计与制定实验计划	蚕丝有哪些独特的性质？	通过实验探究和理论分析，使学生积极主动地获取化学知识，培养学生的实践能力，发展其化学核心素养
	开展实验探究：灼烧蚕丝、蚕丝耐酸碱腐蚀情况、蚕丝遇氧化剂例如84消毒液情况		
	理论分析，获取蚕丝蛋白的构成信息		
	基于蚕丝性质的认识，推理鉴别蚕丝、棉线和化纤的方法		
知识拓展了解应用	了解蚕丝相关性质在生活中的应用	生活中人们是如何利用蚕丝相关性质的？	了解蚕丝在生活中的应用，感受并赞赏化学对于生活的积极贡献
课堂总结相互交流	总结交流蚕丝的性质	—	总结反思以促进深度学习

项目化学习从参观省级蚕丝课程基地并观看从蚕茧中抽出蚕丝的缫丝工艺视频引入，以学生对蚕丝化学性质的探究为主线，分为观察发现提出问题、实验探究揭秘性质、知识拓展了解应用、课堂总结相互交流等主要环节。项目学习流程如下：

4. 项目实施

（1）基地参观营氛围　缫丝视频促思考

我校省级蚕丝课程基地的陈列以蚕的历史进化为主线，种桑、养蚕、择茧、缫丝、织造、印染、刺绣……，展示了蚕桑发展与人类文明的关系，并构筑起一幅幅蚕宝宝生命发展的动态全景图。缫丝时小小的一粒蚕茧竟能抽出1000米左右的蚕丝着实让同学们震撼不已。通过一系列图文、视频资料和实物的观摩，不仅能让学生了解家乡的特色产业，增强自豪感，而且能激发学生学习的需要感和使命感。

（2）观察探索新发现　努力思考提问题

只有20到30微米的细蚕丝为什么会在我们的生活中有着极为广泛的应用呢？同学们拿着呈长椭圆形的蚕茧看了又看，有的同学拉开蚕茧表面的絮状蚕丝后，发现其内壁的丝纹很有规律，质轻而韧，不易撕破。如此微细的蚕丝有哪些独特的性质让那么多人爱不释手呢？"我听说蚕丝被不能在太阳底下晒得太久""我妈妈的真丝衣服都是手洗的，还用专门的洗涤剂，不用肥皂和洗衣粉的呢""我以前看到的蚕茧都是白色的，这里还有粉色、橙色、黄色、绿色的呢，不过我们的丝绸为什么还有那么多其他颜色的啊，蚕丝会不会被别的物质损坏？"同学们已经迫不及待地想要知道这些问题的答案了。

（3）逐步探究出真知　蚕丝性质巧揭秘

① 讨论研究思路

［教师］大家通过刚才的观察学习，提出了很多亟待解决的问题，接下来我们就围绕这些核心问题进行深入探究。大家都有哪些科学探究的方法？

［学生］我们可以上网查关于蚕丝的资料。

［教师］我们正处在创新开放的互联网+时代，这是个好办法啊！获取信息简单又快捷。

［学生］我们手里就有蚕丝，可以设计实验来探究啊！

［教师］网上得来终觉浅，绝知此事要躬行，实践出真知哦！那接下来我

们就想想怎样设计探究实验吧！

　　［学生］蚕丝不能在太阳下长时间暴晒的情景其实就是高温对蚕丝的影响，我们可以利用酒精灯作为热源来模拟。

　　［学生］现在市场上大部分洗涤剂是碱性的，不适合清洗蚕丝织物，那么我们是不是可以用氢氧化钠溶液与蚕丝接触来探究一下呢？如果还要探究酸性物质对蚕丝造成的影响的话，可以用硫酸试试。

　　［学生］有时候我的衣服沾了其他颜色的话，妈妈会用84消毒液帮衣服褪色，能用84消毒液清洗丝绸吗？这个我们也可以试试。

　　［教师］同学们都拿出了可行的实验设计，接下来我们就一起来实践吧。

　　② 开展实验探究

　　教师为学生们提供10%的硫酸溶液、3%的氢氧化钠溶液、84消毒液、试管、酒精灯、镊子等仪器药品，同学们进行了灼烧蚕丝、蚕丝耐酸碱腐蚀情况、蚕丝遇氧化剂例如84消毒液情况的探究后，交流讨论实验结果。

　　［学生］在酒精灯火焰上点燃蚕丝，没有明显的火焰，有头发烧焦的气味，燃烧后呈灰黑色，用手一捏就变成了粉末。

　　［教师］蚕丝是一种天然的动物纤维，其主要成分是蛋白质。灼烧后的这种特殊气味我们一般描述成烧焦羽毛臭味。蚕丝织物在使用时要避免接触高温，虽然不一定会发生燃烧，但是会使蛋白质变性，同样会损伤蚕丝的。

　　［学生］将蚕丝浸泡在10%的硫酸溶液中，再将试管放在40℃的热水浴中温热5～6分钟后，取出水洗，发现蚕丝纤维变化不大，但是在同样处理的3%的氢氧化钠溶液中浸泡后的蚕丝纤维有非常明显的断裂损伤，看来稀的碱溶液也对蚕丝有侵蚀作用。由此可见，日常用的碱性洗涤剂是不适合清洗蚕丝织物的。

　　［学生］蚕丝在84消毒液中的情况就更坏了，我都看不到蚕丝了呢。我们平时可不能把84消毒液用在蚕丝织物上，84消毒液用来消毒比较合适。

　　［教师］说得很对，蚕丝是动物蛋白，比较容易受到碱腐蚀，这也是我们在平时洗护蚕丝织物时必须注意的。84消毒液是一种以次氯酸钠为主要成分的含氯消毒剂，有很强的氧化性，可以将动物蛋白质纤维大分子中的氨基酸链段切断，变成可溶性的蚕丝肽，所以我们会看到消毒液的颜色慢慢变黄，蚕丝慢慢消失了。

　　通过以上实验探究，学生在观察、实验和交流讨论中不仅学习了蛋白质的化学性质，而且逐步学会了分析和解决与化学有关的一些简单的实际问题，提高了学生的科学探究能力。

③进行理论分析

在同学们确定了蚕丝的以上性质后，教师又对蚕丝的知识进行了相关的理论资料拓展。

［教师］蚕茧中蛋白质含量在97%以上，蚕丝纤维由氨基酸组成，有极强的吸湿性能，吸湿后增重可达自身重量的30%。这为蚕丝制作成丝织品、蚕丝被等的舒适性以及蚕丝面膜应用于美容行业起保湿功效提供了保障。蚕丝很细，只有20到30微米，难以单根使用，需要通过缫丝后集绪、绕丝，形成生丝。加工成的蚕丝被具有良好的耐寒性和恒温性，还能抗螨、抗菌、抗过敏，改善睡眠。

［学生］以前只知道蚕丝被柔软舒适，原来蕴藏着这么多科学原理啊。

④作出推理判断

学生能否将已经掌握的蚕丝知识学以致用呢？教师提供蚕丝、棉线、化纤三种材质的围巾，让同学们讨论如何从中鉴别出蚕丝材质的围巾。

［学生］可以用燃烧法，分别抽出部分纱线燃烧，看不见明火，有烧焦羽毛臭味的是蚕丝。

［学生］也可以抽丝放在84消毒液中，消失不见的是蚕丝。

［教师］这些方法都很好，看来大家已经掌握了蚕丝的检验方法并能学以致用了。

（4）化学科技来助力　蚕丝应用屡突破

［教师］蚕丝是人类利用最早的动物纤维之一，蚕丝围巾吊牌上的内容：30℃以下低温手洗、低温熨烫、不可暴晒、不可氯涤、不耐碱，应选用中性不含酶或丝绸专用洗涤剂，大家都明白了吧！

［教师］随着化学科技的发展，蚕丝不仅可以用作高档服饰的面料，还用于开发制作蚕丝食品和保健品、护肤品和化妆品、生物医药领域仿生材料、医药材料等，具体有丝素饼干、糖果、饮料、婴幼儿爽身粉、蚕丝面膜、人造皮肤、丝素蛋白抗凝血材料等。

教师通过拓展蚕丝在纺织、医药、化工、食品等领域的应用，使学生感受科学知识的力量，引导学生认识化学、技术、社会、环境的相互关系，理解科学的本质，提高学生的科学素养。

（5）课堂知识需总结　相互交流提素养

学生依据掌握的蚕丝性质，总结之前提出问题的科学解释，收获了学习的成就感。我们可以尝试对蚕丝织物进行染色吗？可以选用哪些染色剂呢？紫色石蕊试液可以吗？或者就用桑葚中提取的色素？下次我们可以试试拓染吗？大家通过相互交流激发了学习兴趣，提高了学习的积极性和主动性。

5. 实施反思

在当今"立德树人"的总体教育目标下，以发展学生"核心素养"为主旨的课程改革正在由理论研究走向教学实践。创意课程是以学校为基地，在现行课程的基础上，根据学生兴趣爱好开发的具有各个学校特色的课程。化学学科由于和生活、生产、科技联系紧密，有多种多样的实验支撑，更易于开发丰富多彩的化学创意课程。

生态蚕丝进课堂，学生通过实地观察、实物探究、总结交流等一系列创意课程活动，不仅传承了优秀的蚕丝文化，使学生掌握了蚕丝灼烧时不同于其他材料的典型现象、蚕丝遇酸碱溶液、强氧化剂的情况等化学知识，更让学生通过自身实践增强了对生活和自然界中化学现象的好奇心和探究欲望，深刻感受到化学对于社会发展的重大贡献。"春蚕到死丝方尽，蜡炬成灰泪始干"，蚕宝宝度尽了一生的辛勤，无私地将洁白的蚕丝奉献给人类，激励着同学们为促进社会发展和提高人类生活质量方面而努力学习，不断提升自己的科学素养。

八、项目化学习"膨松剂"的教学设计

项目化学习是一种以学生为中心的教学模式，强调学生在真实的情境中，通过问题驱动组织开展探究活动，学生通过交流合作的学习方式来解决问题，最终展示分享研究成果。本案例采用项目化学习的方式开展教学，可使学生充分发挥主体性，有效提升问题解决能力，并体会化学学科的"生活化"和"实用性"，感受化学的学科魅力及实用价值。

1. 项目主题的确定

"探究膨松剂中的化学问题"利用项目式教学的形式，基于真实问题情境，围绕探究膨松剂的配料及配比、感悟膨松剂的价值来创设系列化项目任务。综合应用酸碱盐的性质、物质检验鉴别的方法、实验基本操作、科学探究的一般过程、质量守恒定律等知识，这些知识是初中化学的核心内容，具体课

可安排2～3课时进行。通过项目中的自主互助、实验探究、交流倾听、小组合作等活动，加深对酸碱盐性质、质量守恒定律的认识和理解，实现知识的重构，加深对知识的再认识。通过定性与定量相结合的科学思想和方法寻找证据推出合理结论，促进守恒观、计量观等化学观念的形成。

2. 学习目标

（1）通过探究膨松剂的成分、含量，感受真实的、有趣的、有用的化学。

（2）体验科学探究的一般过程，初步学会提出问题和假设、设计方案、获取证据、形成结论和交流评价，学会分析误差和优化实验装置。

（3）知道混合物中物质含量的测定方法，通过自主互助、实验探究、交流分享和反思提高等活动，体验科学假设和实验探究的过程与方法。

3. 项目流程

表6-5　项目流程概述

项目任务	学生活动	教师支持	设计意图
任务1：定性研究膨松剂配料	（1）观察演示实验，分析现象。 （2）实验探究产生的气体是什么。 （3）思考气体是如何产生的。	（1）实验演示：膨松剂遇水产生气体。 （2）提供膨松剂、水、卡口袋、注射器等实验用品及仪器。 （3）实验演示：探究磷酸二氢钙为酸性溶液。	"产生的气体什么？"相对简单，放手让学生猜想、学生实验、学生交流。在"气体是如何产生的"的探究上通过适当的引导与追问，使学生形成合理的猜想并进行探究，加深了学生对酸类、盐类物质性质的认识。定性探究是学科探究的起点，是认识物质的重要手段，同时也为下一环节的定量探究作铺垫。
任务2：定量研究膨松剂配比	（1）从质量的角度分析碳酸氢钠分别与硫酸、磷酸二氢钙的反应。 （2）思考并探究测定二氧化碳质量的方法。 （3）误差分析。	（1）引导学生从原理上分析测定碳酸氢钠质量分数的方法。 （2）引导学生从装置上分析如何更精确地测定碳酸氢钠的质量分数并提供药品与仪器。 （3）引导学生进行误差分析。	从学生熟悉的碳酸氢钠入手，讨论出测定泡打粉中碳酸氢钠含量的一般原理：碳酸氢钠含量→碳酸氢钠质量→二氧化碳质量。然后依据探究目的设计并优化实验方案，进而展开实验探究，学生在亲身体验中学习知识与方法，促进学生元素守恒思想、定性定量研究思维的养成。

续 表

项目任务	学生活动	教师支持	设计意图
任务3：感悟膨松剂的价值	（1）阅读标签，分析配比。 （2）阅读资料。感悟膨松剂的价值。 （2）提供资料，引导学生合理使用膨松剂、正确认识膨松剂。	提供标签，并引导学生进行思考。	本环节由真实的数据引发开放性的思考和讨论，培养学生独立思考、敢于质疑和批判的创新精神。同时引导学生从化学的视角正确认识物质，科学、客观地认识化学的正面价值，理解知识与社会发展的关系。

4. 项目实施

（1）创设情境引入新课

上课之前，先让学生观察、品尝馒头、鸡蛋饼等食物。在上课初始，播放老师在家中烙饼的视频，并现场展示烙出的饼。

[设计意图] 通过微视频及现场实物的展示，尽量拉近现实生活与学生的距离，让学生感悟到生活的化学、真实的化学、有用的化学，从而激发学生探究的热情。

任务一：定性研究配料

师：老师烙出的饼为什么蓬松可口？在和面时老师加入了膨松剂，请同学们观察现象。

[教师演示] 向面粉中加入少量水和膨松剂并搅拌。

生1：有少量气泡产生。

师：气体是什么？如何检验？

生2：氧气，用带火星的木条。

生3：二氧化碳，把气体通入石灰水。

……

师：请同学们用实验盒内的药品与仪器验证你们的猜想。

[学生活动] 向小塑料卡口袋（4cm×6cm）中加入膨松剂及少量水，封紧卡口袋。等卡口袋鼓起后用注射器分别抽取两管气体，其中一支注射器轻轻推向带火星的木条，另一支缓缓推入澄清石灰水中。观察现象。

师：观察到什么现象？说明什么问题？

生：澄清石灰水变浑浊，产生的气体是二氧化碳。

追问：二氧化碳是怎么产生的呢？请同学们观察标签，做出猜想。

膨松剂的标签如下：

> 拉姆雷德牌无铝发酵粉（复配膨松剂）
> 配料：玉米淀粉，碳酸氢钠，磷酸二氢钙。

［友情提醒］该复配膨松剂中的玉米淀粉是一种填充剂，和面时不产生二氧化碳。

生：可能是碳酸氢钠和磷酸二氢钙反应产生的。

追问：你猜想的依据是什么？

生：可能磷酸二氢钙溶于水呈酸性，而碳酸氢钠会和酸性物质反应产生二氧化碳。

追问：磷酸二氢钙的水溶液是否为酸性呢？有哪些方法可以探究。

生：可以用指示剂、活泼金属（如锌）、难溶性碱（如氢氧化铁）、碳酸盐（如碳酸钙）、金属氧化物（如氧化铜）来探究。

［演示实验］向磷酸二氢钙溶液中滴入石蕊试液，观察现象。

师：观察到什么现象？说明什么问题？

生：溶液变红，说明磷酸二氢钙溶液为酸性溶液，能与碳酸氢钠反应产生二氧化碳。

（展示：$Ca(H_2PO_4)_2+2NaHCO_3=CaHPO_4\downarrow+Na_2HPO_4+2CO_2\uparrow+2H_2O$）

任务二：定量研究配比

师：刚才我们通过实验探究，从配料的角度认识了在和面时复配膨松剂产生气泡的原因，如何知道磷酸二氢钙和碳酸氢钠的配比呢？你们觉得利用我们已有的知识，哪一种物质的质量分数容易得到？

生：碳酸氢钠。

追问：如何得到碳酸氢钠的质量分数？

生：向膨松剂中加硫酸，碳酸氢钠和硫酸反应会产生二氧化碳，通过称量二氧化碳的质量就可以算出碳酸氢钠的质量，从而得到碳酸氢钠的质量分数。

师：为确保碳酸氢钠完全反应，加入硫酸的量有没有要求？

生：加到不再产生气泡为止，要略过量。

师：请同学们写出碳酸氢钠与硫酸反应的方程式。

展示：$H_2SO_4+2NaHCO_3=Na_2SO_4+2H_2O+2CO_2\uparrow$

师：在研究配料时，我们已经知道碳酸氢钠还会和磷酸二氢钙发生反应，请同学们观察碳酸氢钠分别与硫酸及磷酸二氢钙反应的方程式，从质量的角度分析碳酸氢钠与二氧化碳，大家有何发现？

生：这两个反应都是每168份质量的碳酸氢钠反应生成88份质量的二氧化碳。

展示：

$$Ca(H_2PO_4)_2+\underset{168}{2NaHCO_3}=CaHPO_4+Na_2HPO_4+\underset{88}{2CO_2\uparrow}+2H_2O$$

$$H_2SO_4+\underset{168}{2NaHCO_3}=Na_2SO_4+2H_2O+\underset{88}{2CO_2\uparrow}$$

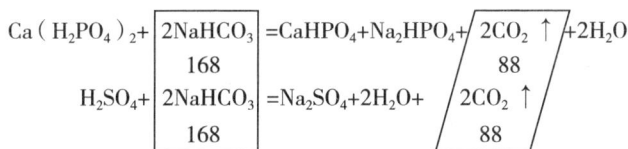

师：如何测定二氧化碳的质量？请同学们小组交流，设计方案，越多越好。

生1：用碱石灰吸收二氧化碳，然后测定碱石灰的增重。

生2：用氢氧化钡溶液吸收二氧化碳，测定增重，增重的质量就是二氧化碳的质量。

生3：用氢氧化钡溶液吸收二氧化碳，然后过滤、洗涤、干燥，称量碳酸钡的质量，根据碳酸钡的质量计算二氧化碳的质量。

生4：可以称量产生的二氧化碳的体积，根据体积计算质量。

师：我们今天通过测量反应前后总重量的质量差来确定二氧化碳的质量。

[展示装置]

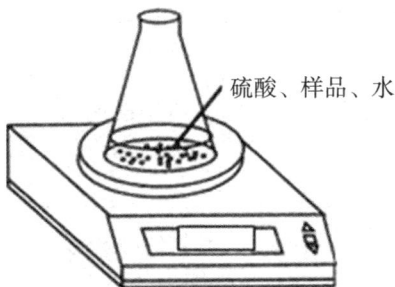

图6-13　测定二氧化碳的实验

师：如果用图6-13装置来测量二氧化碳质量是否会产生误差？为什么？

生：会产生误差，二氧化碳逸出时会带出产生的水蒸气。

追问：那么如何改进呢？请同学们小组交流。

生：可以在锥形瓶瓶口处加一个装有碱石灰的干燥管，这样水蒸气就不会逸出。

师：很好！

［装置展示］

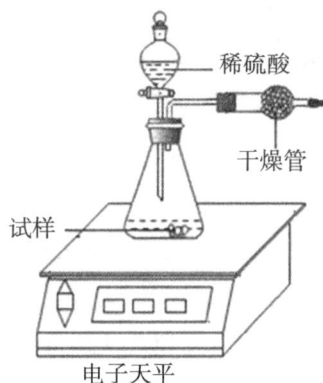

图6-14 改进实验

师：下面我们用改进后的装置进行实验。

［学生活动］用图6-14装置进行实验测定二氧化碳的质量并计算碳酸氢钠的质量分数。

师：同学们，你们的实验结果是多少？

生1：测出二氧化碳的质量是0.21g，算出碳酸氢钠的质量分数为26.7%。

生2：测出二氧化碳的质量是0.23g，算出碳酸氢钠的质量分数为29.3%。

生3：测出二氧化碳的质量是0.18g，算出碳酸氢钠的质量分数为22.9%。

生4：测出二氧化碳的质量是0.19g，算出碳酸氢钠的质量分数为24.2%。

［展示标签］

拉姆雷德牌无铝发酵粉（复配膨松剂）
配料：玉米淀粉 40%，碳酸氢钠 30%，磷酸二氢钙 30%。

师：通过查看标签，我们发现我们实验得到的数据还是偏小，同学们可以课后继续思考误差产生的原因。

任务三：感悟膨松剂的价值

师：磷酸二氢钙与碳酸氢钠完全反应时其质量比为39：28，而实际质量比为1：1，小于39：28，也就是碳酸氢钠的量要相对多一点，为什么呢？

[资料展示] $2NaHCO_3 \xrightarrow{\Delta} Na_2CO_3 + CO_2\uparrow + H_2O$

生：在加热时碳酸氢钠也会分解产生二氧化碳，实现二次膨胀，使饼、馒头等更加蓬松。

师：很好，所以"复配膨松剂"中的"复"蕴含两次发酵的意思。

[资料展示] 膨松剂的作用：使口感饱满松软、加快消化了吸收、避免营养素损失。

师：当然膨松剂也不能多放，如果过多使用的话会使馒头、饼等开裂，影响口感，破坏食物中的营养素，长期食用会危害健康。

展示标签：膨松剂的用量。

师：通过今天的学习，你学到了哪些？

生：今天我学习到了膨松剂的成分及作用原理。

生：我们辩证地看待膨松剂等食品添加剂并合理使用它们。

师：通过今天这节课的学习和探讨，我们了解了复配膨松剂的相关内容，体验了科学探究的一般过程。除此以外，我们应该合理地看待、使用膨松剂等食品添加剂。我想，利用所学化学知识，为人类创造一个更为绿色、健康、安全的生活应该成为每一位化学人的责任与担当。

5. 实施反思

教学中呈现给学生熟悉的真实情境，将会强烈引起学生的共鸣，吸引学生的注意力和学习的兴趣，克服学习内容的形式化、抽象化。本项目选择密切联系学生生活实际的膨松剂为研究对象，贯穿整个教学过程。通过情境创新、形式创新、实验创新等手段激发了学生的学习兴趣，在讨论与探究膨松剂的过程中重构知识体系，将学生的思维由定性引向定量，提升了学生的核心素养。

化学教学不能仅满足于讲了多少知识，更重要的是发展学生的思维，打开学生的思路。在本项目的实施过程中，学生是问题的发现者、思考者、解决者。学生在做中学，学中思，经历了完整的项目学习过程。通过建构四人一个小组的伙伴学习共同体，学生在自主思考的基础上多次交流讨论，实现思维的碰撞，自主学习能力、交流和倾听的能力得以提升。

九、项目化学习"鱼浮灵"的教学设计

本案例呈现了如何围绕一种真实世界的熟知而又具有一定神秘色彩的化学物质来创意开发学习活动，让学生利用多学科知识整合联系起来，并让学生亲身体验，提升分析和解决真实问题的能力。

1. 项目主题的确定

研究表明，学生对科学的兴趣从小学到高中在不断降低。造成学习动机降低的可能原因是科学教学过程中过于强调书本的支配地位和对科学事实的记忆。大多数学生渴望把学习科学作为一种因为兴趣而积极参与的过程来体验。

"鱼浮灵"是水产运输或养殖过程中的一种常用的白色固体。将"鱼浮灵"给几位初中生喂鱼，他们能聚精会神地玩很长时间，说明学生对此非常感兴趣。从他们的生活经验、知识结构出发，利用学生熟悉而又感兴趣的事物，适时创设具有趣味性、探索性、延伸性的教学情境，激发学生的学习意识和创作欲望。基于"鱼浮灵"中的化学物质，不仅可以让学生感受物质的神奇，还能够融入物理和化学学科内容的学习与理解，促进学生将书本知识与现实生活和科技发展联系起来，避免学生形成机械性知识——孤立的、不能运用的知识片断。

2. 学习目标

对于"鱼浮灵"课程，以"鱼浮灵遇水产生了什么气体""鱼浮灵的组成""鱼浮灵增氧原理""如何制备鱼浮灵"为问题驱动，引导学生综合运用多学科知识揭秘"鱼浮灵"，在揭秘过程中亲历真实、复杂问题的分析与解决过程，充分感受化学在生产、生活中的好处，逐步学会跨越想象与现实之间的鸿沟，最终实现多学科知识的融会贯通，开拓视野，提升科学探究能力等。制定学习目标如下：

（1）通过探究"鱼浮灵"遇水后产生了什么气体，强化实验方法的设计改进与科学态度；

（2）通过对"鱼浮灵"组成的认识，深刻理解学科相关思想和观念；

（3）通过探究"鱼浮灵"的增氧原理，发展信息获取和理解能力；

（4）探讨制备"鱼浮灵"的活动中，发展实践创新精神和合作交流能力。

3. 项目流程

表6-6　项目流程

环节	主要活动	驱动问题	活动目标
引入课题	观看"鱼浮灵"让濒死鱼起死回生、活蹦乱跳"视频	——	了解"鱼浮灵"与鱼的关系，激发学习兴趣
探究发现	提出问题 做出猜想 设计实验 进行实验 得出结论	"鱼浮灵"遇水产生了什么气体？	通过实验探究，结合物理、化学等学科知识培养"科学探究与创新意识"
认识成分	查阅说明	"鱼浮灵"的组成是什么？	理论分析和间接证据，培养"结构决定性质，性质决定用途"的化学学科观念
揭秘原理	查找资料	"鱼浮灵"增氧原理是什么？	学会查找资料，发展信息能力
制备物质	探讨"鱼浮灵"的制备	制备"鱼浮灵"的关键是什么？如何得到晶体？	制备产品，实践创新
了解运用	了解"鱼浮灵"主要成分的用途	过碳酸钠有什么用途？	学以致用，培养科学态度与社会责任素养
总结交流	总结交流"鱼浮灵"的性质	后续你还想研究关于"鱼浮灵"的哪些问题？在研究物质的方法上，你有哪些收获？	回顾学习，获得研究问题、解决问题的思路

4. 项目实施

（1）鱼浮灵的视频引入，激发探究兴趣

由于中学生对"鱼浮灵"及其揭秘非常感兴趣，所以首先播放"鱼浮灵"让濒死鱼起死回生、活蹦乱跳的视频。该视频展示了鱼贩子往水里撒的一种速溶的白粉末，即"鱼浮灵"，水中产生了大量气泡，半死不活的鱼迅速"起死回生"，活蹦乱跳起来。

（2）探索发现，提出问题

提出问题：你认为"鱼浮灵"遇水后生成的是什么气体？

191

学生分析思考后做出猜想：是氧气。（因为鱼需要呼吸。）

设计实验：将"鱼浮灵"加水后，带火星的木条检验。

进行实验：取少量"鱼浮灵"放入试管中加水，伸入带火星的木条，看是否复燃。

实验现象：试管中有持续细小气泡缓慢放出，木条没有复燃。（学生感到惊讶）

得出结论："鱼浮灵"遇水后生成的不是氧气。

学生对于"鱼浮灵"加水后生成的气体不能使带火星的木条复燃的现象感到惊讶。如果不是氧气，那还有什么气体可以使鱼活蹦乱跳？这与常理不符合。如果是氧气，那么为什么带火星的木条不能复燃？

教师提供资料：氧气的体积百分比为36.8%是带火星木条能否复燃的临界比例。

学生分析思考后再次做出猜想：带火星的木条不复燃可能是收集的氧气浓度不够。

学生改进实验方案：①用排水集气法收集气体。②继续向试管中加入少量MnO_2粉末，进行实验：a.将"鱼浮灵"加水后用排水法收集气体，伸入带火星的木条；b.将带火星木条伸入试管。

实验现象：木条均复燃。（学生感到欣慰）

得出结论："鱼浮灵"遇水后生成了氧气。

实验反思：未出现预期的现象可能是生成物的浓度太小，检验不到。相对于加二氧化锰来说，改用排水法收集气体后再检验所需的药品较多。

教师补充：数字化仪器氧气传感器。取少量"鱼浮灵"放入试管中加水，伸入氧气传感器显示数值为31.1%。（学生全神贯注，沉迷于现代科技）

此环节是本课的中心环节，学生在真实情境下，采用任务驱动的方式展开，学生按照任务自主形成学习小组，围绕任务展开搜索、调查、设计、修正等探索活动，通过学生自主发现问题，以及学生之间的交流讨论等活动培养学生的集体意识，发展了学生的学科素养。教师观察学生的学习情况，适时给予必要的监督、指导和支持。补充氧气传感器的实验，让学生由定性判断到定量测定。

（3）"鱼浮灵"的成分

物质的组成和结构决定性质与变化。要知道"鱼浮灵"的性质，必须要知道其组成。

通过查阅"鱼浮灵"说明书得知：鱼浮灵的主要成分是过碳酸钠，化学式为$2Na_2CO_3 \cdot 3H_2O_2$，俗称固体双氧水，是一种速效增氧剂，含氧量高，释放迅速。施用本品能迅速增加水体溶氧量，有效防止水中生物因缺氧而造成的浮头等现象。缓解水中酸性物质等，控制细菌繁殖。

（4）揭秘"鱼浮灵"的增氧原理

通过查找杂志和网上资料，学生发现了一些相关原理的介绍，比如其中江苏省南通中学的张晓红老师以"鱼浮灵"作为探究对象，利用溶解氧传感器和pH传感器对"鱼浮灵"增氧原理进行了实验探究。结果发现，"鱼浮灵"中碳酸钠溶于水显碱性，碱性条件能促进H_2O_2的分解，从而达到缓解水体缺氧的目的。

（5）制备"鱼浮灵"

我们能否尝试自己制备"鱼浮灵"？

学生很快提出制备"鱼浮灵"的原料并不难找。碳酸钠和双氧水都是我们化学实验室常见的药品，但是常温下碳酸钠易溶于水，双氧水本身就是液体且易分解，"鱼浮灵"也是易溶于水的固体，如何让碳酸钠和双氧水形成晶体有难度。

针对学生的困惑，教师进行思维引导。在回顾"不同的溶剂中物质的溶解性不同"等溶解性知识后，他们形成了以下操作思路：a.可以将双氧水直接加到碳酸钠固体中。b.可以用某种物质将原料包裹起来。c.可以加入某种物质降低溶解度等。

教师肯定了学生的想法并作介绍：工业制过碳酸钠分为干法和湿法2种。干法是将无水碳酸钠置于流动床上，在热空气吹拂下，向碳酸钠上连续喷洒过氧化氢溶液，一步得到过碳酸钠。此法流程短、产率高。缺点是设备复杂、技术条件控制严格、能耗高和产品稳定性差。目前较少采用。湿法就是让原料在溶液中反应。

提供资料：

1.过碳酸钠易溶于水但难溶于异丙醇，易发生反应：$2Na_2CO_3 \cdot 3H_2O_2 = 2Na_2CO_3 + 3H_2O_2$。

2. 一种稳定剂中 $MgCl_2$ 和 Na_2SiO_3 发生复分解反应，生成一种难溶物将过碳酸钠粒子包裹住。$MgCl_2+Na_2SiO_3=MgSiO_3\downarrow+2NaCl$

师生共同设计流程制备过碳酸钠晶体，见图6-15。

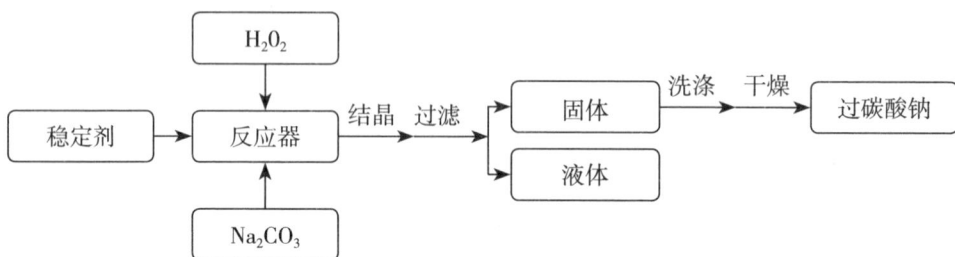

图6-15　制备过碳酸钠

探讨如下问题：

① 结晶在常温下进行，原因用一个化学方程式怎样表示？②稳定剂发生的反应是什么？③稳定剂的作用是什么？④为提高产品的纯度和产量，加入碳酸钠和过氧化氢的质量比是多少？⑤洗涤固体时，选用的最佳试剂是什么？

（6）"鱼浮灵"的应用

"鱼浮灵"可应用于渔业农业，其主要成分过碳酸钠极易分解，它既有碳酸盐的性质，又有双氧水的不稳定性和氧化性，溶于水后能放出氧而起到漂白杀菌等多种功效，还广泛应用于洗涤、印染和医药等领域。

（7）总结与交流

学生对"鱼浮灵"的组成和结构、性质和变化、用途与制法进行总结与讨论，充分感知，让学生解决真实问题后获得成功体验。说一说你最感兴趣的是哪一部分？你还想研究关于"鱼浮灵"的哪些问题？你在知识上有哪些收获？获取最佳实验效果的设计思路是怎样的？研究中用到了哪些方法？涉及哪些学科思想？学生在潜移默化中对学科本质有了更为深入的认识。

5. 实施反思

要培养学生的发现意识和问题意识，那就要基于学生学习的视角来不断优化活动设计，展现化学课程"有趣""有用"的一面，让学生始终保持对化学世界的好奇心和求知欲，更能丰富学生对化学学科和化学学习的认识，甚至将各科内容综合化，提升孩子已有的生活经验，让创意落地，使学习更具内涵和价值！

十、项目化学习"天气瓶"的教学设计

在"溶解度"概念与相关计算与应用的教学中，如何才能避免死板地教给学生去记忆一些计算技巧？我们用了创新的情境"天气瓶"，通过项目化学习帮助学生建立更高阶的思维技能，从而提升化学课堂质量，培养学生创造性思维和解决问题的能力。

1. 项目主题的确定

沪教版九年级化学第6章溶液第3节的教学内容"物质的溶解性"本节包含三部分内容：影响物质溶解性的因素、物质溶解性的定量表示、结晶。"物质溶解性的定量表示"属于第2课时的教学内容，集概念与计算于一体，难度大，学生难理解，更是难应用。

"天气瓶"又被称为"风暴瓶"，人们常常用来作为天气预报的参考工具。对于创意课程的创设来说，选择"天气瓶"既有趣味性和创新性，贴近学生的生活实际，又蕴含了溶液的相关知识，可促进学生将书本知识结晶与"天气瓶"中结晶过程联系起来，可以帮助学生更好地理解、记忆有关溶解度知识。因此，本节课主要利用向"天气瓶"这一密闭的玻璃容器中装入的溶有的数种化学物质，根据外界温度改变，瓶内物质会结晶的原理作为研究主题，避免学生在学习"溶解度"相关知识时形成机械性知识——孤立且不能运用的知识。

2. 学习目标

对于"天气瓶"项目，以设置悬念——天气瓶是用什么原理制作的？瓶内物质为什么根据温度变化会析出？根据物质随温度变化析出晶体的不同，可否应用于提纯物质来解决学生学习本节内容的四个难点：一是对固体物质溶解度的概念理解不深，对概念的学习还停留在识记水平；二是关于固体溶解度的简单计算还停留在模仿阶段，不能根据具体的问题情境进行计算；三是对影响固体物质溶解度的因素认识模糊，不少学生认为溶剂的质量是影响固体物质溶解度的因素之一，容易"跟着感觉走"；四是对固体物质溶解度曲线的由来认识模糊，知其然而不知其所以然。通过"天气瓶"创意课堂，学生达到本节课的学习目标，深入建构固体物质溶解度概念，包括建立溶解度概念，初步认识溶解度曲线；教学难点：应用溶解度概念解决问题，溶解度曲线的意义。

3. 项目实施

本节课以"天气瓶"为情境，先对一个小小的天气预报瓶的展示，告诉学生它含有一种关键物质，发挥出重要的作用，这一情境不免激发起学生强烈的好奇心。所幸，有同学猜到这种物质是硝酸钾。围绕学生的兴趣点——硝酸钾，来研究物质溶解性的定量表示。"溶解度"这一概念在初中学生概念形成中比较抽象、难以理解，这就要求教师不可以直白地将概念学习笼统地灌输，所以设计了一个核心活动"从含有少量氯化钠的硝酸钾混合物中提纯硝酸钾"。在真实的活动探究情境中将"溶解度"概念——剖析，有效地掌握这一概念的内涵、外延和衍变。

围绕活动，开展"发展性任务"，第一步，利用身边的资源，整合资源，大致设计出提纯硝酸钾的步骤："溶解—加热—冷却—过滤"。资源的整合，引导学生最大限度利用网络资源，进行筛选、整理、提炼，设计实验步骤，充分调动学生实验探究的积极性，融入参与到整个课堂中，做到以学生为主体的课堂。第二步，结合实验步骤，学生动手实验，教师在此时有意识地完善设计第一步实验——"量取10mL水加入盛有混合物的试管中"，通过实验，学生产生疑惑——固体混合物并未完全溶解。教师顺其自然地提出了溶解度的定量表示——溶解度概念。在教学中，以学生的实验过程为生成点，并且教师把它作为有益于学生后续发展的资源开发和利用，没有简单对"加水物质就能全部溶解"下定义，采用实验方法，让他们自己发现错误或欠缺，引导孩子换一种思考角度，这里教师帮助孩子从原有的溶解性知识进一步引入新的化学概念，达到解决问题的目的。第三步，学生结合定义，有意识目的地计算，在计算解决实际问题中，并且对溶解度概念有一定的深入理解。我发现，结合数学知识中的比例关系在直观地解决物质的溶解性的定量问题方面可以大大降低难度，有效结合学生已有的不同学科的知识、技能对概念学习有积极作用。第四步，深入研究问题："有什么方法，能使未溶解的硝酸钾全部溶解？"结合之前整合的步骤"加热"，学生实验，固体全部溶解，通过实验轻松地解决了这一问题。"为什么全部溶解？"从溶解度概念的角度学生继续获得新知，能有目的地发现、感知硝酸钾溶解度受温度的影响以及氯化钠和硝酸钾的溶解度受温度影响的差异，并且能利用这种差异解决在实验中的问题，感受物质受温度的变化过程，体验溶解度的奇妙之处。

围绕"溶解度"问题的整理总结，师生进行"多元化意义协商"，对"溶解度"概念的进一步综合利用，教师再次启发引导："降温后析出的晶体是什么？全部是硝酸钾吗？氯化钠呢？"进一步培养学生对溶解度概念的深度理解，激发学生的思维活跃度。在已有概念的基础上，教师对这一问题的提出，更为学生在课堂有限的45分钟内给学生提供理解、反思的空间。提供了主动参与、乐于探究、交流合作的机会，将学生所学的内容继续内化。整个教学设计中，通过"计算"学习理解了"溶解度"的概念，这一环节的设计再次引导学生利用"概念"进一步"计算"，解决两种物质是否完全溶解问题，有效训练学生在学习知识和掌握方法的前提下，通过练习转化为一种能力，实现知识的内化，从而形成技能，提高能力的目的。

最后学生收获实验的战利品"硝酸钾"，师生共享实验的成功。老师布置一个课外作业，让学生回家继续利用互联网上的资源，制作一个属于自己的独一无二的"天气瓶"，再次激发学生进一步探究物质"溶解度"概念的应用，结合"创造性应用"，打破学生书本的局限，培养自己求异、求新的创新思维，提高学生学习化学概念的积极性。

本案例中，教师始终在创设疑问，激发师生课堂对话。充分调动了学习溶解度的课堂活跃气氛，使学生很好地对溶解度概念经历了：感知阶段——加工阶段——初步形成阶段——判断阶段——联系阶段——运用阶段。本课堂活动设计要贯穿"以学生发展为本"，尊重学生的主动性、主体性和创造性的主体教育的精神。强调学生是创意课堂的主体，多元素质发展的主角。以"学"为重，"教"为"学"服务；强调师生互动，以学生为主，教师为辅。

4. 实施反思

以时尚玩具"天气瓶"为素材，创新了教学情境，运用了简单的化学知识，通过改变运用角度给学生带来了不一样的体验，引入课堂，稍加装饰，更带给学生化学很近、创意很近的感觉。本课组织实验探究，深入建构量的概念，感受建构数形结合的优势，体验概念教学的整理归纳应用的过程，使学生对概念的学习不仅仅停留在识记模仿的阶段，实现学生对建构概念学习的新方法，并且能提升学生学习有关量的概念之后在具体问题情境应用中的水平。

这是具有跨学科性的项目化学习教学案例，从"天气瓶"情境中挖掘问题进行一系列的探究，激发了学生的学习兴趣与探究欲，对溶解度的相关概念进行教学，寻找"溶解度"概念建立点，层层突破，建立新的概念教学的模型。

案例遵循学生的认知规律，巧妙设计问题，整合化学与数学思维模式，培养锻炼学生动手能力和处理分析数据的能力，帮助学生拓展实验和思路，一定程度上提升学生在实验探究和创新意识方面的化学学科的核心素养。以学生的生活经验为切入点，激励学生用自己擅长的方式去体验、发现、表达来开展有意义的探索性学习，培养生活情趣以及对美的欣赏，成为一个充满创意而能主动学习的小个体，体验杜威的从"做"中学、主动建构布鲁纳的"求知过程"。

十一、项目化学习"酸雨喷泉"的教学设计

以学生为主体，通过项目化学习，引导学生在真实问题情境中实践探究，了解项目中的教材上应掌握的知识点，探究基本知识，对学生形成完整的知识体系，发展自身的探究能力、推理能力、观察能力都有很大帮助。相较于学生单一掌握知识难点，可以有效地让知识首尾相接，提高解决实际问题的能力。发现并尝试解决生活中的实际问题，通过团队合作、跨学科研究某一特定任务，让学生经历设计、实施、展评等学习过程，促进化学核心素养发展，达成知识构建与关键能力提升的教学目标。

1. 项目主题的确定

在进行项目化学习的过程中，重要的就是要确定所探究的项目，教师应该将分散知识点进行整合，归纳成一个项目展开学习。但这个项目的确立应该基于真实的需求，化学的学习来自生活，真实的生活情境给了化学以生命力。创设真实情境能让学生认识化学对社会发展、科技进步的重大贡献，辩证地看待化学在现代社会中的作用，以培养学生正确的学科价值观念；能充分发挥学生的主观能动性，从而引导学生主动建构、积极探究，发展化学学科能力。当然真实的需要也可以是书本中知识的体现，解决书本中的问题也是学生学习过程中一项重要的任务。

二氧化硫是造成我国硫酸型酸雨的罪魁祸首，研究酸雨的形成对治理环境污染有着深远的意义，同时酸雨的模拟也是九年级化学第九章的重要部分。为了让学生体会到化学对于空气污染防治的重要意义——利用化学可以监测污染，利用化学手段可以帮助我们理解硫酸型酸雨的形成过程和危害，利用化学

可以治理污染。所以确定项目主题是利用硫燃烧产生的二氧化硫模拟酸雨形成的。而针对实验过程中酸雨造成的危害不能直观地感受，燃烧实验在半敞口的集气瓶中完成，释放较多有毒气体，造成污染，危害师生健康这样的问题，我们又发挥想象，创造性地制作了"酸雨喷泉"。在探究过程中，培养了学生的合作能力、观察能力和探究素养的形成。

2. 学习目标

核心素养融合了知识、态度、能力、人生观和价值观，是现代教育发展和改革的方向。项目化学习倡导"做中学"，在动手实践中提升学生发现问题、分析问题、解决问题的能力，教学生学会运用所学知识解决现实生活中的问题，培养学生的核心素养。

因为围绕着实验来进行，所以项目目标首先要有实验过程中的探究目标，同时还要有根据实验所获得的素养目标：

（1）通过实验，知道硫在空气中和氧气中的燃烧现象。

（2）通过实验，了解硫酸型酸雨形成的过程。

（3）通过实验，了解酸雨对环境的危害，增强环保意识。

（4）联系所学，讨论提出合理的酸雨防治措施。

（5）了解化学与环境保护的密切联系。

项目化学习强调以学生为主体，教师为主导，注重理论知识和实践操作相结合，以小组合作的方式对真实情景中的问题进行探究，查阅资料，运用所学知识解决问题。所以我们实验通过小组合作的方式，充分发挥学生的积极性，把课堂交给学生，让学生真正参与到学习中。

3. 项目实施

酸雨的危害，同学们的认知来自书本、视频、讲解，但这样的获得只是停留在书面上的。项目化学习需要同学基于探究过程的深度学习，但实验对健康的危害又显而易见，如果在这两者之间有一个最好的解决方式，创意探究就需要我们对实验进行更多的研究，既要能体现学科的知识性，又要反应实验的绿色化。在研究过程中，应尽量让学生去思考、分析、合作完成这个项目。

（1）在探索中发现项目课题

由三大空气污染问题之一的酸雨入手，介绍酸雨的概念和分类。提出我们可以用化学手段来模拟硫酸型酸雨的形成。

（2）在不断实验中引发问题

演示实验一：硫粉在空气中的燃烧，观察现象（火焰颜色，产物状态和气味），为后续引起的污染作以铺垫。

演示实验二：硫粉在氧气中的燃烧，观察现象，与空气中的现象作对比。

演示步骤三：在集气瓶中注水，模拟降水，讲解硫酸型酸雨形成的过程；观察瓶内植物和金属的变化，说说酸雨的危害。

小组讨论：讨论防治酸雨的方法，以及化学在此方面的作用。在集气瓶中注入石灰水，吸收废气，处理酸液，使实验更完整。

通过不断的实验，发现实验改进的必要。书本实验方法为：在燃烧匙中取较多硫粉先在空气中燃烧，再转移到氧气瓶中继续燃烧，燃烧后再打开瓶口的玻璃片注入水，测定pH。这样的操作方法会带来问题：释放大量有毒的二氧化硫到空气中造成污染，且对演示老师和周围学生的身体健康造成影响。在介绍环境污染防治的课上，演示实验的绿色化尤为重要，并且酸雨的危害不能直观地被感受到。

（3）小组讨论后在合作中解决问题

针对以上问题，进行了如下改进，设计了如图实验装置。整个实验的过程如下：

图6-16　硫在空气中、氧气中燃烧　　　图6-17　改进装置　　图6-18　改进效果

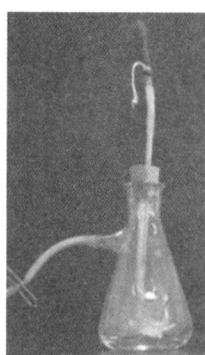

① 取少量硫粉于表面皿中，将用酒精灯加热过的玻璃棒下端接触硫粉，再上提玻璃棒，可以观察到玻璃棒下端蘸取的极少量硫粉在空气中燃烧的现象。

② 打开分液漏斗活塞，利用双氧水分解制得的氧气输入集气瓶中，验满后，将加热过的玻璃棒伸入瓶中，点燃燃烧匙中的硫粉，观测硫在氧气中燃烧

的现象。

② 在瓶中硫粉燃烧时，利用注射器往瓶中缓慢加入水，模拟降水。

③ 在观察完酸雨的危害后，利用注射器往瓶中加入氢氧化钠溶液，吸收剩余二氧化硫，中和酸液，防止废气污染环境。

图6-16为传统书本装置，图6-17、图6-18为改进装置及效果。

改变点燃方法：加热过的玻璃棒接触硫粉时会使极少量的硫熔化而黏附在玻璃棒上，再上提玻璃棒就可只引燃被黏附的极少量的硫。虽仍在空气中燃烧，但硫粉的量少，产生的污染物也大大减少。

利用废弃输液袋储氧、输氧，方便、快捷。再结合玻璃棒的引燃方法，使"大量"的硫粉直接在密闭装置中燃烧，不释放二氧化硫到环境中。

玻璃棒上橡皮泥的使用，既可以使玻璃棒顺畅地伸入瓶内，又可以堵住瓶口，保证密封性良好。

利用注射器注水，可避免打开装置有毒气体的泄露，结合自制喷头，与气体接触充分，且形象生动地模拟降水情境。

利用气球，缓冲气压，解决由于气体输入及反应放热造成冲塞的隐患。

实验最后澄清石灰水的加入，可以处理瓶内的剩余废气和酸液，加深学生对于酸雨防治方法的认识，更让学生形成合理使用化学品、合理处理实验废气废液的责任意识。

简而言之，改进后的实验更加绿色化、趣味性强，更能提高学生运用已有知识和经验解决问题的能力。

4. 实施反思

展示学习过程和学习效果在项目化学习中有着重要的意义，既是问题解决的帮助指导，更是学习效果的检验评价。项目学习的评价可以采取"互联网＋"的思维方式及手段，将项目化学习深入融合到学科教学中，利用QQ、微信等网络工具，采取图片、视频、微讲座、在线答疑等方式，突破时空限制，实现师生、生生之间的互联互通、互动互享。

（1）学科知识融合度增强，有利于促进深度学习

初三学生从接受化学学科的启蒙教育到接受中考的检验，用于化学学习的时间和精力十分有限。项目化学习的开展，通过真实而有意义的情景创设和具有挑战性的问题驱动，激发学生的探索欲，任务驱动激活学生的求知欲，充分

调动已有生活经验，促进知识的迁移和应用，拓展了所学知识的深度和广度。如酸雨的模拟这部分内容，既涉及硫在氧气中燃烧的知识，又有酸碱反应的问题，还与实验的基本操作相关。要求学生利用所学的各章知识去解决一个主题问题，对学生的综合应用能力、分析能力、动手能力、探究能力都是一次提升。

（2）合作学习、生生互动，有利于过程性评价的完善

完成项目化学习后，要求学生自评，评价自己在本次学习中的收获和不足，同时也要求小组同学之间相互评价，评价同学在本次活动中的参与程度和表现，最后，要求教师依据学生在本次学习中的表现和小组的成果对每位同学进行评价。

项目化学习吸引着学生，从趣味性、绿色化、综合性上将割裂的、个体化的知识点融合。在伙伴合作学习中，同学们解决实际问题，不仅需要项目选题、方案设计等模型认知的关键能力，还需要在认知过程中获取证据，并寻找证据与结果之间的逻辑关系，培养学生探索、质疑的科学理性。（谢小瑜北京师范大学常州附属学校）

项目化学习以学生为主体，教师为主导，让学生有理解、实践、讨论、汇报的空间，让学生有机会发展领导力、表达能力、证据取得和运用知识的能力，提升素养和能力。

十二、项目化学习"冰袋"的教学设计

现以教材中有关"溶解过程和溶液的性质"内容为例，利用项目化学习方式，引导学生对溶解现象进行观察并对溶解过程进行微观分析，发展"变化观念""微观探析"素养，并通过实验活动，促进他们实践、思维、交际、协作等各项能力的发展。

1. 项目主题确定

确立主题是关键步骤，需要依托课程标准，从教材基本知识点出发，找到突破教学重难点的切入点，从真实的实践活动中提炼学科主题知识，依托学科知识系统，优化任务驱动，培养学生解决实际问题的能力。2017版新课程标准倡导真实问题情境的创设，提倡基于综合问题解决的主题式教学。

"冰袋"的素材来源是一种生活中常用的物品，挤破冰袋内包，使固体与液体接触并混合均匀即可达到降温的目的。从生活经验出发，使学生将抽象的

学科知识与生活实践相联系与融合，促进学生对知识的渗透与理解，避免对知识的机械性记忆与学习，并关注科学发展与社会生活的关系。

2. 项目学习目标

对于"冰袋"项目，分模块以问题驱动项目实施。在项目探究过程中，学生经历发现问题、解决问题、反思问题的学习历程，不断培养学生信息获取能力、理论分析能力及知识迁移能力。

（1）通过活动探究，认识溶解现象，在实验实施过程中，逐步了解溶液的某些性质，并学会从宏观与微观结合的视角对物质及其变化进行分类和表征。

（2）通过对"冰袋"的使用及使用后产生溶液的性质再探究，初步学习科学探究的基本方法。培养独立思考、综合运用所学知识分析问题和解决问题的能力，发展"宏观辨识与微观探析""科学态度与社会责任"等学科核心素养。

3. 项目流程

从冰袋的使用视频引入，激发学生探索冰袋制冷原理的求知欲，并自主设计实验方案进行分组实验，在探究制冷原理后，对于产生的溶液，探究其主要特征，探究过程中以问题驱动活动，最后进行总结交流。项目学习流程如图6-19：

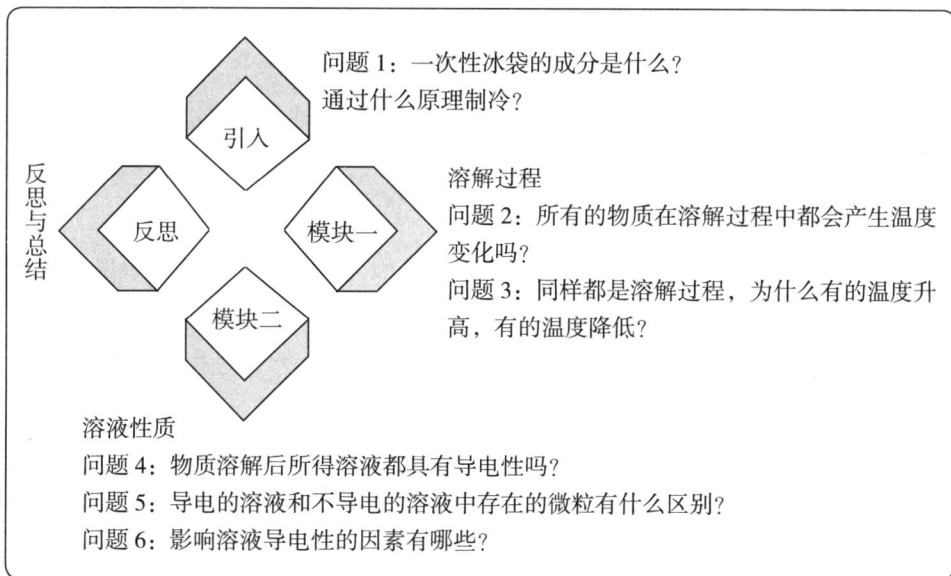

图6-19　项目学习流程图

4. 项目实施

（1）情境引入，激发探究兴趣

依据生活常识，运动时意外扭伤需要冷敷。一种常用的便携式速冷冰袋，无须冷源，随时随地，快速冰冻。视频展示冰袋的使用步骤。

[驱动问题1]一次性冰袋的成分是什么？通过什么原理制冷？

[设计意图]从生活经验转化到化学视角去认识物质，让学生感受到生活中处处有化学，并主动融入课堂的准备和学习，激起学生的求知欲。

（2）问题驱动，实施探究活动

① 探究物质溶于水的能量变化

教师提供视频中展示的便携式冰袋，请学生仔细阅读冰袋包装上的成分与使用注意事项，根据包装上的步骤，找到冰袋内的液体包并挤破之，均匀摇晃使其充分混合，用手感触冰袋温度的变化，注意提升学生信息吸收、整合、使用和表述的能力。

学生分享观察与使用结果，冰袋主要成分是碳酰胺（尿素）和水，挤破内袋后，碳酰胺（尿素）与水接触温度明显降低。针对以上分享，学生提出冰袋制冷的原理可能是碳酰胺（尿素）与水发生反应或者是碳酰胺（尿素）溶于水使温度降低。

[阅读]教师提供尿素的相关材料，证明尿素与水不发生反应。

[学生交流讨论]设计方案，测量尿素溶于水的过程中温度变化。得出结论：尿素溶于水温度降低。

[驱动问题2]所有物质在溶解过程中都会产生温度变化吗？

提供其他几种物质，请同学们按照已设计的实验方案，用数字温度计测量上述物质在溶解过程中的温度变化。

[学生实验1]测量氯化钠、硝酸铵、氢氧化钠溶于水的过程中温度变化

表6-7　氯化钠、硝酸铵、氢氧化钠溶于水的过程中温度变化

冰格	溶解的物质	溶解前的温度	溶解后的温度	温度的变化
1	氯化钠			
2	硝酸铵			
3	氢氧化钠			

表6-8　氯化钠、硝酸铵、氢氧化钠溶于水的过程中温度变化

冰格	溶解的物质	溶解前的温度	溶解后的温度	温度的变化
1	氯化钠	14.8℃	14℃	−0.8℃
2	硝酸铵	16.0℃	5.4℃	−10.6℃
3	氢氧化钠	16.2℃	37.6℃	+21.4℃

［设计意图］学生通过小组讨论自主设计实验、合作完成实验、观察现象、记录数据，并用实验数据分析解释实验现象。实验是培养学生合作能力、观察能力、探究能力的主要手段，通过实验，培养和发展其科学探究素养。

［驱动问题3］同样都是溶解过程，为什么有的温度升高，有的温度降低？

［拓展延伸］

引导学生查阅资料，并通过观看视频，了解物质在溶解于水时温度变化的本质，对于不同的物质而言，扩散过程所要吸收的热量与水合过程所能放出的热量有差值，最终使得溶液的温度发生变化。

［设计意图］利用驱动问题的递进关系，引导学生深度思考问题，学生通过组内讨论交流，最后展示反馈，使学生建立微粒观、守恒观，发展学生"微观探析""变化观念"核心素养。

②探究溶液的性质

冰袋使用后，包装内产生的尿素溶液具有什么性质呢？

基于生活经验与学过的化学知识，分组讨论总结生活中溶液的应用，并初步了解溶液可能具有的性质，促进学生主动获得新知。

［学生回顾］电解水的实验，加入稀硫酸和氢氧化钠溶液，以提高水的导电性。

［驱动问题4］物质溶解后所得溶液都具有导电性吗？

［学生实验2］检测溶液导电性

表6-9　溶液的导电性

冰格	物质名称	是否导电	指示灯亮个数	存在微粒（用符号表示）
1	蒸馏水			
2	尿素［$CO(NH_2)_2$］溶液			
3	乙醇（C_2H_6O）溶液			

续 表

冰格	物质名称	是否导电	指示灯亮个数	存在微粒（用符号表示）
4	蔗糖（$C_{12}H_{22}O_{11}$）溶液			
5	氯化钠溶液			
6	硝酸铵溶液			
7	氢氧化钠溶液			
8	稀硫酸			
9	氢氧化钠固体			

表6-10　溶液的导电性

冰格	物质名称	是否导电	指示灯亮个数	存在微粒（用符号表示）
1	蒸馏水	不导电	0	H_2O
2	尿素（$CO(NH_2)_2$）溶液	不导电	0	$CO(NH_2)_2$、H_2O
3	乙醇（C_2H_6O）溶液	不导电	0	C_2H_6O、H_2O
4	蔗糖（$C_{12}H_{22}O_{11}$）溶液	不导电	0	$C_{12}H_{22}O_{11}$、H_2O
5	氯化钠溶液	导电	2	Na^+、Cl^-、H_2O
6	硝酸铵溶液	导电	2	NH_4^+、NO_3^-、H_2O
7	氢氧化钠溶液	导电	3.5	Na^+、OH^-、H_2O
8	稀硫酸	导电	3.5	H^+、SO_4^{2-}、H_2O
9	氢氧化钠固体	不导电	0	Na^+、OH^-

教师引导学生分析各溶液中与氢氧化钠固体中存在的微粒。

[驱动问题5] 导电的溶液和不导电的溶液中存在的微粒有什么区别？

学生分析讨论，导电的溶液中存在的微粒是水分子和其他离子，而不导电的溶液中存在的微粒是水分子和其他分子。溶液导电的必要条件之一是存在离子。

[投影动画] 食盐水导电、蔗糖水不导电、固体氢氧化钠不导电的原理。通过实验现象及动画展示，引发学生思考，溶液能导电的根本原因是溶液中存在能够自由移动的离子，所以溶液导电的必要条件是溶液中存在大量自由移动的离子。

[设计意图] 引导学生用微观粒子的概念分析溶液导电的原理，并对原理进行演绎。运用化学概念解决复杂问题情境，抓住概念生成的"辨析点"，厘

清概念的内涵与外延，促进学生高阶思维的培养与发展，达到对化学概念深层次运用的阶段。

[过渡] 在测试溶液导电性的过程中，发现在不同溶液中，导电仪指示灯亮的个数不一样，说明不同溶液导电性强弱不一样。

[驱动问题6] 影响溶液导电性的因素有哪些？

学生分组讨论，提出影响因素有被溶解物质本身的性质和溶液浓度。

[学生实验3] 检测增加溶液浓度过程中溶液的导电性

通过实验发现，随着不断向氯化钠溶液中加氯化钠固体，亮的灯越来越多，说明单位体积内自由移动的离子越来越多，因此导电性越来越强。

[设计意图] 基于基础性学习，教师点拨引导学生在实验中发现新问题，提供探究空间，并能设计方案去解决问题，培养学生全面思考问题的思维方式，严谨地基于科学实证的科学思维，逐步形成有序解决问题的思路和方法。

学生提出，尿素溶液除了具有导电性以外，密度、沸点、凝固点等物理性质都有可能发生变化。

[查阅资料] 发现大型的柴油货车使用的"车用尿素溶液"组成与冰袋中尿素溶液的成分组成相同。可以将冰袋回收利用，制作车用尿素溶液。车用尿素溶液是一种尾气净化液，主要用来降低柴油汽车的尾气排放，是由尿素和超纯水组成的。车用尿素的冰点是−11℃，比水的凝固点低很多。冬季公路上的养路工人经常撒盐化雪，减少因道路结冰湿滑造成的交通事故。都是因为在水中加入可溶性的物质后会降低水的凝固点。

[学生实验4] 测量冰袋中尿素溶液的沸点

取冰袋中的尿素溶液2mL，置于试管中，加热至沸腾，测量其沸点。得出结论：溶液的沸点比水的沸点高。

设计意图：融合物理学科知识，强调真实情境涉及知识的复杂性，为了解决真实问题，需要学生综合各科知识，理解真实问题的分析角度，增强学生分析能力。

5. 实施反思

结合"溶解过程及溶液的性质"教学目标可知，本节内容的学习不仅强调学生从宏观上了解溶解过程，还要求学生形成从微观层面认识溶解过程的本质的思维，深度认识溶液的性质，促进了学生的化学学科核心素养的发展。

在项目化学习中，教师以服务学生的学习为目标来选择合适的项目，为学生提供一个提出问题、查询资料、分析应用信息、再进一步提出问题的学习环境。利用项目化学习从日常生活角度了解"冰袋"，从化学角度再认识"冰袋"。学科融合度高，增强学生深度学习，探究性有趣味，关注过程与方法。在项目实施过程中将真实的情境问题拆解，不断探究和解决问题，并逐步形成有效解决问题的方法和思路，最终使学生形成自己特有的系统化的知识构架与科学态度。（黄红艳，苏州吴江盛泽实验初中）

在项目化学习中，我们以建构主义学习理论、认知学习理论为理论基础，让学生面对复杂、真实问题，运用已有的学科认知角度，通过驱动性问题组织、引导、展开教学活动，教师和学生在学习中的定位与功能发生了改变，学生"学"的本质强调以学生为中心，教师"教"的本质强调以培养学生个体的能力为导向，项目化学习的"教"与"学"的核心是探究式的学习方式，在对真实问题的解决中由学生个体建构自己的知识体系。

第七章

初中化学项目化学习的实施成效

初中化学项目化学习是对国家课程的校本化实施、对日常课堂的教与学的变革。达尔文认为："科学就是整理事实，从中发现规律，得出结论。"我们的研究就是让学生通过项目化学习对学过的化学事实（包括知识和实验）进行整理，引导他们透过现象看本质，有利于发现其中的规律。

一、实验学校教师的转变

初中化学项目化学习设计的关键在于改变教师，关键在教师的设计。

初中化学项目化学习的研究实施，给实验学校教师带来了很多挑战，当然挑战不仅意味着困难，也意味着在转换心智，以新的视角对当下熟知的事情产生新的理解和创造性知识的过程中给教师带来了新的专业发展契机。首先来看知识观的转变，也是最大的挑战。从知识点的教学转为确认核心知识，教师心中不再是知识点的散点关系，不再是一个个孤立的点，而是相互关联的，要有对这门学科的核心概念的理解和认识。在确定了一个核心概念后，要对这个概念及其子概念、具体的事实和技能之间的系统有所把握，教师自身建立的知识间的联系质量决定项目化学习的质量。第二个挑战是关于建立化学学科的知识与真实的生活世界、多种情境之间的联系。第三个挑战是设计者面临着从"教的设计"转为"学的设计"的不适应。教的设计主要是对教材重难点的设计，而项目化学习需要系统的学习设计，需要教师具备系统思维。

在项目化学习中，教学方式的转变主要体现为以下几点：第一，教学目标的转变。目标发生了转变，除了落实过程与方法目标和情感、态度与价值观目标，更重视知识的获得过程，重视认知方面的自主性和情感方面的求真性，重视体验与实践，重视创新能力的培养。第二，活动过程的转变。项目化学习的过程不仅仅是知识探究的过程，更是一种学习和创造的过程，所以在活动过程中应该体现出创新性与自主性，同时还要注意动手实践的开展，并引导学生广泛参与。第三，管理方法的转变。在管理方法上，最主要的转变就是从以往的"管制"转变为"引导"。在这种管理方法中，更加体现出对学生的尊重，并会有意识地给学生的个性发展留下充足的空间。在学习方式的转变中，应该注意以下几点：接受和建构并重；过程和结果并重；独立学习与互动交流并重。最终，通过教学与学习方式的转变，为项目化学习的顺利开展创造良好的前提条件。

六年多来，参与实验学校的教师有了长足的进步：

首先，有了强烈的学习意识。一个好的项目的确定，意味着研究者具有良好的教育理论基础、学术素养和教学功底，也说明研究者对教育问题有一定的洞察力和判断力。一线教师一般是在国家课程和考试制度已经确定的情况下进行工作的，绝大多数人没有参与必要课程的研发或校本化实施，再加上理论基础薄弱，学术视野和研究范畴都有很大的局限性。这种局限性使得广大教师对教育问题和教育矛盾缺乏深刻的认识与准确的判断。怎么办？只有加强学习，通过对教育理论、教育政策、教育科研方法等知识的学习，来开阔视野，丰富知识，提高认识水平，提高对教育实践的认识能力和把握能力。学习会让我们的教育实践从没有问题到有问题；会让我们通过现象看到本质，从表面问题深入到本质问题；从认识老问题到发现新问题会让我们了解到教育改革和研究的情况与动向。总之，学习会使问题更清晰，会让项目选择更准确。

第二，有了深刻的反思意识。"反思"源于西方哲学家的论述，通常指人自我精神的内省活动。教师的反思是对自己既往教育行为的内省和审视。反思是总结经验教训的基础。《基础教育课程改革实施纲要（试行）》中指出："强调教师对自己教学行为的分析与反思，建立以教师自评为主，校长、教师、学生、家长共同参与的评价制度，使教师从多渠道获得信息，不断提高教学水平。"分析和反思自己的教育教学行为，是教师获得关于教育对象、教育情境以及各种教育信息的有效途径和手段。反思的作用就在于能唤起教师对教育生活中真实问题的关注，是教师走向研究者、走向专业化发展的重要一步。反思与问题同在，只有教师以反思的姿态来审视、剖析、评价自己的教育理念和教育行为时，才能发现问题，才会尝试去求证和解决问题。具有反思意识、善于反思的教师，才会对日常工作产生疑问和困惑，也才能从这些疑问和困惑中提炼出有价值的研究项目。

第三，有了鲜明的问题意识。任何研究都是从问题开始的，没有问题就没有研究。发现和提出问题是研究的第一步。哲学家波尔提出："科学与知识的增长永远始于问题，终于问题——愈来愈深化的问题，愈来愈能启发大量新问题的问题。"但在日常的教育实践中，教师面对教育现象和规律，研究工作并不会自然发生。就像农民面对耕耘劳作的泥土，并不会研究"土壤"一样。这是因为教育的现象和规律作为纯粹的客观存在，不会自觉地进入教师的大脑成为思维作用的对象；只有当教师意识到教育的现象和规律的存在，并提出了"是什么""为什么"和"怎么样"等问题后，才能去关注和研究这些问题。因此，问题意识是教师能不能发现并提出问题的关键。问题意识包含这样一些要点：这是什么问题？这个问题有意义吗？这个问题能解决吗？问题意识是教师认识教育、发现并提出需要解决的教育问题的意向和能力，它是教师在教育实践和研究的基础上，以教育科学素养和经验为基础逐步形成的。

第四，有了课程研发意识。初中化学项目化学习的知识观指向的是与化学学科本质高度相关的核心概念、关键概念、能力的整体理解，定位更上位、更综合，以学科概念作为聚合器，不断地聚焦更多的知识信息，将事实性的知识整合起来；初中化学项目化学习中的驱动性问题的提出，改变了原来学科学习从低阶开始并且主要在低价徘徊的特点，我们的驱动性问题有一定的挑战性，贯穿始终，学生在解决驱动性问题的过程中，需要融合基础知识与技能，学生通过项目来学习学科中的重要观念和知识，不是说出定义、举出例子就可以了，而是要解决问题、解释原理、分析成分，且能在新的情境中迁移、运用、转换，产生新知识；初中化学项目化学习的持续探究式的学习历程打破了原来的学科学习中就知识学知识的特征，而是从经验课程的角度进行重新设计，初中化学项目化学习指向学科关键概念且能吸引学生投入解决的驱动性问题、明确项目任务、组织项目实施、进行项目评价，整合知识、认知策略、学习实践、个人和团队的学习成果等诸多方面，形成一个独立的、完整的微型课程。

第五，有了不断创新的意识。每一次项目的选定、每一个教学情境的创设、每一个驱动性问题的形成、每一个项目产品的成形，都凝聚了项目化学习实验学校教师无数的心血，都在不同程度体现了我们孜孜以求的创新意识和创新能力。项目化学习要基于以科学方法为中心的化学知识—能力结构图所建构的教学过程，由于理论与实践的高度一致性，就可以实现化学概念教学过程从经验逻辑到理论逻辑的转变。从创设情境到运用科学方法建立化学概念，再到阐述化学概念的本质，最后借助科学方法应用化学概念，这四个过程之间逻辑清晰、联系紧密且依次递进，非常符合化学概念教学过程的内在逻辑，从而有助于达成化学教育理论与化学教学实践的有机统一。因此，每一份项目化学习的案例都是我们的创意作品，本书呈现的这些案例是我们从中精选的部分实践案例，均已在省、区、市优质课评比中获奖。

创新能力可以分成三个等级，一是形成或产生新的思想、观念或创意的能力；二是利用新思想、观念或创意创造出新的产品、流程或组织等各种新事物的能力；三是应用和实现新事物价值的能力，创新能力由多种能力构成，它们包括学习能力、分析能力、综合能力、想象能力、批判能力、创造能力、解决问题的能力、实践能力、组织协调能力以及整合多种能力的能力。在初中化学项目化学习的研究中，这个最高层次的创新能力一直是我们孜孜以求的目标。

项目化学习带来的是教学方式的变革，是教学效能的提升。教学方式的改变为学习方式的优化提供了保障。项目化学习的教学设计都要以促进学生学习方式优化为目的，教学组织形式为学习方式优化提供土壤；课堂管理理念要摒弃教师权威，转变教师角色以促进学习方式优化；教学方法的选择要综合化、多样化，能适应学习方式的优化；教师在选择和使用教学方法过程中一定要秉持一种综合的思想；利用现代信息技术推动为学习方式优化提供技术支持；建立以学习方式优化为对象和内容的课堂教学评价，为学习方式优化提供保障。

二、学生学习方式的转变

学习方式指学生在完成学习任务过程中基本的行为和认知取向。优化学习方式的核心问题在于如何看待新旧学习方式。学习方式本身没有"优劣"之分，只有是否适当之别。学习方式只是学习者在学习过程中所偏好选择的学习类型、学习模式和学习渠道，适合于所有学习者的一般意义上的学习方式是不可能存在的。王小明等人提出新旧学习方式的关系，我们从效率、系统性、认知结构、个性发展、全面发展、创新精神和实践能力的培养以及适用范围这七个维度对新旧学习方式进行了系统的比较。

表7-1　新旧学习方式对照表

	效率	系统性	认知结构	个性发展	全面发展	创新精神实践能力	适用范围
旧学习方式	高	系统	完整	忽视	阻碍	不适合	初级知识
新学习方式	低	零散	缺失	重视	促进	适合	高级知识

针对不同的学习目标，我们可以选择不同的学习方式。如果我们要培养学习者的创新精神和实践能力，以接受为主的旧学习方式不利于这一目标的实现，因此我们只有在选择以自主、探究、合作为主的新学习方式基础上，兼顾其他学习方式的优势来实现学习方式最优化。

项目化学习本身就是一种新的学习方式，强调教师的"教"要为学生的"学"服务，强化学生"行"与"知"的科学整合，我们以学生学习和发展为中心，根据学生的发展水平，从有利于学生学习的角度出发选择和组织教学内容；以学生的学习过程为切入点，创新内容呈现方式；强调创设学习情境，为学生主动学习提供可能；重视活动、练习的设计，以多样化的教学活动和练习方式为抓手促进学生学习方式的优化。

项目化学习属于任务式学习，任务式学习又称为任务驱动式学习，是一种建立在建构主义教学理论基础上的学习方法。建构主义教学设计原理强调：学习者的学习活动必须与大的任务或问题相结合，让学习者在真实的学习情境中带着任务进行学习，以探索问题的解决方法，并持续驱动和维持学习者学习的兴趣和动机。当然，项目化学习也培养了一批有问题意识的学生。有问题意识、会问问题的学生更擅长学习，不断形成批判性思维和创新思维，最终在学习上有更好的表现。很多教育者和教育专家都认为，问题意识体现了思维的批判性、深刻性，也反映了个体思维的灵活性和独立性，问题意识是创造力培养的基础。这些经验认知也得到了最新心理学研究的证明：有问题意识、会问问题的学生思维更加活跃，更具有创新精神，更擅长学习。

在项目化学习中，我们还采用了伙伴学习、情境式学习方式和探究式学习方式等多种方式，让学生在生生共研中建构主动学习理念，在生生互学中深化主动学习体验，在生生互教中提升主动学习水平，让学生的学习方式更加活泼，让学生的学习兴趣显著提高，满足学生的学习需求，发挥学生的主观能动性，有利于提升学生的学习能力和水平，使初中化学课堂教学效率得到提升。

在项目化学习实施过程中，我们不断进行调研，观察学生的学习喜好和动向。如图7-1是项目化学习"食品脱氧剂"课后，我们对课堂学习注意力保持时间的一个调查，其中有78.04%的学生能够整堂课保持注意力，有20.29%的学生能够基本处于学习状态。不过，在项目化学习实施之前，我们对课堂学习注意力的调研中发现，传统教学中学生在整堂课注意力全部能集中的比例均不高（如图7-2）。

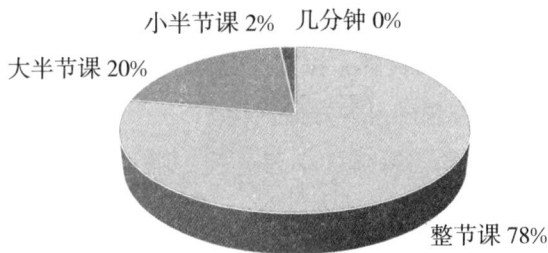

小半节课 2%　　几分钟 0%
大半节课 20%
整节课 78%

图7-1　项目化学习"食品脱氧剂"课堂学习注意力保持时间

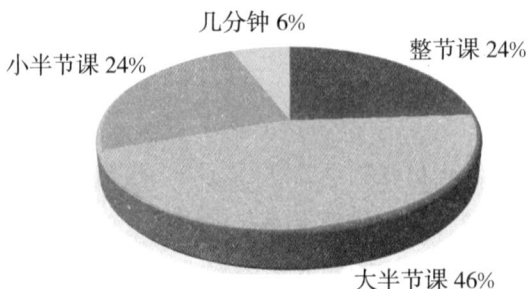

几分钟 6%
小半节课 24%　　整节课 24%
大半节课 46%

图7-2　传统教学中整堂课学习注意力保持时间

在项目化学习中，你对伙伴合作学习的感受是什么？

选项	小计	比例	
非常喜欢，觉得收获大	302		72.08%
喜欢，但觉得收获不大	105		25.06%
不喜欢，觉得没什么收获	12		2.86%

图7-3 学习感受调查

在课堂，学生最喜欢怎样来学习呢？我们对实验班级学生做了调研和访谈：

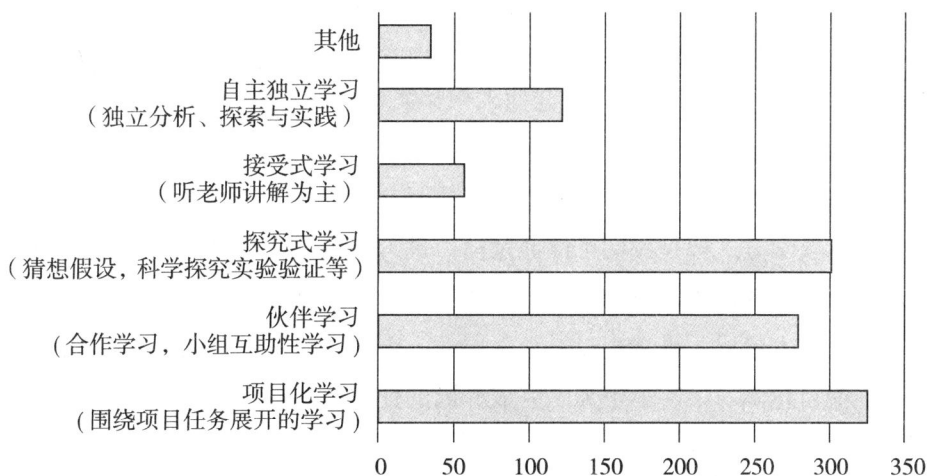

图7-4 我最喜欢的学习方式调查

对于"你为什么选择项目化学习方式？"这个访谈的问题，学生的回复：原先觉得知识点的学习有点枯燥，而我们现在通过实践和体验，实实在在完成了项目任务，并且能在玩中学，不仅有趣，还能学有所用；项目化学习的情境都源于生活，让我感觉到化学无处不在。

对于"你喜欢伙伴一起学习，而没有选择自主独立学习"的问题，学生的回复：我学习理科都有心理障碍，但是和同伴一起学习时，他们学习激情很高，在这种氛围下我能够投入思考，和他们一起想办法解决问题；我喜欢和同伴一起讨论，解决难点，合作比较开心，这样学习也有成就感；团队合作活动中的我们一起在学习过程中探索、发现的信息并分享发现，共同克服困难，让我体会到同学友谊的珍贵。

对于"项目化学习中的具体收获"，学生访谈时认为：

我们小组决定用盐酸来区分硫酸钡和碳酸钡时，其实还不太确定有没有气泡产生，也不确定钡餐为什么只能用硫酸钡，实验后大家经过讨论，才慢慢明白硫酸钡是一种既不溶于水也不溶于酸的钡盐，盐的不溶性会造就盐的不同用途。

我们小组当时都没有想到，生成气体会影响药物的选择，对于胃溃疡的患者来说，用碳酸氢钠会造成胃穿孔，所以最好选用含氢氧化铝的药物来治疗胃酸，我们真正体会到了化学与生活的联系。

实践表明，伙伴合作学习是学生最喜欢的学习方式之一。伙伴学习是学生个体有限性的弥补。在项目化学习的课堂学习共同体中，每一个成员都有着共同的学习目标，具有特定的身份或角色，带着一种认同、归属心理积极负责地参与和体验共同体的学习生活，处理与他人相互关系、与他人交流合作的交往等。

影响学习效果的因素可能有很多，如学习内容、教学方式、智力因素、学习大环境、年龄特点、知识结构等，有些因素我们无法掌控，但是教师对教学的策略、教学方式都是我们可以通过努力进行调整的。项目化学习过程带来的不止于学业上的进步，还有品质和能力的提升。合作的意识和能力是现代人所应具备的基本素质，推动现代科学发展的一个重要因素就是人与人之间的相互协作。项目化学习中，学生为了完成共同的任务，必须有明确的责任分工的互助性学习。建立在合作基础之上的学习方式，要求学生将自身的学习行为有机融入小组或团队的集体学习活动之中。在完成共同的学习任务时，展开有明确责任分工的互助性学习。在合作学习的场景中，不仅学生，而且家长、老师、社区人员都可参与学生的学习，同学之间、师生之间、学生与家长之间、学生与社区人员之间可进行广泛的合作与交流，每一位学生都可以积极表达自己的意见，与他人共享学习资源。这样的学习方式能有效转化和消除学生之间过度的学习压力，有助于引导学生在学习中进行积极的沟通，形成学习的责任感，培养合作的精神和相互支持、配合的良好品质。

初中化学项目化学习带来的是学习方式的变革，是学习体验的改善，是学习效能的提升。每个学生都是带着他们独特的知识、技能、情感、态度、价值观等学习经验走进课堂的，它们是课程资源中不可缺少的部分，也是与他人进行有意义的对话促进深度学习的重要保证。挖掘并有效利用每个学生的独特学习经验，构建课堂学习共同体，创设真实的问题情境，在反思与迁移过程中，引导师生思维碰撞，通过学生与教师、学生与学生、学生与物质性质及其变化、学生与自我的对话，引导学生深度学习的形成和自主学习品质的提升。

初中化学项目化学习带来的是师生关系的改善、生生关系的改善、家校关系的改善。通过项目化学习实践研究，我们对伙伴学习这种学习方式对师生关系有了新的定位，激发了学习情感，彰显了学习主体地位，学生有了更多的相互认识、相互交流、相互了解的机会，改善传统生生互动中的问题，开阔双方的思路，发掘各自的学习潜力，共同分享成功的快乐，可使每个学生进一步发现自我，认识自我，使得已有的生活经验和知识背景在同学交往中彼此影响，对知识的理解更为深刻，更好地经历知识的发生发展过程，推动学生的深度思维，这种伙伴影响有利于学生社会适应性的习得，有利于学生自主性和独立性的培养，有利于学生实践性和主动性的提升。

初中化学项目化学习带来的是学生多重意义的发展、多重目标的实现。通过有意义、具有挑战性的问题情境，打通化学知识与实际生产生活的联系，激发学习驱动力和主动学习的热情，提升了学生的化学学科理解和学科关键能力；通过鼓励学生按照设定的目标去完成一系列任务，促进了生生、师生等合作学习，激发了学生的创新精神和积极性，形成有意义的学习；通过体验式学习，帮助学生构建个性化认知体系，发展高级思维能力；通过学习成果的讨论和汇报，鼓励学生的个性发展，提高学生的表达能力；在项目化学习过程中，综合运用多种信息检索工具、认知工具、网络资源等，培养学生现代技术应用能力，有利于关键能力的培养。

三、学科关键能力的提升

项目化学习促使初中化学学习方式的变革，培养了学生的化学学科关键能力、证据识别与推理能力、信息获取与加工能力、模型构建与认知能力、实验操作与探究能力。

1. 证据识别与推理能力

2012修订版《义务教育阶段化学课标》对初中学生实验设计与探究精神培养的要求："初步学会设计实验方案""能在教师指导下或通过合作，根据具体问题创新设计简单的化学实验方案""意识到提出问题和做出猜想对科学探究的重要性，知道猜想与假设必须用事实来验证""知道科学探究可以通过实验、观察等多种手段获取事实和证据""认识到科学探究既需要观察和实验，又需要进行推理和判断"。

证据识别与推理能力是在科学学习过程中，从已有经验、问题情境中识别、转换、形成证据，利用证据进行推理，从而获得结论、解决问题的关键能力。识别、筛选证据，转换、形成证据，应用、评价证据等过程是科学探究和科学实践的重要环节，是科学工作者展开科学研究、得到科学发现的基本过程，关注于"基于证据的推理"能力，即"证据推理"能力或素养，对化学教学具有重要意义。在项目化学习中，从已有经验、问题情境中识别、转换、形成证据，利用证据进行推理，从而获得结论，解决问题的能力表现，即"证据推理"能力。

化学教学学生活动设计不能停留在"纸上谈兵"的层面，要进行真实的基于证据推理的实验探究，让学生亲历探究活动过程，鼓励学生提出问题，大胆猜想，勇于探索，敢于怀疑和批判，引导学生带着化学的眼光看待身边的世界，带着证据和推理意识去辨别生活中有关化学的是与非。

（1）理解证据推理

基于证据推理，意在掌握证据的基础上推理出新的知识和原理，切不可凭空臆想，闭门造车。化学是研究物质的组成、结构、性质及其应用的一门基础自然科学，物质的组成及发生的变化就是真实而又重要的"证据"。无论化学家的研究还是学生的探究性学习都基于证据，总结出事实性知识，推理出原理性知识，形成学科观念性知识。基于证据的教学会使课堂充满趣味和欢乐，积极主动的推理会让学生享受到思辨的快乐，而这又会使学习富有挑战性。

实验即事实，化学课堂离不开实验证据，推理离不开证据，推理就是解释和寻找证据的途径。证据即事实，事实即实验结果。科学探究教学中的证据意识是指学生在科学探究过程中有目的地关注证据的探查活动和体验行为，活动的载体是教师设计的一系列可观察、可测量、可评价的科学探究实验，使学生达成证据支持主张的心理认同。项目化学习过程中探究活动就是一个"大胆假设，小心求证"的过程，学生在这一过程中经历了"发现问题—提出假设—制定计划—进行实验—观察现象—收集证据—处理信息—解释与结论"等过程，其中"收集证据、处理信息"即收集证据用来支持自己的假设，就是将得到的各种证据进行甄别，用来论证假设正确与否的过程。基于证据推理的学生活动研究，能促进学生在处理与化学有关的社会问题时做出更理智、更科学的思考和决策。

例如，沪教版粗盐提纯实验中，拓宽视野除去氯化钠中可溶性杂质氯化镁、氯化钙、硫酸钠时，加入过量的氢氧化钠溶液、过量的碳酸钠和过量的氯化钡溶液，学生对为什么要加入过量试剂、如何控制过量和加入试剂的次序难以理解，需要组织有效的实验探究，让学生通过活动观察实验现象，收集证据，体验基于证据推理的思维过程，理解工业生产中这一提纯操作的要点和必要性。在义务教育阶段的启蒙化学学习中，学生能够结合日常的生活经验，通过观察和实验获取物质变化的感性认识，分析、归纳、假设、抽象形成理性认识；能够学会通过实验等方法获取检验结论的证据，并基于证据进行推理；进而能够依据物质的组成元素和构成微粒对物质进行简单分类，并能宏微结合对物质变化进行化学符号表征。

项目化学习中"证据"的范畴比较宽广，生活经验和体会、已学的化学知识、其他学科的知识、情境素材、科学文献、探究实验现象等都是学生可以掌握的证据。学生在项目中学习，要树立证据意识，教师要做到：①引导学生寻找解决问题的证据，激发学生解决实际问题的兴趣，不断树立证据意识，培养学生在"有理有据"的条件下得出科学结论的严谨态度，建立"先证据，后推理，再结论"的探究过程。②拓展证据的深度和广度，运用多种方式铺设证据，帮助学生学会搜集、整合、评价和修正证据，让学生在真实的证据下获得学习成功的体验。

课堂学习中学生的假设大多是不成熟的，需要实践来验证。实践验证过程就是教师和学生基于证据进行科学推理的过程。实践的方式可以是科学实验，也可以是文献资料的佐证；证据的来源既可以是课堂科学实验获得的真实数据、真实现象和科学结论，也可以是前人的实验经验和结果。学生在项目化学习中，获得更多自主探究的机会，学生充分调动"前概念"进行证据搜集，也可以依据项目化学习的真实情境进行证据挖掘，根据证据进行有效评估，提出合理的猜想，从而进行科学的论证。例如：学生基于物理学习中碘的升华和凝华实验，学习到有些物质可以直接由固态变为气态，于是推测碳酸氢铵受热后可能发生了升华现象。从化学课堂的角度来说似乎有点偏离主线，但是从学生认知的角度却是合情合理、有理有据。这就是学生"前概念"对新知识学习产生了积极作用，完成了学科知识迁移和融合。"碘的升华和凝华实验"就成了真实证据，学生将围绕它进行科学推理。

表7-2

[提出问题]	碳酸氢铵去哪了？发生了什么变化？		
[猜想假设]	升华（物理变化）	分解（化学变化）	
假设的证据来源	部分物质可以由固态直接变成气态，如碘（物理课学过电锤实验）。	部分物质加热后会分解为其他新物质，如氧化汞分解为氧气和汞。	
[设计实验]	如下图，用酒精灯火焰加热大烧杯底部，观察：①大烧杯内白色固体是否减少。②盛有冷水的烧瓶底部是否出现白色颗粒。 碳酸氢铵	如下图，用酒精灯火焰加热试管底部，观察：①试管内壁靠近管口是否出现水珠。②烧杯内导管口是否有气泡产生，澄清石灰水是否变浑浊。③取下试管口的单孔塞，是否能闻到刺激性气味气体。	真实证据↓科学推理
实验的证据来源	物理课中已学的碘升华实验或电锤实验。	由元素守恒，推测产物可能有水、氨气和二氧化碳。根据三种物质的性质设计实验。	

　　项目化学习都从某个具体的情境或社会生活问题着手，项目化学习的推进不能仅依靠老师的引导，更需要学生自发地探究来完成，这就需要学生要有主动地、思辨性的质疑能力。质疑可以促进更科学、合理的猜想形成，从而用探究实验或文献搜索来佐证。在实验的过程中也需要通过观察现象收集证据，通过质疑来形成递进的、因果的、连贯的逻辑推理。推理过程中出现的反常现象，要引导学生大胆质疑，做出预测及假设，用实验进行再检验和再认识。质疑能力是发展推理能力的重要前提，项目化学习给学生合理质疑带来了更广阔的空间，要结合真实情境和实验操作培养学生的质疑能力。教师面对学生的质

疑要给予充分肯定和有效引导，充分发挥项目化学习的优势，不要把课堂沦为"按剧本演"的片场，而是激发学生成为探索者的思维阵地。

（2）证据推理能力的培养

一般所说的能力包含着智力、非智力、知识、技能行为、情感应变等多种因素，也是学生完成某种活动的主观条件和综合素养的集中体现。项目化学习中证据推理能力培养的主体是学生，证据推理能力是诸多能力中不可或缺的一种，也促进学生发展模型认知能力。项目化学习前，教师设计具体的任务或问题时，以探究活动为主体展开，任务和问题层层递进，具有鲜明的逻辑性。在教师的引导下，学生沿着教师设计的主线学习，一步步对已有的证据进行猜想、验证、推理和证实。证据推理能力培养的主体是学生，与项目化学习的主体相互契合。项目化学习的探究性特点决定了学生的学习是活动式的、合作式的。一旦学生的猜想没有沿着老师设计的主线展开，也可以让学生实现新的证据推理，打开一个新的探究空间。

例如，在项目化学习"除垢剂"中：

查阅资料：除垢剂的使用说明。

任务1：将上述实验混合物中加水，振荡，观察实验现象。

[设计意图] 通过实验证明，学生并未如愿看到应有的实验现象。这是因为固体中不含有酸吗？那它是怎样除水垢的呢？通过查阅使用方法，得知该除垢剂要发挥作用必须有水参与。再通过加水后的对比实验，证明物质的酸性来自在水中电离出大量的H^+。

证据推理，得出结论：交流讨论，设计实验方案证明酸的通性是因为溶液中都存在大量的H^+，即证明活泼金属、金属氧化物、碱、碳酸盐反应实质上是与酸溶液中的H^+反应。

根据化学反应不断消耗反应物可知，若氢离子参与反应，溶液中的氢离子浓度会减小，会使得溶液的pH发生变化。即根据测定反应前后，溶液中pH的变化体现氢离子浓度的变化。

任务2：进行对比实验，利用pH计证明溶液中氢离子的浓度在反应前后减小。

[设计意图] 学生在学习酸的通性时只是通过稀盐酸和稀硫酸的简单类比得出酸具有通性的原因，并未真正理解酸性来源于溶液中的氢离子，以及酸的通性中涉及的化学反应的微观本质也是活泼金属、金属氧化物、碳酸盐、碱与

氢离子的反应。通过本环节的探究帮助学生认识酸具有通性的微观本质，对学习酸、碱、盐的性质有举一反三的作用。

再如，沪教版第9章"硫在空气中和氧气中燃烧"的实验，目的是重在实验探究二氧化硫的性质，当然也要培养环境保护的意识。深度探究中，老师可以让学生闻少量气味来判定二氧化硫，学生感叹于硫燃烧蓝紫色炫色"哇"声一片，但是随后闻了气味，便纷纷捂住鼻孔面露苦色。"让学生直接接触学习领域中的现象，即真实的事物，帮助学生注意那些饶有兴趣的现象，使他们参与其中，持续思考并为之惊奇"。其实这才是真实的课堂，感受证据，体验推理的化学课堂。对这些表观证据的直观感受是学生为数不多的与化学亲密接触的机会，我们应多给学生营造这种体验化学、感受证据推理的机会。

探究实验中学生全程参与探究，让学生成为真正的学习主体、实验探究的主人。基于证据推理，实验中突出控制变量的设计引导学生由定性到定量探究二氧化硫，促进思维深度发展；在学生的心中埋下了"真探究"的种子。学生化学核心素养必须而且只能在化学问题解决学习中形成和发展。化学问题解决学习通过在真实而复杂的情境中提出问题、开展探究活动，训练和运用化学特征的思维方式，最终获得问题解决的方案和结果。

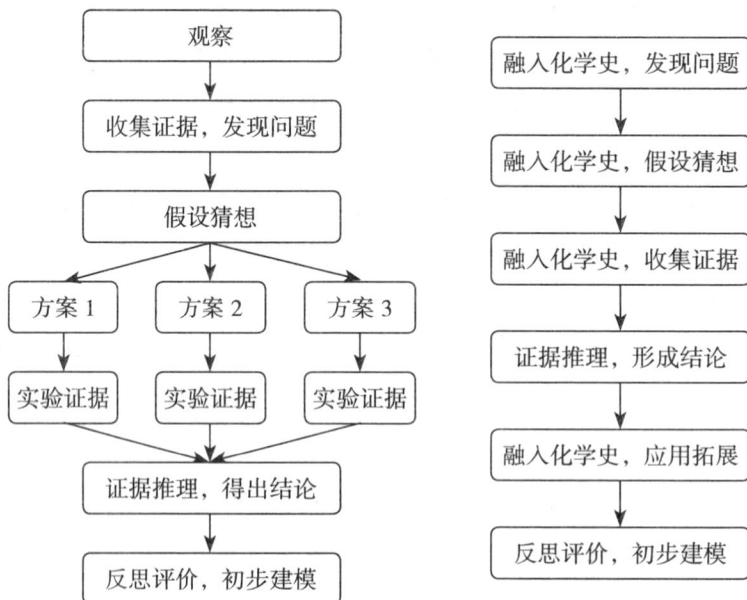

图7-5　两种基于证据推理的项目化学习设计

例如，在项目化学习"化肥到底去哪了"中：

［老师］同学们，小苏家的化肥（碳酸氢铵）经过了一个夏天后都不见了，到底去哪了呢？

［学生1］老师，我觉得它可能分解了，变成了其他物质！

［老师］哦！原来这位同学觉得化肥是分解了，变成了其他物质，发生了化学变化。那么，接下来就让我们一起去寻找一下化肥变成了哪些新物质呢？

这时，学生2突然举手打断。

［学生2］老师，我们物理课学过升华，比如樟脑球、干冰的升华，我猜化肥是升华了！

原本教师打算按照自己设计的主线：①学生猜想碳酸氢铵分解的产物可能有哪些；②设计实验探究碳酸氢铵分解的生成物分别是什么？但是，突如其来的提问打乱了教师原本的教学计划。从以学生为中心的角度来说，既然学生有这样合理的猜想和思考，我们需要临场改变教学"剧本"，开始"加戏"——探究碳酸氢铵加热是否发生了升华。这个课堂的"意外"出乎老师的意外，但却在学生的情理中。原本可以由教师轻描淡写地"一带而过"，变成了一场推理论证：

［老师］好！那就让我们一起来验证一下碳酸氢铵是升华还是分解了。

项目化学习以学生的"学"为中心，围绕学生的问题来设计课堂活动和学习，就此展开。作为教学主体的学生，在项目化学习中会表现得更为"活跃"，学生的思维是运动的，项目的设计要巧妙地为学生铺设合理的思维形成的轨迹，为学生的推理准备好充足的证据，一起完成一个认识发展和知识建构的过程。

（3）证据推理的意义

转变学生的学习方式。教学效率与学生主体的发挥和其投入的感情程度是成正比的，学生一旦真正全身心地进入课堂，成了学习的主体，那么其潜藏的学习能力会以出人意料的形式展现出来，使他们完成平时看起来难以完成的学习任务，解决平时难以解决的问题。以教师主导，学生主体设计学生活动，充分发挥学生的主动性，以此为指针创新了一系列不同课型的教学方法。例如，以小组探究为活动形式的注重证据推理的探究课堂设计；以生产生活小视频为技术手段创建了情境脉络的元素化合物课教学；等等。让学生直接接触学习领域中的现象，帮助学生注意那些饶有兴趣的现象，探究实验中学生全程参与活动，让学生成为真正的学习主体、学习活动的主人。使他们参与其中，在真实的情境中提出问题，做出假设和猜想，运用实验探究活动收集证据，持续思考并基于证据进行推理，最终解决真实情景下的实际问题，并不断为之惊奇。这才是创新的课堂，感受证据，体验推理的化学课堂。

培养科学精神和创新能力。通过利用生活物品如塑料瓶、注射器、医用塑料制品开展家庭小实验，组织学习小组参与实验创新，使学生成为实验的主角，让学生在"做科学"的探究实践中培养学生的创新精神和实践能力。如指导学生小组用塑料瓶、细沙、活性炭、棉花等生活用品自制家庭简易净水器；运用点火枪和矿泉水瓶进行改进粉尘爆炸实验；自己选材制备可以替代紫色石蕊的酸碱指示剂等创新实验。设计简约化和绿色化设计，促进学生认识化学在实现人与自然和谐共处、促进人类和社会可持续发展方面所发挥的重大作用，使其在处理与化学有关的社会问题时能做出更理智、更科学的思考和判断。化学是一门以实验为基础自然科学，学习和研究化学的一种重要方式就是要有证据意识，做到尊重"自然"，尊重实验事实，科学推理出新知识。基于证据推理的学生活动设计让教师本真教学，学生本色在场，既有效建构了"变化观""守恒观""科学本质观"等化学观念，又帮助学生形成了"基于证据的推理""宏—微—符"的学科思维方式。如能长期坚持，学生的核心素养就会获得较快的发展。

2. 模型构建与认知能力

模型是表示尺度、样本、标准的意思，模型是认识科学的工具之一。模型可用以表征现象、概念、过程、事件等，它能以不同的表征方式来呈现（如图像、文字等），以达到不同的功能与目的（如解释性、描述性等）。

科学家其实往往是通过直接研究模型而间接地研究现实世界的。"2017年版课标"在化学学科核心素养之一"证据推理与模型认知"中提出："知道可以通过分析、推理等方法认识研究对象的本质特征、构成要素及其相互关系，建立认知模型，并能运用模型解释化学现象，揭示现象的本质和规律。"新课标的"证据推理与模型认知"是化学核心素养的思维核心。吴星认为：证据推理所形成的科学结论是简单的模型认知，模型认知离不开证据推理，证据推理是建构模型的前提。模型认知是证据推理的进阶形式。在教学中培养学生对证据的获取、选择、组合、表达、推理能力，不仅是一种初级阶段的模型认知，也是学生后续进行高阶模型认知甚至进行模型建构的思维基础和前提。

模型构建与认知是指通过建构模型、理解模型，以分析、推论的方式理解学习对象的本质原理、组成要素以及相互关系，理论基础是认知理论。

在本研究中，模型构建与认知能力的培养是指学生在通过一系列探究、收集证据、得到结论的基础上对所研究问题提出本质归纳，对自身已有认知结构进行完善，提出对问题的本质理解，形成认知模型，并应用到新的情境之中，解决新问题的能力，学生经历从对模型外部形象的感性认识到理解模型发展，再到以思维为主导的理性认识。

模型构建与认知分为两大方面：一是利用模型认识事物及其变化；二是通过建构认知模型建立解决问题的思考框架，前者指科学模型，后者指科学认知模型，这为多视角理解"模型认知"打开了通道；杨玉琴等人提出，化学学科中的模型可分为物质模型（包括天然物质模型、人工物质模型）和思想模型（包括想象模型、符号模型和数学模型），模型具有描述功能、解释功能、预见功能和判断功能，人们可以利用模型认识事物或通过建模解决问题。"模型认知"的内涵两个方面，为我们项目化学习的研究提供了有价值的视角。

表7-3　化学学科核心素养中"模型认知"相关的水平要求

水平等级	水平等级的要求
水平1	能识别化学中常见的物质模型和化学反应的理论模型，能将化学事实和理论模型之间进行关联和合理匹配。
水平2	能描述和表示化学中常见的理论模型，指出模型表示的具体含义，并运用理论模型解释或推测物质的组成、结构及变化。
水平3	能认识物质及其变化的理论模型和研究对象之间的异同，能对模型和原型的关系进行评价以改进模型；能说明模型使用的条件和适用范围。
水平4	能对复杂的化学问题情境中的关键要素进行分析以建构相应的模型，能选择不同模型综合解释或解决复杂的化学问题；能指出所建模型的局限，探寻模型优化需要的证据。

我们认为，"2017年版课标"中的"证据推理与模型认知"主要指向科学思维，所以应该从化学学科思维方法、思维过程层面切入理解"模型认知"，"模型认知"应该是化学学科中最基础的、最核心的思维方式之一。我们从化

学模型（属于科学模型层面）和化学认识模型（属于认知心理学层面）两个视角来理解模型建构与认知，探索培养策略与方法。

如，"认识化学现象与模型之间的联系""识别物质模型与理论模型""运用理论模型解释或推测物质的组成、结构及变化"等，要从化学模型视角理解；"建立认知模型""运用多种认知模型来描述和解释物质的结构、性质和变化"等应该从认知心理层面的化学认识模型视角来理解；"运用模型解释化学现象""对模型和原型的关系进行评价以改进模型"等内容需要从上述两种视角来理解。当然，还可能有其他理解角度。

（1）化学模型视角

化学模型是重要的科学模型，是人们对化学领域中的研究对象作科学研究后所得结果的表述与解释，是重要的化学方法。化学模型有表征、解释、预测和重演的教学功能。

例如，我们在化学模型的表征能力上的培养，根据布鲁姆的认知领域教学目标理论和学生化学符号表征能力发展的进阶顺序，我们架构了化学符号表征能力学习进阶的二维发展模式如下：

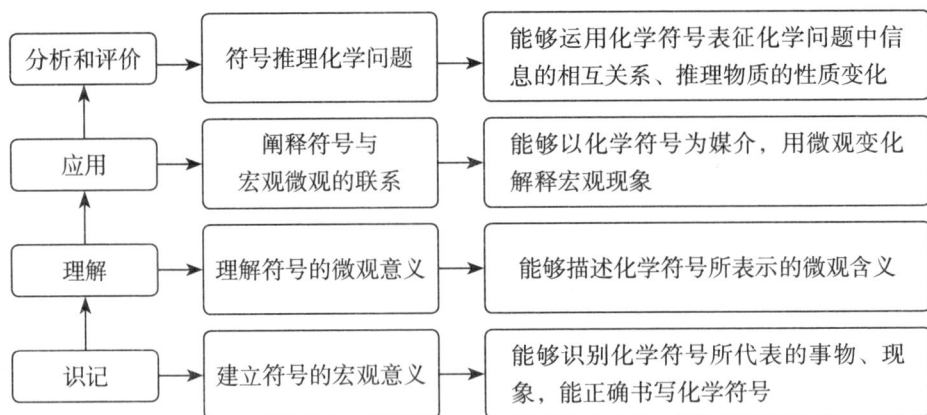

图7-6 化学符号表征能力学习进阶的二维发展模式

从纵向发展来看，学生化学符号表征能力的培养是指学生在化学符号上的宏观联系、微观意义、阐释符号与宏观微观联系、符号推理上表现出的发展的阶段性和层次性。从横向发展来看，培养学生化学符号表征能力，关键在于学生的行为表现。学生的符号表征能力培养不是把知识从外界搬到记忆中，而是在思考、质疑、思辨、设计等活动中逐步建构出来。利用学生化学符号表征能力学习进阶的二维模型架构，教师既能从宏观整体的视角来顶层设计学生化学符号表征能力的培养路径，又能从微观的着眼点细化落实具体化学知识点，做到"既见树木又见森林"。这样，学生化学符号表征能力才能由低阶到高阶螺旋式地有序进阶。

在项目化学习"自制化学扑克"中，我们是这样来培养初中化学项目化学习中符号表征能力的：

化学扑克牌的制作方法：使用在线名片制作软件——"创客贴"进行编辑，可以自己打印，也可以发给印刷公司制作。

牌面组成：

牌组一（常见元素）：1~20号元素及初中段常见元素，共46张牌

牌组二（常见纯净物）：初中段常见物质的化学式。其中单质20种，氧化物16种，酸6种，碱11种，盐40种，一共93张牌。

牌组三（常见离子）：初中段需要掌握的离子。其中阳离子13种（包括常见金属离子、铵根离子和氢离子等）、阴离子6种（包括氢氧根离子、酸根离子等），共19张牌。

化学扑克牌的使用：

层次1：建立符号的宏观联系

初学化学符号阶段，可使用"牌组一"，在课上、课余时间采用小组竞赛的方式，随机抽出5张牌，背面朝上放在桌面上，学生依据背面的元素符号，说出元素名称。同样地，我们也可以用另外2个牌组来帮助学生巩固记忆其他化学符号。利用化学扑克，还可以显著提高学生的物质分类归纳能力，例如在课余时间，4~6位学生随意抽取十张"牌组二"卡牌，将其进行分类，不规定分类方法，只要能讲出分类依据即可，如高锰酸钾、二氧化碳、水既可以按照常规的氧化物与盐分为2类，也可以按照常温下的固态、液态、气态分为3类，还可以按照是否具有杀菌消毒能力分为2类。

层次2：理解符号的微观意义

学习构成物质的微粒阶段，为了让学生体会水分子的微小，笔者组织学生比较水分子与细胞的大小，要求列出证据，学生很自然想到了"洋葱表皮细胞染色实验"中，利用光学显微镜不能观察到水分子但能看到洋葱细胞，从而感

知到水分子的微小。

层次3：阐释符号与宏观微观的联系

在学习水分解的微观变化过程时，学生分组讨论，利用"牌组一"和"牌组二"中4种牌（2张水分子、4张氢原子、2张氧原子、2张氢分子，1张氧分子），推演水在一定条件下分解生成氢气和氧气的微观变化过程，并试着用化学符号描述与表征反应中宏观物质的组成、结构及变化规律，学生不仅加深了对微观概念和反应原理的理解，还建立起宏观物质和微观结构之间的联系；牌面上的各种微粒的球棍模型，还可以帮助学生准确认识和理解物质宏观现象背后的微观本质。

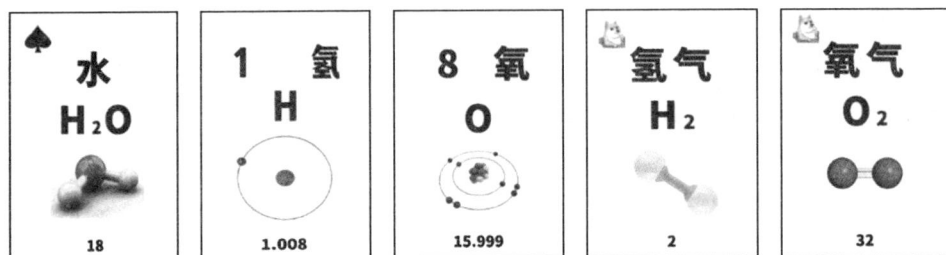

图7-7　水分解的扑克牌

层次4：符号推理化学问题

离子共存问题是化学的重要知识点，也是历年中考热门考点，但因为是微观抽象的知识，往往让学生觉得枯燥乏味，难以产生学习兴趣，一般都是死记硬背，效果往往较差。化学扑克牌可以很好地解决这一问题，将"牌组三"按照阴离子和阳离子分为两部分。从阴离子和阳离子中分别随机抽取5张。学生捉对竞争，轮流取一张牌（如钙离子），将其与不能和它共存的离子（如碳酸根离子）一同挑出放在身边，最终以赢得牌数最多者为胜者。（程樑苏州市第二十四中学校）

学生符号表征能力发展具有阶段性，化学符号表征能力的学习进阶教学为我们提供了培养学生符号表征能力的方向，搭建了学生符号表征能力发展的台阶。

从化学模型视角看，模型认知就是"基于化学模型学习化学、解决化学实际问题"。

从化学模型视角理解"模型认知"
$\left\{\begin{array}{l}\text{模型意识}\\\text{运用化学模型作化学表征}\\\text{运用化学模型解释和论证}\\\text{运用化学模型预测和验证}\\\text{构建和优化化学模型}\end{array}\right.$

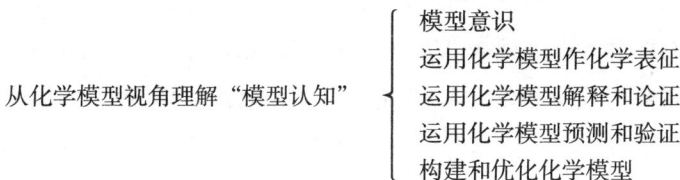

图7-8 从化学模型视角理解模型认知

在项目化学习"除垢剂"中，培养学生运用化学模型"酸的通性"进行解释、论证化学实际问题的能力：

提出问题：家用电水壶中常有水垢，市售的一种除垢剂为白色粉末，猜测其主要成分为哪类物质？

提出假设：该固体为某种酸。

[**设计意图**] 呈现生活实际问题，体现化学学科的实际价值。同时在学生已有的认知结构中，除水垢的物质一般为酸，而酸多为液态。对于该固体成分的探究能够触发学生的认知冲突，激发探究的欲望。

设问：你有哪些方法证明酸的存在？

学生：石蕊试液、活泼金属与酸反应生成氢气、碳酸盐与酸反应生成二氧化碳、金属氧化物可与酸反应、碱能与酸反应……

任务：选择提供的试剂进行实验，证明固体中含有酸。

试剂	蓝色石蕊试纸	镁条	氧化铜粉末	碳酸钠粉末	氢氧化钠固体	酚酞试液

从化学模型视角理解"模型认知"，就是"基于科学模型来认知原型"，即运用化学模型作化学表征，运用化学模型解释、论证、预测和验证等。

（2）化学认识模型视角

化学认识模型是指导学生对学习化学知识、研究化学问题的一种系统化思维模式，可在"研究什么、怎么研究、要完成哪几类任务、从哪些角度研究"等为学生提供策略性指导。化学教学中，面对知识繁多、问题关系复杂、研究过程曲折的实际，对各个领域进行"认识的系统化加工"显得特别重要。用模型化方法处理化学认识发生和发展的过程，提取其中认识要素和规律，用该领域中的核心知识、重要认识角度和思路、主要任务类型、认识发展进阶等建构成化学认识模型，基于此开展学习和研究活动是促进思维发展的重要途径。王磊教授领衔团队的研究成果中提出了现已成为中学化学教学经典的元素化合物认识模型和电化学认识模型如图7-10，都是围绕认识发展这条主线由以下4方面构成：认识对象（或化学学习和研究对象），知识本体维度、化学问题（问题维度），能力活动中的任务类型（任务维度），认识维度，这是认识模型的关键，是化学核心知识有没有充分发挥认识功能的关键表现维度。化学认识模型中的研究范围可大可小，涉及的化学问题、任务类型可以是一类或多类，这些都要根据教学中学生认识发展的需要而定。

使用方法

产品与水按 1 ∶ 20 比例配兑，水量以水掩盖水垢为准。

用热水浸泡 20 分钟后倒掉溶液，用清水洗净即可。（如污垢严重，可适当增加用量并延长浸泡时间）

用抹布蘸上本品还可用来擦拭不锈钢水龙头、水池及陶瓷制品表面的水垢。

图7-9　使用方法

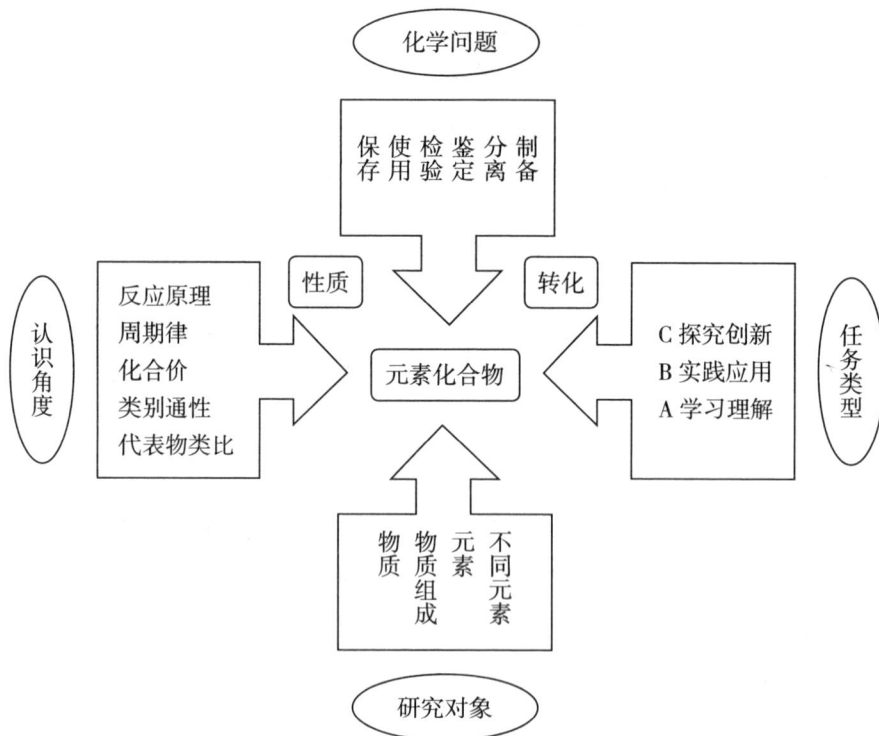

图7-10　元素化合物认识模型

在项目化学习"除垢剂"中，建立认识酸的通性的微粒模型，运用微观模型认识新物质的化学性质，培养运用模型认识新事物的能力。

任务1：结合以上探究，写出以下反应前后的微粒，找出真正参与化学反应的微粒。

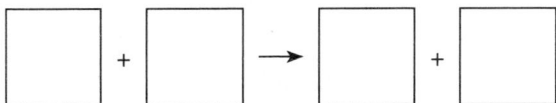

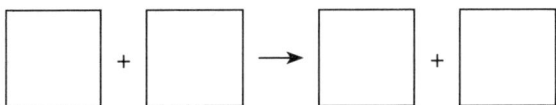

$Na_2CO_3+2HCl=2NaCl+H_2O+CO_2\uparrow$

☐ + ☐ → ☐ + ☐

$Mg+2HCl=MgCl_2+H_2\uparrow$

☐ + ☐ → ☐ + ☐

图7-11

[设计意图]通过化学反应前后微粒形式的变化，找到真正参与反应中的微粒，进一步理解酸性的微观本质，建立认识酸的通性的微粒模型（图7-12），即酸中的氢离子与酸碱指示剂、活泼金属、OH^-、CO_3^{2-}反应。

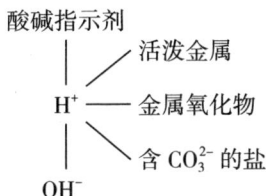

酸碱指示剂
│——活泼金属
H^+——金属氧化物
│——含CO_3^{2-}的盐
OH^-

图7-12　酸的通性

任务2：除垢剂主要成分为柠檬酸$C_6H_8O_7$。你能仿照盐酸，写出它与镁条、氧化铜、氢氧化钠、碳酸钠反应的方程式吗？（柠檬酸是三元酸，共电离出三个H^+，化学式可以简写为H_3Ci）

[设计意图]认识了酸的化学性质的本质后，能从微观角度深刻认识酸的组成，运用微观模型认识新物质的化学性质，培养运用模型认识新事物的能力。

任务3：仿照酸的通性，在分析碱溶液的化学性质的基础上，分析得出碱溶液具有通性的微观本质（图7-13）。尝试设计实验鉴别氢氧化钠溶液和氢氧化钙溶液。

部分非金属氧化物   酸碱指示剂   活泼金属

OH^- ——————— H^+ 金属氧化物

可溶性的盐（含 Cu^{2+}、Fe^{3+}、Al^{3+}、Mg^{2+}、NH_4^+ 等离子）   含 CO_3^{2-} 的盐

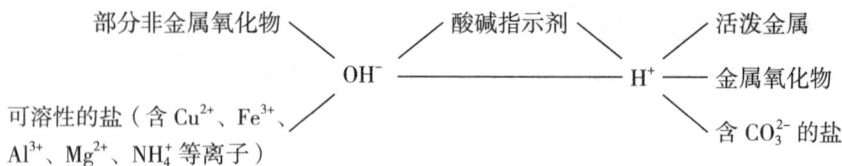

图7-13 碱的性质

[**设计意图**] 在对酸的通性认识的探究过程中，理解探究化学反应微观本质的方法，举一反三推测出碱溶液具有通性的微观本质，并通过氢氧化钠溶液和氢氧化钙溶液的鉴别，检验学生对通性和个性的掌握。

化学认识模型建构的过程是输入过程，但输入的不仅仅是知识，还有认识系统、问题系统、任务类型系统等，这些都是超越具体知识的，需要学生概括出来的，所以这个输入过程是学生深度加工的过程，是使知识认识化、结构化的过程。但是运用化学认识模型解决问题的过程是一个高级输出过程。项目设计遵循了化学学科的"宏微符"三重表征这一独特的思维方式，借助科学探究的一般过程，意在引导学生透过宏观现象看到微观实质，力图帮助学生形成用微粒的观点看待溶液的化学性质。以项目化学习为呈现方式，通过任务驱动，带领学生体验探究溶液中化学反应微观实质的一般过程，建立认识酸性的微观模型，并引导学生尝试运用该模型认识溶液的碱性，意在培养学生证据推理和模型认知素养，促进学生运用模型解决不同情境的问题。

教学中，化学认识模型是师生之间、同学之间交流过程中可以相互传递的符号化智慧；解决化学问题过程中，化学认识模型是学生手中可以操控的接近理想化的方法，又是学生开展化学思维活动的基本单位，还是交流思维成果的工具。化学认识模型的建构和运用过程可用图7-14表示，由此分建构、运用两方面来理解"模型认知"的内涵。

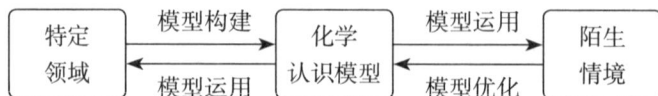

特定领域 ⇄（模型构建／模型运用） 化学认识模型 ⇄（模型运用／模型优化） 陌生情境

图7-14 认知模型的建构和运用

学生在基于认识模型分析和解决化学问题时，认识模型在认识思路、思维方法上具有调节功能。或者说，在认识模型的运用过程中，外显在认识模型中

的认识方法可以内化为学生的元认知，提升学生自觉调用认识角度、自动检索思维方法、自我监控问题解决过程的能力。

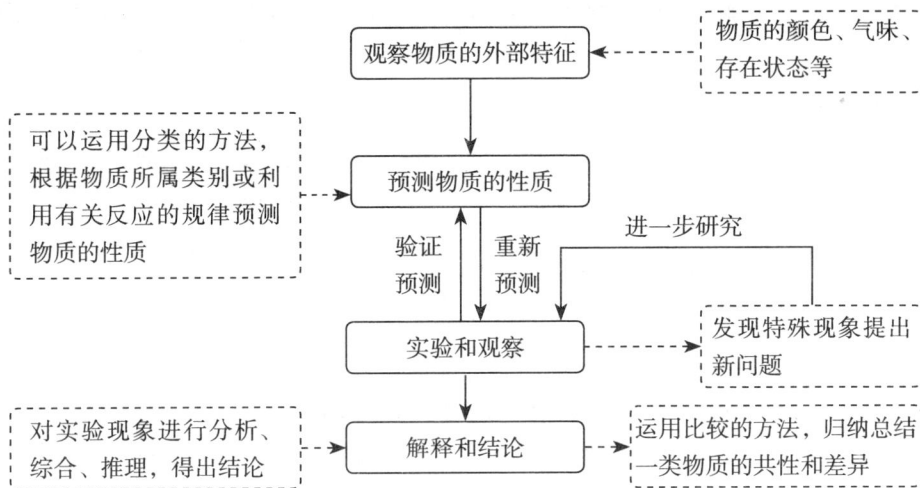

```
┌─────────────────┐         ┌──────────────────┐
│  观察物质的外部特征  │◄------ │ 物质的颜色、气味、  │
└─────────────────┘         │ 存在状态等        │
         │                  └──────────────────┘
         ▼
┌────────────────────┐    ┌─────────────────┐
│ 可以运用分类的方法，  │    │   预测物质的性质   │
│ 根据物质所属类别或利  │--► └─────────────────┘
│ 用有关反应的规律预测  │      验证    重新      进一步研究
│ 物质的性质          │      预测    预测
└────────────────────┘        │      │
         ▼                    ▼      ▼
┌────────────────────┐    ┌─────────────────┐    ┌──────────────────┐
│ 对实验现象进行分析、  │    │    实验和观察     │--► │ 发现特殊现象提出    │
│ 综合、推理，得出结论  │    └─────────────────┘    │ 新问题            │
└────────────────────┘        │                  └──────────────────┘
         ▼                    ▼
┌────────────────────┐    ┌─────────────────┐    ┌──────────────────┐
│                    │--► │    解释和结论     │    │ 运用比较的方法，归纳总结 │
└────────────────────┘    └─────────────────┘    │ 一类物质的共性和差异  │
                                                 └──────────────────┘
```

图7-15 研究物质性质的认识模型

从化学认识模型视角理解化学学科核心素养下的模型认识的部分内涵，主要包含以下几个方面：运用化学认识模型将知识认识化、思路化、功能化，运用化学认识模型"挽补能力缺陷的能力"，学习过程中运用化学认识模型进行自我评价、自我调控等（图7-16）。

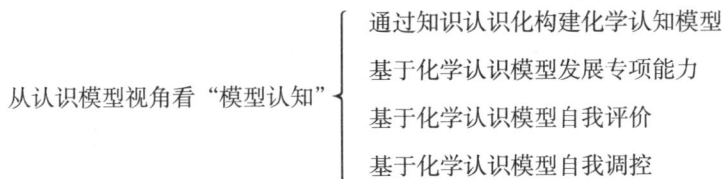

从认识模型视角看"模型认知" { 通过知识认识化构建化学认知模型
基于化学认识模型发展专项能力
基于化学认识模型自我评价
基于化学认识模型自我调控

图7-16 从认识模型视角看模型认知

因此在教学中进行项目化学习，从已有的认知结构为出发点，在真实情境下的学习任务的引领下，在小组合作中完成项目化学习任务，培养学生对证据的收集、选择、组合、推理能力，帮助学生进行简单的模型认知，是培养学生化学核心素养的基本需要，是培养学生高阶思维品质的基础。

3. 实验操作与探究能力

实验操作与探究能力是学生运用实验认识和探究化学物质及其变化的本

质和规律的能力，是化学关键能力的重要组成部分。从其构成要素看，包含认知（思维）成分、观察成分、操作成分，三者相辅相成，不可分割。其中，实验认知（思维）能力就是指实验者在进行化学实验的过程中对化学概念、原理及相关信息进行接收、加工、存储和应用的能力，是化学实验能力中的核心能力，是实验探究和创新素养培养的必备能力，是学生关键能力培养的重要组成部分。实验观察与操作则更多关注学生实践体验，在真实有挑战性问题的解决中，深化学生对核心知识深度理解，形成知识的重构和思维的迁移。项目化学习秉承"做中学"的理念，发展学生的实验能力，在真实有挑战性问题的解决中帮助学生重构知识体系、提升关键能力，有利于促进学生对学科知识本质的理解，促进学生学科核心素养的发展。

案例1：项目化学习"空气中氧气含量测定再探究"

我们首先从学生熟悉的空气出发，回顾空气中氧气的含量如何测定，让学生思考实验过程、现象和结论。然后提出问题：氧气真的耗尽了吗？通过数字化实验测定，学生发现红磷燃烧后集气瓶中氧气并未耗尽，精确测量、直观呈现的真实数据在挑战已有认知的同时，让学生自然反思产生这一现象的原因。通过数字化实验，打破既定的"事实"，用真实的数据制造认知冲突，引发学生的反思，建构新的认知平衡。

表7-4 项目化学习"空气中氧气含量测定再探究"的驱动性问题

主题情境	问题	设计意图
氧气真的耗尽了吗？	空气中氧气体积分数如何测定？	实验回顾知识，情境引入。
	本实验中氧气被消耗完了吗？	数字化实验制造认知冲突，培养学生观察能力、量化感知能力和实验信息处理分析能力。
	氧气为何没有耗尽？	通过分析原因，让学生学会从药品、装置、操作等角度思考实验误差产生的原因。
怎样让氧气耗尽？	代替红磷的除氧剂如何选择？	通过换药品改进实验。从实验原理的角度总结除氧剂应该具备的性质。
	反应原理与"燃磷法"一致吗？	通过换原理改进实验。"燃磷法"和加热法的对比，让学生体会剧烈氧化法和缓慢氧化法测定空气中氧气含量的不同。

主题情境	问题	设计意图
怎样让氧气耗尽?	如何优化装置与所选除氧剂匹配?	引导学生认识到实验探究中,实验装置要与所选药品、所用原理相匹配。通过让学生设计不同的装置培养学生发散性思维。
	如何设计实验?	利用所选不同的药品、原理和实验装置,设计实验测定空气中氧气含量,实现从定性到定量分析的思维跃迁,培养学生实验设计能力。
	为何改进后仍有误差?还有哪些因素影响实验?	在实验误差分析的过程中学会对实验进行过程性反思评价,为后续新实验的设计提供思路,促进学生的深度学习,为跨学科融合埋下伏笔。
	科学家又是如何得出精确数据的呢?	以史明智,让学生了解科学家研究历程的同时,为空气中氧气含量的测定寻找史学证据,培养求实创新的科学精神。
如何利用测氧原理?	如何测定混合气体中某一成分的体积分数?	对空气中氧气含量测定原理的运用,建构实验认知模型。

实践活动是项目化学习的核心。认知思维建构是在实践活动的推动作用下完成的。基于项目的实验探究活动,有利于丰富学生思维结构,发展学生认知水平。本项目中设计了如下项目活动,如图7-17。

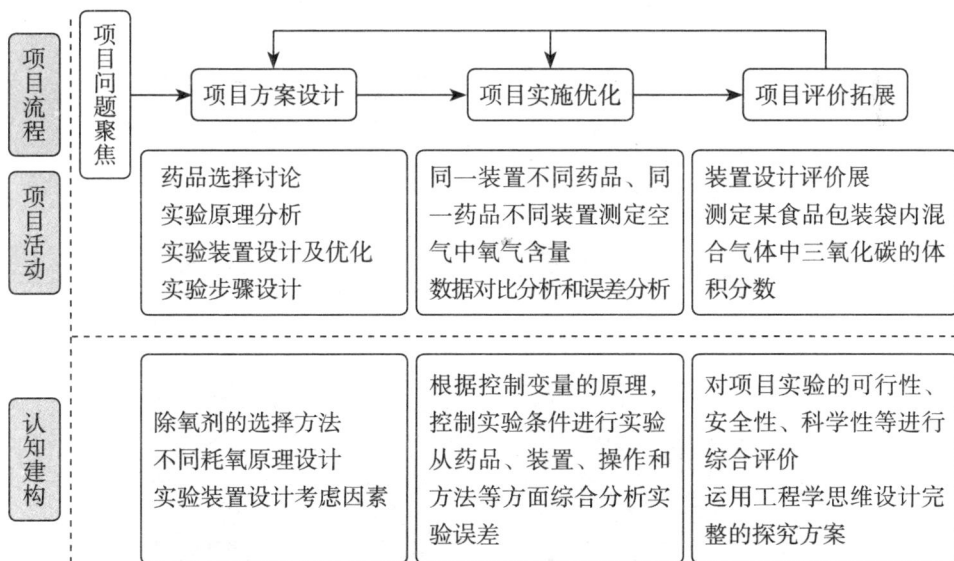

图7-17 项目化学习"空气中氧气含量测定再探究"的项目流程

在药品选择中，学生罗列与氧气反应的铁、铜、白磷、硫、木炭、蜡烛、镁条、酒精、甲烷等除氧剂，并结合实验目的和反应原理等综合分析并加以选择，深化对物质（氧气）的性质认知；同时，在除氧剂的选择中，学生发现不仅剧烈氧化（燃烧）法可以消耗空气中的氧气，缓慢氧化法也可以，不断地在活动中修正原有认知，形成新的反应原理，在深入探讨中，学生对氧气含量测定原理有了更深的认识。在确定实验药品和除氧原理基础上，设计匹配的实验装置并优化，逐步构建实验设计内容和思维路径（图7-18）。学生从装置的选择、优化等角度分组探讨，根据自选药品，设计不同的实验装置（图7-19）和实验方案，发展学生发散性思维。在方案探索的基础上，让学生选择不同的药品、实验装置进行实验，并进行对比分析，体验科学实验探究的一般过程。

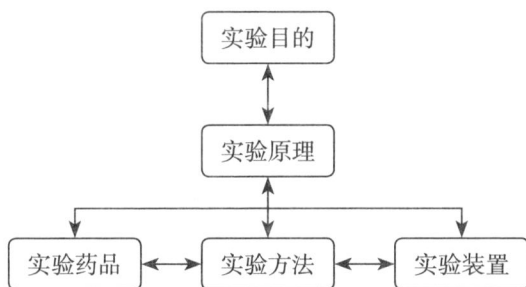

图7-18　实验设计内容关系图（部分）

图7-19　测定空气中氧气含量实验装置图

在项目实施活动中，要引导学生在实践中思考方案的可行性、可操作性、可优化性等问题，不断地分析、归纳、总结和提炼，再应用于实践。学生利用图7-19装置进行同一实验药品（铁粉）的不同装置测定实验。实验前引导解决几个问题：①烧杯中至少放入多少水？②铁粉的量最少需要多少？③铁粉占据集气瓶的体积是多少？如何测算较为准确？然后进行实验。实验后的误差分析，学生从实验药品、装置、操作、方法、条件控制等角度综合分析讨论，从定性研究到定量分析再定性分析，从宏观思路设计到实践检验到细节的微观把握。学生尝试多种实验方法缩小测定的误差后，发现仍然没有达到理想值时，教师再引导学生研究历史，从科学家研究历程中去寻求答案。从方法、思维、能力、情感、价值观多维度不断丰富拓展学生的认知思维。（周晓燕，苏州吴江实验初中）

项目学习过程中，学生能够创造性地设计了若干种实验装置并亲身实践对比，然后从测定空气中氧气含量延伸到测定混合气体中某一成分含量，提炼形成物质分离的实验思路，建构项目化定量实验的认知模型，并在实践中进行不断补充和修正（图7-20）。顶层思维模型的建构和应用优化，有利于学生形成问题解决的不同视角和思维，发展学生高阶实验认知能力。

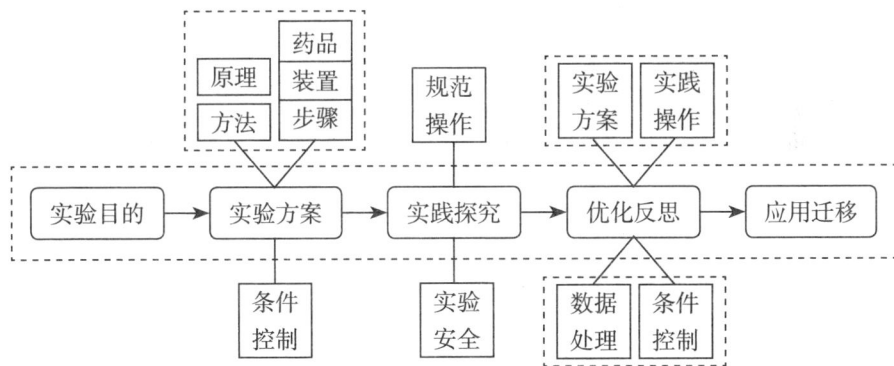

图7-20　项目化实验的认知模型图示

案例2：项目化学习"配制一定溶质质量分数的氯化钠溶液"

这是沪教版教材中的基础实验，在生活、生产、医疗、科技等领域中很多时候必须使用一定溶质质量分数的溶液。我们设计的项目化学习中有两部分内容：一是方案的设计，二是实验操作。设置了三个任务："体验溶液配制的过程"（如何配）、"分析溶液配制的误差"（配得如何）、"感悟溶液配制的价值"（为什么要配）。通过情境创新、形式创新、实验创新等手段激发了学生的学习兴趣，在探究过程中建构知识体系，将学生的思维由定性引向定量，提升了学生的核心素养。在方案设计时关键看原料是什么，一般有四种方案：溶质加溶剂，稀溶液加溶质，浓溶液加溶剂，浓溶液加稀溶液。在实验操作时涉及仪器使用和误差分析等，具有极强的综合性，对学生的逻辑思维有着较高的要求。

我们设计的项目化学习的目标是通过配制一定溶质质量分数溶液任务活动的学习与实践，初步学会配制100g溶质质量分数为15%的氯化钠溶液；通过测定、分析所配溶液的溶质质量分数，初步学会误差分析的方法；通过实践活动，体会真实、有用、有趣的化学，提升协作创新精神和实验探究意识。

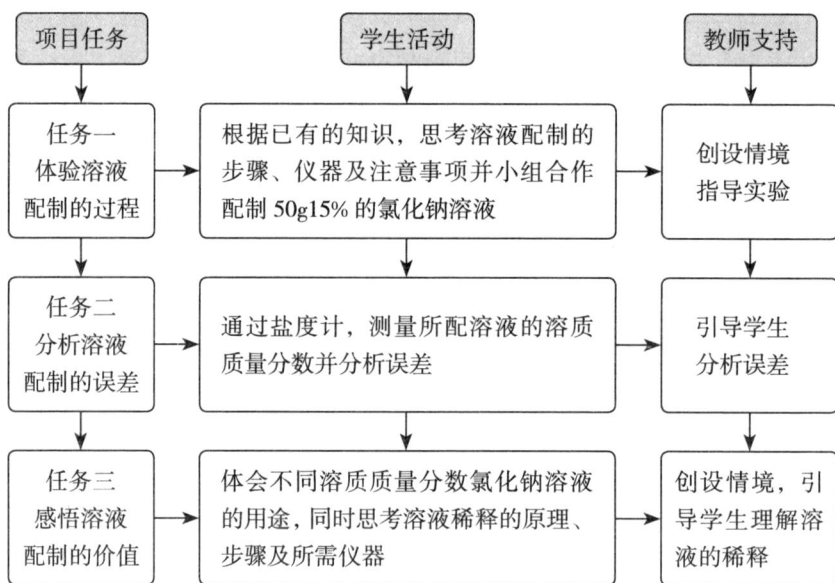

图7-21　项目化学习的实施流程

在项目实施过程中，教师通过播放视频"盐水选种"引发问题：15%的氯化钠溶液可用于农业上选种，如何配制50g15%的氯化钠溶液？请同学们小组交流，给出方案。通过生产生活化情境，拉近学生与课堂的距离，拓展学生的视野，提高学生学习化学的兴趣。接着提问：配制50g15%的氯化钠溶液，需要氯化钠和水的质量分别是多少？请大家思考配制过程中需要哪些步骤？引导学生：根据同学们设计的步骤，在配制过程中需要哪些仪器？这些仪器在使用过程中有哪些注意点？由真实情境引出学习任务，引导学生利用已有知识思考实验步骤，通过实验步骤思考得出仪器。教师布置活动：请同学们根据刚才我们梳理的配制步骤、仪器及注意事项进行配制溶液。分组实验，动手操作。接下来教师引导学生根据操作步骤分析误差。学生讨论交流，归纳：培养学生的动手操作能力，加深对配制一定溶质质量分数溶液的理解。

［教师设问］如何知道我们配制的溶液是不是15%？我们可以用盐度计来测量。学生按要求进行实验，测量所配溶液的溶质质量分数，并分享各组测量数据。教师设问：有些小组配制的溶液溶质质量分数大于15%，有些小组配制的溶液溶质质量分数小于15%，请大家分析引起这些误差的原因有哪些？通过真实的实验情境——测定溶液的溶质质量分数，学生反思形成误差的原因，培养学生误差分析的思维，培养学生分析问题和解决实际问题的能力。

表7-5 误差分析

溶质质量分数		
小于 15%	溶质偏小 ①称量前指针偏左 ②砝码磨损 ③砝码和物品放反且用到了游码 ……	溶剂偏大 ①量水时仰视读数 ②烧杯不干净 ……
大于 15%	溶质偏大 ①砝码生锈 ②称量前指针偏右 ……	溶剂偏小 ①将量筒中的水倒入烧杯时，有水洒出 ②量取水时俯视读数 ……

［老师］如何把溶质质量分数小于15%的氯化钠溶液变为溶质质量分数为15%的氯化钠溶液？

［学生］可以加溶质或加溶质质量分数大于15%的氯化钠溶液。

［老师］如何把溶质质量分数大于15%的氯化钠溶液变为溶质质量分数为15%的氯化钠溶液？

［学生］可以加溶剂或者加更稀的溶液。

［老师］如果用20%的氯化钠溶液和水配制15%的氯化钠溶液，需要哪些步骤和仪器？

［学生］在理解固体+水配溶液的基础上思考步骤和仪器。

［老师］如果用20%的氯化钠溶液（密度为1.15g/cm³）和水（密度为1g/cm³）配制50g15%的氯化钠溶液，需要20%的氯化钠溶液多少毫升？需要水多少毫升？

［学生］计算，称量，配制。溶质的质量不变。

［老师］在稀释过程中，溶液的哪个量不变？讲述：我们可以用反应前后溶质质量不变的原理来计算浓溶液及水的体积。

以学生所配的溶液为情境，体会溶液、溶质、溶质质量分数之间的关系，从原理上让学生理解溶液的稀释，培养学生动手实验操作与探究能力。

实验操作与探究能力的培养在项目化学习中实行教学评一体化的评价方式，包括进行项目活动的过程性评价、评价项目化学习过程学生的综合表现等，多方面及时总结学习过程中的不足；进行项目成果的结果性评价，进行实物的呈现展示或是对思维的迁移应用。例如案例1中，教师可设计不同的标准进行表现性评价，也可以让学生展示设计的创新实验装置，或将实验认知模型迁移运用到新的情境中，以检测学生的应用能力，并进行针对性评价。如项目最后提出：如何测定某食品包装袋内混合气体中二氧化碳的体积分数？让学生运用已建构的模型去设计实验装置，并进行定量化的测定和误差分析，在问题解决中考察其综合实验能力。融合实验探究的项目化学习开展，在情境创设与问题解决中建构学生网络化知识体系，在理论提炼和实践探索中发展学生高阶实验认知能力，在创新思维和能力提升中促进学生素养的全面发展。

在认知活动中，元认知有效的监控下，主体在认知活动中遇到问题情境时，能够明确意识到认知目标和已有认知水平之间的关系，通过不断反思形成问题意识，并在解决问题的过程中通过同化和顺应获得新知，从而不断丰富和发展自身的认知结构。同时，学生在实验过程中所产生的问题能引发他们的好奇心和探究精神，并驱使他们对信息进行精加工。学生在试图精确地提出问题及提出解决问题的各种方案时，必须调动观察力、注意力、记忆力、想象力、思维力及动手操作能力等，因此学生在项目化学习中经历问题情境、探究活动和展示交流的学习，就更善于综合运用各种学习方法，有更灵活的学习技巧。

4. 信息获取与加工能力

信息获取与加工是一种重要的学科关键能力，初中化学课程标准没有提出明确要求，但是《普通高中化学课程标准（实验）》明确提出："在化学学习中，学会运用观察、实验、查阅资料等多种手段获取信息，并运用比较、分类、归纳、概括等方法对信息进行加工"，化学是在原子、分子水平上研究物质的组成、结构、性质、转化及其应用的一门基础科学，其特征就是从微观认识物质，以符号描述物质，认识元素可以组成不同的物质。

随着新课改的深入，教学背后的思考非常关键，填鸭式的教学不再适合现行教育，劣势也渐渐凸显，项目化学习的优势日渐明显，学生在任务中获得知识，获得认同，在头脑风暴中加工信息，团队合作，又相互竞争，形成一种良好的学习氛围。

信息获取的途径即文字、图像、声音、视频等，还有实验、分子原子模型、实验结果图表等，化学上的信息加工即将获取信息加工为图表、知识体系或有用的知识点等。

信息获取和加工除了从生活经验、资料等途径提取有效信息，对已有知识储备进行挖掘、将信息进行加工后，再深度思考，进而学会迁移，**解决新情境下的问题**，归纳总结得出学科本质的知识体系。

在项目化学习"元素"中，我们设计的情境线、问题线和任务线如图7-22所示：

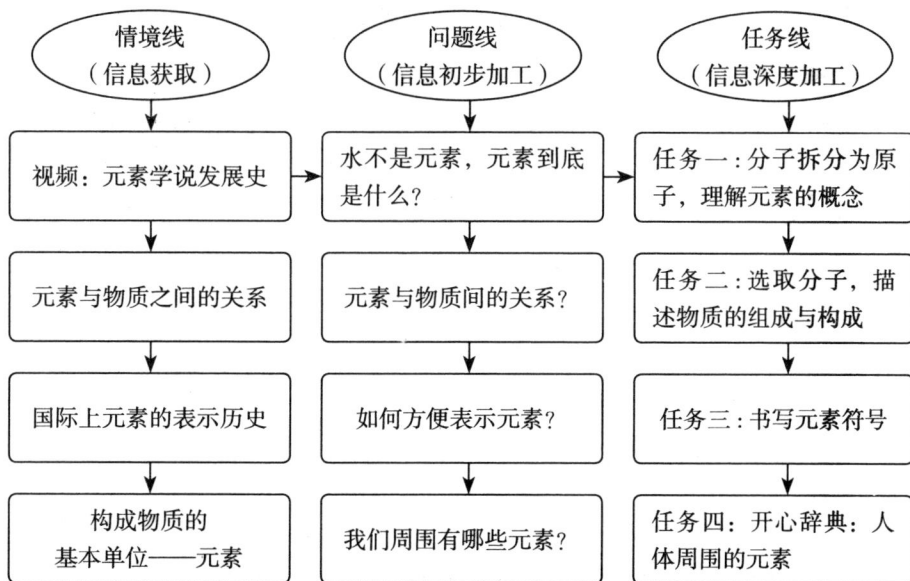

图7-22　项目化学习"元素"的信息处理

在这个案例教学中，我们是如何进行信息获取与加工能力的培养的呢？

[老师] 自从人类开始探索物质世界，便一直在追根求源，他们想知道构成我们物质的基本成分到底是什么？

[播放视频] 元素学说的发展：中国古代五行学说中提到金、木、水、火、土的相生相克组成了这个世界，古希腊哲学家则认为，水、火、土、气的配合，产生了宇宙中各种各样的变化。

[提出问题] 我们把构成物质的最基本成分也称为元素，在中西方古老元素思想中都提到水，水到底是不是构成物质的一种基本成分呢？它能不能称为元素，请用所学知识进行辩驳。

[学生回答] 水在通电条件下还可以继续分解，我认为水不是基本成分。

[教师追问] 那么什么才是构成物质的最基本成分呢？而且这种成分在发生化学变化时也不易改变。

[小组讨论] 交流讨论，派代表发言。

[学生回答] ①微观世界由分子、原子、离子构成，我认为它们是构成物质的基本成分；②分子在化学变化中，可以分成原子，我认为原子才是基本成分；③我认为是原子，分子是由原子构成的，而离子也是由原子得失电子而来的，所以我认为组成物质的最基本成分是原子。

[教师小结] 大家说得很有道理，确实元素和原子之间有着密不可分的联系，下面我们通过一个活动，探究到底什么才是元素。

[设计意图] 通过化学史引入，从中获取有效化学信息，让学生了解古代的元素学说，对化学史产生兴趣，获取本节课的有效问题——什么是元素，学习古代思想家的思维，以及化学家的探究精神。联系学生已有知识，对水是不是一种元素做初加工，为后面问题与任务做好衔接。

项目任务一：探究什么是元素

[展示提问] 水槽中有一些分子模型，这些分子构成了我们生活中常见的物质，如水、二氧化碳、氢气、氧气、过氧化氢，仔细观察相应的分子，请大家将这些分子拆分，把不同的原子进行分类，放在不同烧杯中。现在开始。

[学生活动] 将分子模型拆分，原子分类处理。

[学生展示] 我们小组分为3类，是根据颜色来分的，将不同颜色的原子放在不同烧杯中。

242

[教师小结]非常好！在制作原子模型时，根据颜色和大小的不同来区分不同原子。

黑色：碳原子，红色：氧原子，白色：氢原子。

[教师追问]那么这些原子本质上有什么不同？

[学生回答]我认为这些原子的质子数不同。

[教师小结]质子数不同的原子在发生化学变化时，几乎表现出相同的化学性质，将质子数相同的原子归为一类，质子数为1的原子称为氢原子，自然界中有无数氢原子，不论水中的氢原子，氢气中的氢原子，还是过氧化氢中的氢原子，它们的质子数都为1，我们把质子数等于1的氢原子可以归为一类，统称为氢元素。同理，大家可以思考质子数为6和质子数为8的原子，也可以归为一类，分别统称为碳元素和氧元素。可以看出，原子是微观的个体，而元素则为宏观上的总称。经过老师的讲解，大家给元素下个定义。

[学生思考回答]元素是质子数相同的一类原子的总称。

[教师追问]钠原子在变成钠离子的过程中，元素种类有没有变化？

[学生思考回答]并没有，因为质子数没有变化。

[师生归纳]元素是具有相同核电荷数（质子数）的一类原子的总称。

[设计意图]元素的定义素来是难点，学生较难理解，通过拆分分子模型，学生可以体会原子构成分子的事实，同时体会原子与元素的紧密联系，对元素定义的信息深度加工处理，完成任务，帮助理解元素的概念，简单把握构成物质的最基本成分。

项目任务二：描述物质的组成与构成

[过渡]自然界中原子数不清，而元素却只有100多种，正是这些元素构成我们变化万千的物质世界，请大家选取水槽中一种物质的分子模型，分别用"元素"和"原子"描述其组成与构成。

[学生活动1]选取不同的分子模型来描述物质的构成与组成。

[学生展示]我们组选的水，水是由氢元素和氧元素组成的，一个水分子是由一个氧原子和一个氢原子构成的。

[教师追问]刚才这位同学描述得很准确，给我们描述了水分子的组成以及一个水分子的构成。思考：在用原子和元素来描述物质的时候，有什么不同？有什么注意事项？

[讨论交流] 元素是宏观总称，原子是微观的个体，原子可以说个数，而元素不可以；当原子要说明个数时，分子数目也要指出。

[师生归纳] 元素是宏观概念，只讲种类，不讲个数；而原子是微观概念，既讲种类，也讲个数。细节提示：在描述宏观组成时用的是"组成"；描述微观结构时用"构成"。

[师生互动] 一起描述过氧化氢分子的组成与构成。

[学生练习] 下列关于水的说法，正确与否，错误请改正。

[过渡] 刚才我们用的模型都是由分子构成的，当然，自然界中由原子和离子构成的物质，也可以从宏观和微观来描述其组成与构成。

[学生练习] 描述金刚石与氯化钠的组成与构成。

[教师讲述] 元素、分子、原子、离子构成物质的模型认知。如果将这些物质分类，你会怎么分？

[学生活动2] 将这些由分子、原子和离子构成的物质分类，分为2类。

[师生归纳] 将这些物质根据组成元素的不同，分为单质与化合物。注意：判断单质还是化合物的时候，必须是纯净物。

[设计意图] 物质组成与构成的描述也是微观描述的一个重点，注重描述的细节，正确区分元素与原子的区别，完成这一任务是建立在深度加工元素组成物质的基础上的。根据元素对纯净物再进行分类，是初高中化学的一大重点。

项目任务三：元素符号

[过渡] 那元素如何表示呢？如果用汉字表示，在国际交流中，特别困难，国际上采用元素拉丁文的首字母作为元素符号来表示元素。一起了解元素符号。

[学生活动1] 找出同学书写中错误的地方并订正，同时小组归纳书写元素符号的要求。

[学生归纳] 如果由一个字母组成，要大写；两个字母组成，第一个大写，第二个小写。

[教师小结] 大家总结得非常详细准确，我们可以简单记为一大二小原则。

[学生活动2] 最强大脑环节：教师给出相应的符号，大家起立抢答这是哪种元素。

[师生互动] 分别给出H、Na、C、Al、Ca、Cl等元素，学生起立抢答。

[设计意图] 元素符号是化学学习的基础内容，而记忆元素符号是乏味的，学生比较头痛，通过一系列活动，学生可在比拼中了解自己的掌握程度，同时加上预习，可以提高学生的自学能力，在接下来的比拼中得以检验，可以轻松地掌握我们周围的元素，提高学习效率。

[过渡] 元素跟我们的生命和生活有什么关系呢？

[学生活动] 开心辞典环节：学生课前查找资料与预习课本，我们周围的元素以及与生命活动相关的元素，然后分小组进行抢答。答对最多的小组成员可以选一个分子模型带回家。

[师生互动] 这个环节以猜谜语或用途给出的形式展开，可以安排周围的元素：海洋、地壳、人体等，以及与人类健康相关的钙、锌、铁、碘元素等，同时可以扩展不同学科融合，例如二氧化碳，可以用于灭火、是植物不可或缺的养料等，学生积极性很高。

[设计意图] 元素是组成物质的基本成分，与人的生命生产息息相关。认识元素与生活的关系，是化学的必修课，学生从课前获取资料，了解各元素的作用，培养了学生信息获取的兴趣与能力。

项目任务四：画出体系图

[过渡] 前面我们学习了构成物质的微粒，今天学习了组成物质的元素，现在你可以在脑中构建物质的组成与构成的知识体系吗？请将你的想法在纸上描绘出来。

[学生活动] 在纸上描绘出物质的组成与构成思维图。

以下为学生的想法：

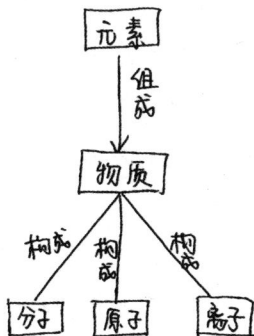

图7-23　学生一

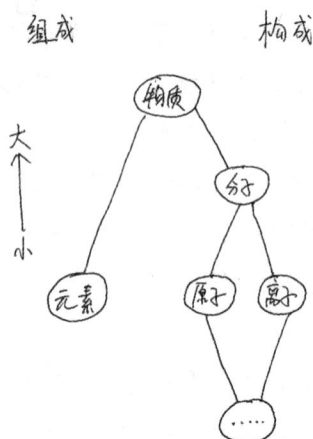

图7-24　学生二

[教师归纳] 我们可以简单把构成与组成物质的知识体系总结如下:

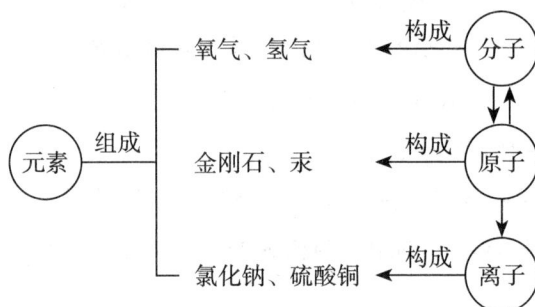

图7-25　物质组成与构成

[**设计意图**] 沪教版第三章主要讲解物质的构成与组成,元素是继学习微粒之后的一节,所以学生有基础,而且构建知识体系对发展学生的高阶思维有帮助,这样可以形成知识体系,从高层级角度理解所学知识。

元素属于宏微结合的部分,在理解物质的组成与构成方面起了桥梁作用。从元素学说的视频中去了解元素学说的发展史,从模型建构的角度思考元素的概念,理解元素的概念,从元素组成的角度对单质、化合物、纯净物进行分类,同时对同一类物质进行归类,反过来可以对同类物质的组成进行推演,让学生从项目化学习的情境中获取信息,根据驱动性问题对信息进行初加工,继而在完成任务过程中深度加工信息,转化为知识体系,可见,通过项目化学习,学生的信息获取与加工能力得以外显,项目化学习的开展直接影响到信息的获取与加工，培养学生从信息获取、初步加工到深度加工的处理能力。

信息获取与加工后还要学会迁移运用，奥苏泊尔认为一切有意义的学习必然包括迁移，迁移是在原有结构的基础上产生的，建构主义学习迁移理论认为：知识不是被动的接收而是在一定的情境下，在学习构成中自己积极构建的。建构主义学习理论同时也强调学习者原有知识对新知识的影响。该理论对教学的启示是：合理创设教学情境，注重学生概括能力的培养，创设新旧学习间的认知冲突，注重练习内容的变通性和练习方法的多样性可以有效促进学习迁移。

项目化学习"双氧水制取氧气"中，先设置生活化的问题情境，通过提问学生是否在生活中用过过氧化氢消毒液处理伤口，过氧化氢溶液涂抹在伤口处为什么会出现白沫等问题，适时提供一些陈述性组织者的素材：如伤口中的过氧化氢酶加速过氧化氢分解等知识。在这一过程中，通过问题情境所提供的信息，让这部分知识和实验室中二氧化锰加快过氧化氢溶液分解的新知识建立联系，让学生感受到这两个学习材料之间存在着共同要素——都能加快过氧化氢的分解，马上联想到实验室中二氧化锰催化过氧化氢分解原理（图7-26）。这样的学习迁移会大大消除学生学习新课的陌生感，让学生始终处于一种平时就已经接触过类似原理的物质，带来学习的"亲近感"。

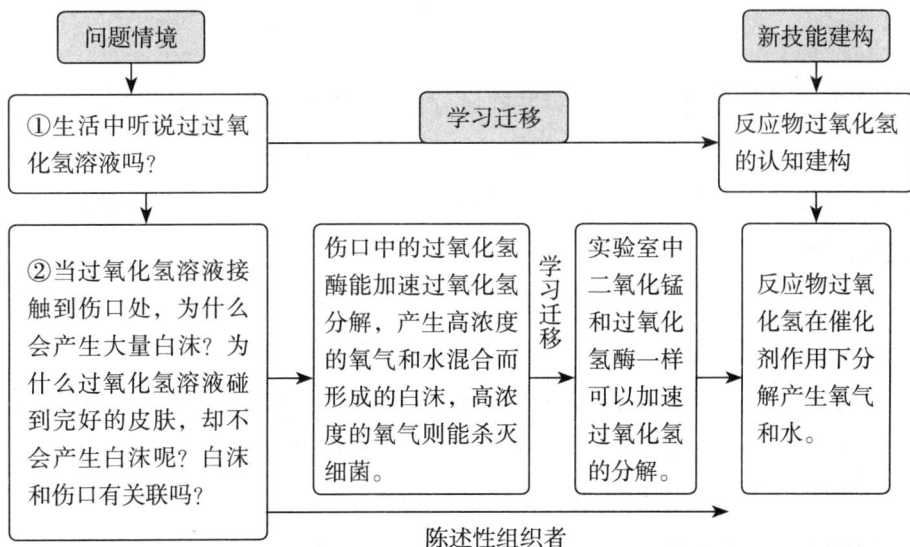

图7-26 项目化学习"双氧水制取氧气"

探究二氧化锰作为过氧化氢分解的催化剂实验时，需要证明化学反应前后二氧化锰的质量和化学性质均不变的结论。引导学生得出可行的方案（图7-27）。新方案中的许多技能则是建立在之前学习过的实验基本操作基础上的。这部分技能的成功迁移，可以让学生感受到之前学习的基本操作并不是仅仅在于掌握一个技能，还可以利用该技能解决一个新问题。学生在进行操作的过程中，体会到一个新知识的构建是建立在之前熟悉的旧知上后，学生对新知识的探索的过程中并没有太多的陌生感，学习起来得心应手，学习探索过程中的熟练感，这种熟练感也会让学生更有成就感，让迁移变得更加顺利。

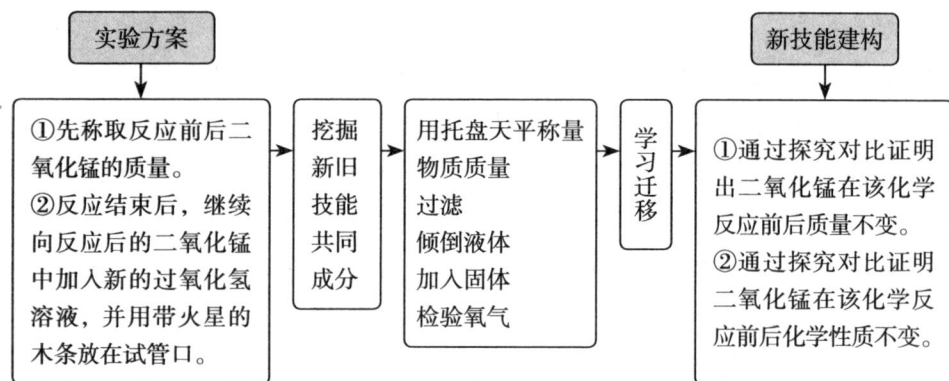

图7-27 信息迁移

产生式迁移理论告诉我们：共同成分是促使两项新旧技能学习发生迁移的前提，这种共同成分越多，迁移量越多。在教学过程中，要给学生尽可能多地创设动手操作实践的机会，努力发现新旧技能之间的联系，这样会让技能的迁移更加顺利。

值得一提的是，在操作过程中，学生产生了一些自己的新想法。他们在过滤提纯得到二氧化锰的过程中，感觉到这种方法耗时很长。于是，想出了能否用一些黏性物质把粉末状的二氧化锰黏成块状或大颗粒状，只需要直接用仪器将块状或大颗粒二氧化锰取出洗涤烘干便可。这样的意外收获着实让人激动。在这一教学过程中，不仅实现目标知识的迁移，学生自发形成的灵活迁移的高层次能力也在慢慢萌发！

教学中，具有层次感、循序渐进的教学方法可以很好地培养学生的迁移能力。学生面对新的学习活动，能够挖掘已有的知识技能方法中的共同点进行延伸和调整，运用比较、联想等方式去发现学习材料间的联系和区别，通过思考、分析、归纳、总结等方法，促进新问题的解决。

在探究过氧化氢溶液制取氧气的发生装置时，通过引导学生调动认知结构中可利用的知识，即高锰酸钾制取氧气为可利用性的认知结构，通过多次激疑、比较、思考后，同化并对之前学过的旧知进行调整和重组，逐步获得过氧化氢制取氧气的发生装置（图7-28）。示例中的①②的比较则是帮助学生迁移过氧化氢制取氧气发生装置的基本模型（试管）。③④则帮助学生迁移至基本模型的升级（分液漏斗）。⑥⑦则是帮助学生迁移至升级模型细节的调整和补充（考虑橡皮塞的选择等方面）。这个寻找新的发生装置的过程，就是在给新旧学习材料建立认知桥梁。而学生在建构新知识的过程中，便是学习迁移的过程。对比传统的直接给出新的发生装置的做法，这样的探究对比方式则是通过剥笋一样的思考方式一层层迁移获得的，让学生的认知有层次感，有利于形成清晰的学习思路。

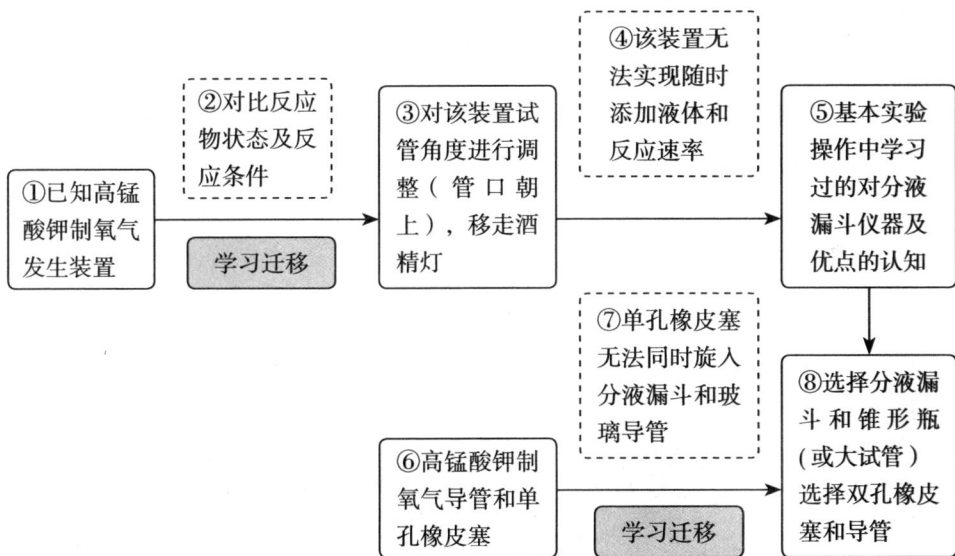

图7-28　高锰酸钾制氧

在知识技能与方法方面的迁移固然重要，但仍然不能忽视情感态度价值观对学生带来的更深远的影响。每一个新知识的建立都是建立在旧知识的基础上的，知识不是凭空产生的，信息获取与加工能力的建构可以体现在知识、技能、情感态度价值感等多个维度。在教学过程中，需要多方位的努力寻找合适的教学策略，不断地发现新旧知识之间的联系，努力地搭建新旧知识学习之间的桥梁，可以让迁移变得更加顺利，学习变得更加高效。

学校教育对学生关键能力的贡献主要通过特定的课程与教学来实现，初中化学学科应该以培养学生的关键能力和核心素养为最终目标，也是依托具体课程与教学活动得以落实的。本研究的动力则源自两方面因素：一是外部因素，即社会对未来人才培养的需求，科学技术的发展是国家综合竞争力提升的基石，发明创造是科学技术发展的重要体现。国家必须培养更多的创新人才。作为培养创新人才摇篮的学校，需要改革人才培养模式，深化教育教学改革，培养学生创新意识、创新思维、创新能力，培养学生创造力，以适应知识经济发展的需要；另一个是内部因素，即对已有国家课程进行校本化实施，改变学习现状。

因此，这6年多来，我们以主题式教学方式和项目化学习方式来完成初中化学国家课程的实施，我们没有额外增加课时，不降低学业质量，没有另外增加课外作业，不增订课外资料，基于学校现实起点的可行性变革，帮助学生在生活化的情境中建立知识间的联系，实现知识的再建构，进而对新情境进行判断并解决问题，培养学生的创新精神和实践能力，提升对情境的学习力和应变力。

图7-29　仰望星空　脚踏实地

　　所有挑战和可行性，最重要的都是唤醒教师内在的专业力量、创新精神，当学生和家长广泛认可，同行送来赞许，省市评优课奖项一个个传过来时，我们的项目化有了真正扎根的土壤。我们在教，也在学，他们在学，他们也在教。

　　"我想实现自我价值，做有意义的事，虽败犹荣，但失败的原因一定不能是不够坚持，不够努力，不够热爱"，这是我们的心声。初中化学项目化学习，让我们遇见成就更好的自己。

　　《项目化学习：初中化学学习方式的变革》创造可能的未来。

参考文献

［1］杨玉琴.化学学科能力及其测评研究［D］.上海：华东师范大学，2012.

［2］夏雪梅.项目化学习设计学习素养视角下的国际与本土实践［M］.北京：教育科学出版社，2018：9.

［3］杨玉琴，倪娟.从情境素材到教学情境：如何创设富有价值的问题情境［J］.化学教学，2020（7）：10–15.

［4］杨玉琴.化学核心素养之"模型认知"能力的测评研究［J］.化学教学，2017（7）：9–14.

［5］杨玉琴.促进"深度学习"的教学设计［J］.化学教育，2016（17）：1–8.

［6］李梅.认知视角下的项目化学习解析［J］.电化教育研究：2017（11）：102–107.

［7］杨玉琴，倪娟.学科核心素养视域下的教学目标：科学研制与准确表达［J］.化学教学，2019（3）：8–12.

［8］杨勇诚.伙伴+：让初中教育持续增值［M］.南京：江苏凤凰教育出版社，2020（12）：34–37.

［9］杨勇诚，白孝忠，等.项目驱动自主合作共同提升——基于项目学习的初中物理学习方式研究［J］.中学教学参考，2020（12）：37–39.

［10］［美］韦恩·K.霍伊塞西尔·G.米斯克尔.教育管理学：理论·研究·实践［M］.北京：教育科学出版社，2011（7）：63.

［11］［美］约翰·D.布兰思福特，等.人是如何学习的［M］.程可拉，孙亚玲，王旭卿，译.上海：华东师范大学出版社，2013（1）：3–4.

［12］廖冰.高中化学聚焦真实情景项目学习助力素养落地［J］.福建教育学院学报，2020（2）.

［13］周振宇.项目学习：内涵、特征与意义［J］.江苏教育研究，2019（10）：40-45.

［14］王磊，支瑶.促进认识发展提升教学品质［J］.基础教育，2015（12）：33-36.

［15］［美］R.基思·索耶.剑桥学习科学手册［M］.北京：教育科学出版社，2010（4）：115-116.

［16］胡红杏.项目式学习：培养学生核心素养的课堂教学活动［J］.兰州大学学报（社会科学版），2017，45（6）：165-172.

［17］姜思圆.谈项目式学习的实施策略［J］.宁夏教育，2020（3）：34-36.

［18］陆军.化学教学中引领学生模型认知的思考与探索［J］.化学教学，2017（9）：19-23.

［19］李明.高中信息技术教学中项目教学法的实践与探索.［D］.济南：山东师范大学，2011.

［20］薛静.“项目式学习”模式在高中思想政治课中的应用研究——以重庆市第三十二中学校为例［D］.南充：西华师范大学，2019.

［21］胡佳怡.项目式学习中的教与学［J］.基础教育参考，2019（2）：7-10.

［22］刘景福，钟志贤.基于项目的学习（PBL）模式研究［J］.外国教育研究，2002（11）：18.

［23］张文兰，苏瑞，张思琦.混合式学习环境下学科课程项目式学习研究［J］.中小学数字化教学，2018（3）：10.

［24］朱耕深.中职计算机项目教学法与“教学做”的结合［J］.计算机光盘软件与应用，2011，（6）：187-188.

［25］尹逊翠.高中区域地理板块中案例教学的优化研究——以芜湖市12中为例［D］.合肥：安徽师范大学，2014.

［26］刘延申.美国高等师范教育改革简述［J］.教育研究，2001（10）：74-77.

［27］靳雨洁.项目式学习在《中学化学教学技能实训》课教学中的应用研究［D］.石家庄：河北师范大学，2019：10.

［28］李人，夏晓菲.促进深度学习的项目式学习教学策略［J］.教育导刊：上半月，2020（4）：48-54.

［29］唐雅慧.网络环境中项目式学习评价指标体系研究［D］.重庆：西南大学，2013：17-64.

［30］周春江.项目式学习在初中地理教学中的实施研究［D］.郑州：河南大学，2018：8.

［31］滕珺，杜晓燕，刘华蓉.对项目式学习的再认识："学习"本质与"项目"特质［J］.中小学管理，2018（2）：15-18.

［32］胡佳怡.从"问题"到"产品"：项目式学习的再认识1［J］.基础教育课程，2019（9）：29-34.

［33］胡佳怡.项目式学习中"教"与"学"的本质［J］.基础教育参考，2019（2）：7-10.

［34］余瑶.项目学习的特征及教学价值［J］.教师教育论坛，2017（10）：55-58.

［35］徐锦生.项目学习：探索育人的新模式［J］.教师博览，2012（6）：14-16.

［36］周振宇.项目学习：内涵、特征与意义［J］.江苏教育研究，2019（10）：40-45.

［37］胡佳怡.真实性：项目式学习的本源［J］.中国教师，2019（7）：77-79.

［38］李文婷."化学教学论实验"项目化学习的设计与实践［D］.银川：宁夏大学，2016：7-8.

［39］孔德靖，姜润飞，李鹏.项目式学习在初三化学教学中的应用实践［J］.中国教师，2019（10）：100-101.

［40］刘红云.项目式学习模式在独立学院大学英语教学中的实证研究［J］.湖北科技学院学报，2016（4）：82.

［41］邱激扬.项目学习模式在化学校本课程的设计与应用——以"水的探究之旅"项目学习为例［J］.教学研究，2017（2）：41.

［42］叶明明.项目式学习法在美术教学中的价值探析［J］.美术教育研究，2018（3）：138.

［43］陈燕君，蔡文联，李真．"多种塑料瓶的分类与回收利用"项目式教学设计［J］．中学化学教学参考，2020（2）：36-37．

［44］周业虹．实施项目式学习发展学科核心素养［J］．中小学教师培训，2018（8）：33-37．

［45］李琳．以关键概念为指引的初中化学项目式学习设计［J］．现代教育，2020（1）：59-61．

［46］冯清华，陈瑞雪，菅小凡．项目式学习："一件精美的银饰品"制作［J］．中学化学教学参考，2019（17）：32-36．

［47］张文兰，张思琦，林君芬，等．网络环境下基于课程重构理念的项目式学习设计与实践研究［J］．电化教育研究，2016，37（2）：38-45，53．

［48］郝志军．中小学课堂教学评价的反思与建构［J］．教育研究，2015（2）：110．

［49］张思琦．基于网络环境的小学数学项目式学习设计与实践成效研究［D］．西安：陕西师范大学，2016：45-46．

［50］刘健．基于项目式学习模式的合作学习研究——以"东南亚旅游攻略设计"为例［J］．中学地理教学参考，2016．

［51］张铨，潘娟，张敏．基于军队网络教学平台的项目式学习模式研究［J］．中国教育技术装备，2015（2）：54．

［52］水建军．基于项目学习模式下初中数学活动课的教学过程建构与研究［D］．西安：陕西师范大学，2013：26．

［53］强枫，张文兰．基于课程重构的项目式学习评价指标体系探究［J］．现代教育技术，2018，28（11）：47-53．

［54］奚亚英．项目式学习：一项改变学习的生动实践［J］．江苏教育，2019（26）：38-40．

［55］彭陈，张圆圆．网络环境下项目式学习评价指标体系研究［J］．当代教育实践与教学研究，2016（2）：77-78．

［56］卢芳芳．基于项目式学习的初中科学课程教学研究［D］．杭州：杭州师范大学，2019：4-5．

［57］廖冰.高中化学聚焦真实情景项目学习助力素养落地［J］.福建教育学院学报，2020（2）：10-12.

［58］孙成余."项目式学习"视域下化学核心素养落地的实践应答——以"水的净化"活动设计为例［J］.中学化学教学参考，2019（6）：33-35.

［59］肖红梅，马欣.常规课堂基于项目式学习理念开展主题教学的实践探索——以沪教版初中化学"溶液的酸性和碱性"为例［J］.化学教与学，2019（6）.

［60］李燃，何彩霞.初中化学"生活中常见的盐"项目式学习教学实践［J］.中国现代教育装备，2020（6）：50-52.

［61］洪清娟.基于提升初三学生化学思维品质的项目式学习设计——以探秘铁粉型的暖贴为例［J］.化学教与学，2019（7）.

［62］李俊红.化学实验复习课中运用项目式学习的实践与思考——以"测定维生素C泡腾片中碳酸氢钠的含量"为例［J］.化学教与学，2020（4）：45-48，67.

［63］王延.基于项目式学习的高三化学实验专题复习实践——以"揭秘'鱼浮灵'"为例［J］.化学教与学，2020（2）：65-67，47.

［64］姚明站.基于核心素养视域下的化学课堂教学设计——项目式学习"Fe^{2+}与Fe^{3+}的性质与转化"为例［J］.化学教与学，2019（4）：46-50.

［65］朱韶红，刘勇.核心素养视域下项目式学习在中考复习阶段的实践研究——以"化学工艺流程题"复习为例［J］.化学教与学，2019（7）：50-52，15.

［66］宋立栋，刘翠，王磊，等.基于项目式教学的含硫物质转化复习教学设计与实施［J］.化学教育（中英文），2019（19）：37-40.

［67］范铭杰.项目式学习视域下的初三化学复习实践与思考——以"溶液"复习课为例［J］.化学教与学，2019（1）：55-57.

［68］李志河，张丽梅.近十年我国项目式学习研究综述［J］.中国教育信息化，2017，403（16）：52-55.

［69］赵永恬.项目学习研究综述［J］.中小学电教，2019（1）：84-87.

［70］侯肖，胡久华．在常规课堂教学中实施项目式学习——以化学教学为例［J］．教育学报，2016，12（4）：39-44.

［71］孙思佳．项目式学习研究的文献述评［J］．科教文汇（上旬刊），2019（3）：54-56.

［72］马圆，等．真实情境与化学学科核心素养的发展［J］中学化学教与学，2020（1）：3-7.

［73］陆启威．项目式学习亟须厘清的几个问题［J］．江苏教育研究，2019（32）：9-13.

［74］罗炳杰．化学教学中的模型认知与模型建构及应用［J］．福建基础教育研究，2018（1）：132-134.

［75］吴克勇，蔡子华．模型认知释读［J］．中学化学教学参考，2017（9）：12-15.

［76］中华人民共和国教育部．普通高中化学课程标准（2017年版）［S］．北京：人民教育出版社，2018：90-91.

［77］曹宝龙．物理模型的建构与教学建议［J］．物理教学探讨，2016（5）：1-5.

［78］蔡海锋．科学模型是虚构的吗［J］．自然辩证法研究，2014（4）：3-9.

［79］陈进前．关于化学模型和模型认知的思考［J］．中学化学教学参考，2019（9）：5-10.

［80］王磊，郭晓丽，王澜，等．元素化合物认识模型及其复习教学中的应用［J］．化学教育，2015（5）：15-21.

［81］王维臻，王磊，支瑶，等．电化学认识模型及其在高三原电池复习教学中的应用［J］．化学教育，2014（1）：34-40.

［82］曾繁继．在实际问题解决中培养模型认知能力［J］．化学教育，2019（1）：10-16.

［83］陈进前．分阶段促进学生化学学科认识方式发展［J］．现代中小学教育，2018（3）：44-49.

［84］胡久华，黄燕宁．普通高中课程标准实验教科书·化学（必修第一册）［M］．济南：山东科学技术出版社，2019：50.

［85］王锋. 初中化学"宏观辨识与微观探析"素养内容梳理及教学策略探讨［J］. 中小学教师培训，2020（11）：57–62.

［86］尹步桥. 伙伴学习的理论溯源及现实意义［J］. 江苏教育研究，2019（400–401）：85–89.

［87］陈馨. 数学伙伴学习：内涵、价值与实践［J］. 学科教与学：88–92.

［88］周玉华，朱春燕."伙伴式学习"，全纳教育背景下的教学策略［J］. 小学教学研究，2017（4）：82–84.

［89］朱春燕."伙伴学习"：反思、探索与实践——立足语文学科［J］. 教育研究与评论·课堂观察，2014（10）：24–27.

［90］黄晓玲."伙伴式学习"助力音乐教学的有效策略［J］. 华夏教师，2020（7）：79–80.

［91］王亚峰."小先生制"伙伴学习教学模式的实践探究——以"三角形三边关系"的教学为例［J］. 小学教学研究，2019（10）：64–67.

［92］陈馨. 伙伴共研：基于伙伴关系的数学学习新样态［J］. 教学探索，2020（433）：77–79.

［93］陈馨. 数学伙伴学习：内涵、价值与实践［J］. 上海教育科研，2019（8）：88–92.

［94］周茂利. 小学数学"伙伴课堂"建构的实践研究［J］. 小学科学，2020（8）：101.

［95］周菲."问答纸"：一种有效的伙伴学习工具［J］. 江苏教育研究，2018（385）：28–31.

［96］高丛林. 伙伴式学习：学生主动学习数学的重要方式［J］. 江苏教育·小学教学，2015（12）：29–30.

［97］刘家宏. 伙伴学习让学习过程更有立体感［J］. 华人时刊·校长，2019（4）：30–31.

［98］王嘉玫. 伙伴学习：打开学生数学学习的另一扇窗［J］. 小学教学参考，2020（2）：82–83.

［99］杨春基. 伙伴学习的理论探索与实践样态［J］. 江苏教育研究，2018（385）：20–23.

［100］邢怀庆，陈京开，等."伙伴合作学习"的实践与研究［J］.山东教育·教改探索，2014：24-25.

［101］宋尚琴.小伙伴学习："爱的课堂"实践聚焦之二［J］.教育研究与评论·小学教育教学，2014（11）：14-16.

［102］王娟娟，徐光静.高中化学课堂的伙伴学习法实践与反思［J］.生活教育，2020（12）：81-84.

［103］孙雁梅.伙伴学习　多彩课堂——小学数学中的伙伴学习策略探讨［J］.教育界，2020（26）：29-30.

［104］陈颖.伙伴学习，结伴致达——探究小学语文课堂"伙伴课堂"学习模式［J］.新课程（上），2020（47）：40.

［105］费洁，蒋丽娟.伙伴学习—构建习作"学本课堂"新样态［J］.小学语文教学，2016（11）：16-17.

［106］黄萍.伙伴学习策略助学困生走出困境的研究［J］.育才方略研究，2016，4（11）：82.

［107］吴凡.借伙伴之力，促课后提升——小学语文伙伴学习课后运用模式［J］.教材教法，2020（36）：47-48.

［108］祝久善.实施"伙伴式"小组合作学习，增益数学课堂实效［J］.数学大世界，2017（2）：80.

［109］张梦针，李海燕，柏奂.项目式学习在中学化学课堂中的应用——以"如何解决生活中的白色污染"为例［J］.教育现代化，2019，6（97）：241-243，251.

［110］冯品钰，何彩霞.发展学生模型认知的化学教学实践——以"离子晶体"为例［J］.教育与装备研究，2018（4）：29-33.

［111］丁思洋.指向学生创新素养发展的项目式学习策略研究［J］.宁夏教育，2019，461（1）：15-17.

［112］聂传虎.伙伴式互助学习，提高物理复习效率［J］.湖南中学物理，2015（8）：87-88.

［113］邢闾."伙伴课堂"教学模式让数学课更精彩［J］.新课程，2020（47）：48.

［114］何项麒.伙伴学习中的思考与探索［J］.现代教学，2013（9）：65-66.

[115] 章莉. 小先生制下的伙伴学习：关系及内涵 [J]. 教育理论与实践，2020，29（40）：47–51.

[116] 江合佩. 促进学生核心素养发展的项目式学习研究与实践——以"废旧锂离子电池回收利用"为例 [J]. 教育与装备研究，2019（9）：60–67.

[117] 杨春基. 课堂教学因伙伴学习而走得更远 [J]. 华人时刊·校长，2018：29–30.

[118] 顾海连. 伙伴式学习在数学互动教学中的应用探微 [J]. 成才之路·育才方略研究，2018，8（24）：91.

[119] 万伟. 课程的力量——学校课程规划、设计与实施 [M] 上海：华东师范大学出版社，2017.

[120] 马宏佳. 数字化实验的理论与实践 [R]. 上海：大同中学，2017.

[121] 姜正川. 伙伴学研的重要现实意义 [J]. 华人时刊·校长，2018：28–29.

[122] 孙巧利. 小学数学课堂中"伙伴课堂"的基本模式研究 [J]. 课堂教学，2020（15）：200.

[123] 沈兆刚. 基于证据的推理：内涵、意义及培养路径 [J]. 化学教育，2019（8）：48–52.

[124] 刘宗寅，等. 化学发现的艺术 [M]. 北京：中国海洋大学出版社，2003：20–29.

[125] 朱清勇. 例谈化学实验创新的途径和价值 [J]. 教育研究与评论（中学教育教学），2017（9）：52–54.

[126] 沈兆刚. 证据推理让教学回归本真——以"化学反应中的质量关系"为例 [J]. 化学教学，2018（10）：45–50.

[127] 侯肖，胡久华. 在常规课堂教学中实施项目式学习——以化学教学为例 [J]. 教育学报，2016（4）：39–44.

[128] 陈颖，王磊，徐敏. 高中化学项目教学案例——探秘神奇的医用胶 [J]. 化学教育，2018，39（1）：8–14.

[129] 吴永才. "物质的分离与提纯"新授课教学实录与反思 [J]. 化学教育，2015（23）：13–17.

［130］中华人民共和国教育部.普通高中化学课程标准（2017年版）［S］.北京：人民教育出版社，2018.

［131］吴星.对高中化学核心素养的认识［J］化学教学，2017（5）：3-7.

［132］陆军.化学教学中引领学生模型认知的思考与探索［J］.化学教学，2017（9）：19-23.

［133］吴克勇，蔡子华，模型认知释读［J］.中学化学教学参考，2017（9）：12-15.

［134］张斌玉.数字化实验与中学化学教学融合的实践研究——基于课堂观察的视角［D］.合肥：合肥师范学院，2016：45.

［135］刘长胜.对中学化学实验微型化策略的探究［J］.中国教育技术装备，2011（17）：119-120.

［136］李国瑞.新课改中的"微型化学实验"［J］.新课程学习，2014（8）：43.

［137］杜永保.注射器在初中化学实验中的应用［J］.化学实验与仪器，2010（6）：31-32.

［138］樊振宇.注射器的妙用［J］.化学教育，2009（3）：37-39.

［139］夏建华.数字化实验与中学化学教学深度融合［M］.合肥：安徽教育出版社，2016.

［140］唐增富.用数字化实验演示浓硫酸的吸水性［J］.化学教育，2011（6）：62.

［141］王寿红.气体压力传感器在"空气中氧气含量测定"实验中的应用［J］.教学仪器与实验，2014，30（8）：28-30.

［142］尚广斗."空气中氧气含量的测定"实验的研究和改进［J］.化学教学，2009（11）：13-14

［143］侯肖，胡久华.在常规课堂教学中实施项目式学习——以化学教学为例［J］.教育学报，2016，12（4），39-44.

［144］叶兰峰，吴玉萍.化学课堂动态生成教学的误区及调控策略［J］.中学化学教学参考，2016（9）：13-14.

［145］吴玉平，张伟平.试论抛锚式教学的内涵、理论基础及特点［J］.教育导刊，2014（12）：66.

［146］王锐敏.初中化学实验中学生问题意识与创新精神的培养［J］.中国校外教育，2018（35）：61，76.

［147］赵林强.初中化学实验课的改进及创新教学［J］.教书育人，2018（34）：46.

［148］孙文伟.基于生本理念的初中化学实验改进与创新的研究［J］.学周刊，2018（35）：35-36.

［149］巴光效.趣味化学实验在初中化学教学中的应用探究［J］.课程教育研究，2018（27）：165.

［150］何双安.与"气压差"有关的化学实验问题［J］.实验教学与仪器，2010（12）：19-20.

［151］袁玥.教师微型课题研究指南［M］.上海：华东师范大学出版社，2011.

［152］王磊，支瑶.促进认识发展　提升教学品质［J］基础教育，2015（12）：33-36.

［153］郭漫.酸碱盐的化学故事［M］.北京：中国铁道出版社，2013：57-58.

［154］符爱琴.初中化学主题式教学——教学方式的变革［M］.长春：吉林人民出版社，2018：128-130.

［155］付会英.趣味化学实验在初中化学教学中的应用［J］.学周刊，2018（4）：128-129.

［156］王文倩，殷艳华，娄卫润.初中化学复习教学的新尝试——以"碱化学性质复习"为例［J］.教育实践与研究（B），2019：51-54.

［157］周玉芝.跨学科项目教学案例——魔力沙［J］.化学教育，2020（1）.

［158］张莹.中学化学教师创意行为研究［J］.化学教育，2009（6）.

［159］胡俊洲.在化学教学中推进项目化学习［J］.中学化学教学参考，2019（5）.

［160］Tiya.深入了解蚕丝的秘密——蚕丝的化学性质［EB/OL］.（2017-07-04）［2020-02-26］.https：//www.sohu.com/a/154514379_652499.

［161］万琼，胡绮.蚕丝蛋白的开发及综合应用概述［J］.现代丝绸科学与技术，2012（3）：111-113.

［162］李莉，杨承印.化学校本课程开发的价值与意义探究［J］.中学化学教学参考，2018（2）：41-42.

［163］Josepg S K，Charlene M C，Carl F B．中小学科学教育［M］.王磊，等，译．北京：高等教育出版社，2004：37.

［164］孙成余.“项目式学习”视域下化学核心素养落地的实践应答——以“水的净化”活动设计为例［J］.中学化学教学参考，2019（11）：33-35.

［165］胡达刚.探究能使带火星的木条复燃的氧气浓度［J］.教学仪器与实验，2014（11）：39.

［166］张晓红.鱼浮灵增氧原理的实验探究［J］.化学教学，2017（11）：74-76.

［167］宋伟，等.高收率高稳定性过碳酸钠的制备［J］.无机盐工业，2014（3）：50-53.

［168］周玉芝.跨学科项目教学案例——魔力沙［J］化学教育，2020（1）.

［169］周礼.基于STEM理念的校本课程——以制作“天气瓶”为例［J］.化学教学，2016（10）.

［170］宋婷.创意化学素材的教学功能研究［J］.中学化学教学参考，2016（6）.

［171］李军.基于CLT理论的初中化学概念教学探索——以“溶解度”教学为例［J］.化学教与学，2019（11）.

［172］王宝权.基于化学美育提升学生核心素养的课堂教学设计［J］.化学教与学，2019（4）.

［173］肖红梅.常规课堂基于项目化学习理念开展主题教学的实践探索［J］.化学教与学，2019（6）.

［174］李雨盈，王琳慧.奥苏贝尔的认知迁移理论述评［J］.中华少年，2016，32：293.

［175］周建秋.促进学生科学核心素养发展的“学习进阶”［J］.现代中小学教育，2017（5）：50-52.

［176］瞿素芳.初中化学学生迁移能力培养的教学策略研究［D］.苏州：苏州大学，2016.

［177］刘甜甜.中学化学教学中知识迁移策略的研究［D］.合肥：安徽师范大学，2014.

［178］周汉锋.论学习迁移能力在化学教学中的建构［J］.卫生职业教育，2009（8）：66-67.

［179］李祥.学习迁移理论下的高中化学教学实践［J］.亚太教育，2019（5）：128.

后 记

六年多来的行走

我们踏实而从容

六年多来的追寻

我们充实而深刻

在归于教育本源的孜孜探求中

我们不断前行

在立于教学方式的卓卓实践中

我们不断生长

在坚守的安然中

我们守正于教育的"道"

在探索的激情中

我们创新着变革的"术"

在默默的付出中

我们期许着远方的"诗意"……

　　"这是一群有共同目标、优势互补的团队，我们对共同目标、行动方法彼此承诺与负责。"这是我在茫茫人海中与前来应聘的研究伙伴的共同约定。

　　这个约定让我们付出了真诚与爱心、精力与心血，也让我们形成合作与进取、开放与包容的团队文化，团队成为我们共同成长的家园、研究的核心、教学的示范和辐射的平台。我们围绕着"精进自己、分享他人"的目标，不忘初心，以提升学生的核心素养为旨归，立项目做研究，以项目学习、主题研究为活动形式，聚焦课堂，从江苏省"十三五"规划重点自筹课题"互联网+时代

化学学习方式的研究"，再到如今的江苏省"十三五"科研规划重点资助课题
"指向关键能力的初中化学创意课程实施研究"，我们守正教育规律不动摇，
在教育本源的卓卓实践中，创构新常态，创生新能量。

课题研究的发展趋势的背后，体现出随着社会发展和变迁，人们对知识的
由来、如何建构以及知识价值观的一种变迁。我们再来不断地反思，为什么我
们的学生普遍缺乏创新意识与能力？为什么我们的学生实践动手能力差、合作
意识缺乏？这些问题其实都与我们的课程与教学有关。圣·埃克苏佩里在《小
王子》里告诉我们："如果你想造一艘船，首先应该做的，不是让大家去找木
头和钉子，而是教会人们去渴望大海的宽广无边和高深莫测。"于是，我带着
他们对大海的渴望走向了"木头和钉子"，带着"木头和钉子"去造船。我们
打开学校的围墙，一头守住分数的底线，一头挖掘所有孩子的可能，两难与冲
突如雕塑家的刀刻锤击，让我们经历痛苦，实现蜕变，我们必须在迷茫中自我
探索，万物互联的时代，改变我可能就改变了世界。

6年多来，60余位一线化学教师，在30余所实验学校以及4所高校教授和省
市区教研员组成的专家顾问指导下，在实践层面形成了60多个项目方案和300多
个项目课程资源包，在实践层面进行了指向关键能力的初中化学创意课程实施
研究。研究团队从学科中心转向育人中心，通过初中化学项目化学习的实施让
学生体验探究、建构知识、感悟学习，激发学习内驱力，培养关键能力，让初
中化学国家课程校本化实施不断地得到优化。

《项目化学习：初中化学学习方式的变革》对学科项目化学习——初中化
学进行准确定位和系统规划，探索具有一些可操作性的项目课程，为初中学生
关键能力的培养提供可能性，集中体现了我们团队近年来的创新性、先行性的
研究成果。《项目化学习：初中化学学习方式的变革》从课程研发的角度，在
确立初中化学项目化学习的特征、原则、教学设计要素基础上，开发项目化学
习课程研发途径和模式，形成初中化学项目化学习课程教学的基本模式。运用
这种研发流程和教学模式，对初中化学国家课程中的关键概念、核心知识和关
键能力，进行项目单元的重新整合和创新设计，落实于正式课堂教学，形成多
个鲜活的教学案例，激发学生的持续性实践活动和创造性思维，促使学生在复
杂问题情境下自我学习系统的形成。

初中化学项目化学习属于学科项目化学习，但不等同于实践活动，而是学

科核心知识在新情境中的迁移、应用和衍生，立足于过程，统合设计，进行学科本质和学科能力的深度挖掘，旨在学生核心素养和关键能力的培养，从根本上改善课程学习中的重复性知识训练和展示型探究实践。在中国教育背景下，以一个学科为主要载体聚焦学科关键概念和能力，用项目化的形式呈现出来，既是中国课程改革的可行道路之一，也是国家课程校本化实施的可行道路之一。

本书中的案例均来自团队成员，有苏州的金荣妹、周晓燕、冯志伟、程樑、周雪花、沈菊明、计玲凤、任晓蒙、田叶、孙栋梁、沈翔、钱婧、钱小英、黄红艳、唐慧敏、邱凤刚、韩悦贤、倪欣、钮舒静、徐坚、张向荣和陆玉涵等老师，南京的张媛媛和吴金莲老师，常州的顾弘、张鹏、韦艳蓉、周洁、刘艳、邵洋、王佳、谢小瑜、严颖、陈琳、许金霞和徐峥艳等老师。

站在时代的拐角，思维无边界，文化无边界，合作无边界。我和我的成员们开始寻求教育的突破，寻求无边界的教育；我们渴望，成为拥有独特价值和专业优势的教师，成为这个世界不同教育体系的"建筑设计师"；我们渴望，成为真正的伙伴，彼此为师，相濡以沫；我们深悟命运共同体的真义，在这里，每个人都得到了充分的发展，每一种可能都获得了充分的尊重。

感谢各位专家的指导，感谢各位研究伙伴，感谢缘分让我们相遇，在今后的每一个日子，我都会珍惜这份美好，怀着感恩的心去珍藏这些点点滴滴不期而遇的温暖。

符爱琴名师工作室部分成员